国家社科基金
后期资助项目
GUOJIA SHEKE JIJIN HOUQI ZIZHU XIANGMU

我国地区经济发展潜力评价与开发研究

Research on Evaluation and Exploitation of
Regional Economic Development Potential in China

吕 萍 著

中国财经出版传媒集团
经济科学出版社
Economic Science Press

国家社科基金后期资助项目
出版说明

后期资助项目是国家社科基金设立的一类重要项目，旨在鼓励广大社科研究者潜心治学，支持基础研究多出优秀成果。它是经过严格评审，从接近完成的科研成果中遴选立项的。为扩大后期资助项目的影响，更好地推动学术发展，促进成果转化，全国哲学社会科学工作办公室按照"统一设计、统一标识、统一版式、形成系列"的总体要求，组织出版国家社科基金后期资助项目成果。

全国哲学社会科学工作办公室

序

改革开放 40 年以来，我国经济的高速增长主要是依靠过度地开采利用自然资源尤其是不可再生资源，以及使用大量的廉价劳动力为基础的粗放型经济增长方式，由于资源的匮乏致使经济发展需要依靠大量进口，特别是一些关系国计民生发展需求的资源大量依赖国际市场供给。为了规避"资源诅咒"现象，各国政府高度重视技术创新促进经济发展的重要作用。随着知识经济的来临，显然常规的经济发展方式已经不能适应地区经济发展的需要，在这种情况下，地区就必须实施经济发展创新的战略，挖掘并释放自身的经济潜力。中共十八届五中全会提出的创新、协调、绿色、开放、共享的新发展理念，指明"十三五"时期乃至更长时期我国的发展思路、发展方向和发展着力点。区域创新是创新的主要方式，本书将基于区域创新视角探讨地区经济发展潜力开发问题正是符合加快转变经济发展方式，推进供给侧结构性改革的重要内容。

由吕萍博士主持的国家后期资助项目成果《我国地区经济发展潜力评价与开发研究》一书即将付梓，令人欣慰。本书研究思路清晰，内容充实，论证充分，具有创新性，研究成果为我国其他地区尤其是中西部欠发达地区经济发展潜力的开发提供借鉴，从而实现经济的高质量发展，利于缩小我国区域经济发展差距，加快实现全面建成小康社会目标实现，为 2035 年基本实现社会主义现代化奠定基础。作为一项具有较强综合性和研究深度的学术成果，该书的出版具有重要的学术价值和现实应用价值。

本书基于后发优势理论判断地区经济发展潜力强弱，依据区域开发理论选择与优化地区经济发展潜力开发路径。采用静态分析与动态分析相结合、理论研究与实证分析相结合、统计分析和典型调查相结合的方法展开研究。首先，在经济发展潜力内涵与特性研究的基础上，基于经济发展潜力内涵构建了我国经济发展潜力评价指标体系，并运用加权主成分 TOPSIS 方法对各地区经济发展潜力强弱进行客观测度。其次，为加快经济发展潜力转化为经济发展实力，该书以区域创新为突破口，阐述区域创新促进经济发展潜力开发的机理。再次，根据地区经济发展潜力强弱与区域创新能力的大小，探讨经济发展潜力开发的通用路径和专用路径，运用系统动力学对地区经济发展潜力开发路径优化仿真模拟。最后，以东北地区为案例，运用系统动力学对经济发展潜力开发路径进行仿真，以期保障经济发展潜力开发路径的有效性。

第一，我国地区经济发展潜力强弱的时序分析与空间比较。根据内源型经济发展潜力与外源型经济发展潜力两个角度构建地区经济发展潜力的评价指标体系，并运用加权主成分 TOPSIS 价值函数模型对我国各地区经济发展潜力的时空分布进行测度，进而明确各地区经济发展潜力的状况。在此基础上，探讨了经济发展潜力与经济发展实力之间的定性与定量关系。

第二，区域创新对地区经济发展潜力开发的作用分析。运用面板数据模型对区域创新促进地区经济发展潜力开发进行实证分析，建立了地区经济发展潜力与区域创新和经济发展实力之间的计量关系模型，并进行了格兰杰检验。通过分析得出，经济发展潜力是引起经济发展实力变化的主要原因，同时区域创新又对经济发展潜力开发具有较强的推动性，因此，区域创新在地区经济发展潜力转化为经济发展实力的过程中起到了助推器的作用。

第三，我国地区经济发展潜力开发路径的选择与优化。梳理美国、意大利、日本等发达国家，以及印度与巴西等发展中国家开发地区经济发展潜力的成功经验与教训。根据地区经济发展潜力的强弱以及区域创新能力的大小提出专用路径的"四象限"法，即经济发展潜力弱区的"潜力极"开发路径、经济发展潜力中等区的"点轴开发"路径、经济发展潜力强区的"网络开发"路径。运用地区经济潜力开发路径的系统动力学模型，根据仿真结果确定东北地区经济发展潜力开发的内生与外生优化路径，以期为我国其他地区经济发展潜力开发路径的选择与优化提供可资借鉴的依据。

随着经济发展潜力内涵的不断丰富和拓展，我国地区经济发展潜力开发仍然有诸多值得深入探讨的问题。希望吕萍同志继续在该领域深化拓展，不断撰写出更多、更好的研究成果。

2019 年 3 月于大连理工大学

前　　言

　　评价一个地区的经济发展能力不仅要分析目前经济发展现状，而且更要观察经济发展的潜力如何？地区经济发展潜力主要是在基础保障和生态环境能够承载的能力范围内地区经济未来发展的潜在后劲，是指地区改善内部现有生产要素非正常利用（利用不足或过度利用），以及引进地区内部稀缺生产要素所产生的地区未来经济可持续发展的能力。研究地区经济发展潜力的价值不仅在于测试地区经济潜力的大小，而且更为关键的是如何把地区隐性的经济发展潜力挖掘并释放为显性的经济发展实力。为了规避"资源诅咒"现象，结合区域经济发展的新常态，加快推进供给侧结构性改革，我国愈来愈重视经济发展方式由"要素推动"向"创新驱动"的转变，逐步形成"技术创新是经济持续增长助推器"的发展思路。因此，本书试图研究区域创新促进地区经济发展潜力开发问题，主要研究内容包括以下三大部分：

　　第一部分，明确我国地区经济发展潜力开发的必要性及经济潜力强弱布局。

　　1. 探讨我国地区经济发展潜力开发的必要性与可行性。通过梳理国内外经济发展潜力和区域创新相关研究的现状发现，国内外探讨区域经济发展潜力与经济发展实力关系的研究有待完善；缺乏基于区域创新的角度分析我国地区经济发展潜力开发研究；缺乏对区域经济发展潜力开发路径选择与优化的系统研究。本书首先从地区经济发展潜力与区域创新的基本概念着手，分别对地区经济发展潜力特性、地区经济发展差距进行研究，通过分析发现：在改革开放的 1978～1990 年期间，地区经济发展总差距呈现出缩小的态势；至 1991 年以来，地区经济发展总差距出现逐年扩大态势；至 2009 年以来，东部、中部、西部与东北地区的内部差距显现缩小态势，四个地区之间的发展差距也呈示出逐年缩小态势。其次，梳理地区经济发展潜力开发的基本理论，包括后发优势理论、区域创新理论、区域开发理论、耗散结构理论以及系统动力学理论，在此基础上，构建地区经济发展潜力开发的理论分析框架，为地区经济发展潜力评价指标体系的构建，以及经济潜力开发路径的选择与优化奠定理论基础。

2. 评价我国地区经济发展潜力强弱及其空间分布。根据内源型经济潜力与外源型经济潜力两个角度构建地区经济发展潜力的评价指标体系，内源型经济发展潜力指标包括生产要素潜力、基础保障水平、资源开发与利用—环境承载水平 3 个分指标；外源型经济发展潜力指标包括对内开放潜力、政府扶持程度和对外开放潜力 3 个分指标，运用加权主成分 TOPSIS 价值函数模型对我国各地区经济发展潜力的时空分布进行测度，进而明确各地区经济发展潜力的状况。在此基础上，本书探讨了经济发展潜力与经济发展实力之间的定性与定量关系。结果表明，东部、中部、西部和东北四个地区的经济发展潜力对经济发展实力的影响程度均表现显著的正向关系，但其影响程度并非一致，经济发展潜力较弱的西部地区对经济发展实力的影响较大，经济发展潜力较强的东部地区对经济发展实力的影响较小，凸显出释放我国地区经济发展潜力的迫切性，同时也为后续研究经济发展潜力开发路径提供有力的科学依据。

第二部分，探讨我国地区经济发展潜力开发的路径选择。

1. 研究区域创新对地区经济发展潜力开发的作用机理。区域创新系统中的创新主体（各级政府、企业、高校与科研机构、中介机构）以及它们之间的相互组合、协作是促进经济发展潜力开发核心的执行者；创新客体中的人力资源、金融机构等创新客体有利于促进科技成果转化，为经济发展潜力开发提供人力、财力等物质基础和条件；创新载体中的内外环境为促进经济发展潜力开发提供了环境保障。区域创新体系中创新主体、创新客体与创新载体三者的有机结合、协同发展将使区域创新促进经济发展潜力开发的效果大于三者之和，产生"1 + 1 + 1 > 3"的较好效果。运用面板数据模型对区域创新促进地区经济发展潜力开发进行实证分析，建立了地区经济发展潜力与区域创新和经济发展实力之间的计量关系模型，并进行格兰杰检验。通过分析得出，经济发展潜力是引起经济发展实力变化的主要原因，同时区域创新又对经济发展潜力开发具有较强的推动性，因此，区域创新在地区经济发展潜力转化为经济发展实力的过程中起到了助推器的作用。

2. 我国地区经济发展潜力开发路径的选择。通过分析美国、意大利、日本等发达国家，以及印度与巴西等发展中国家开发地区经济发展潜力的成功经验，为我国地区经济潜力开发提供借鉴，起到"他山之石，可以攻玉"的效果，促进四个地区经济实现协调发展。基于耗散结构理论探讨地区经济发展潜力开发的通用路径框架，剖析经济发展潜力开发通用的内生路径与外生路径。本书主要是以区域创新为视角，根据地区经济发展潜力的强弱以及区域创新能力的大小对通用路径进行完善与补充，提出专用路径的"四象限"法，包括经济潜力弱区的"潜力极"开发路径、经济潜力中等区的"点轴"开发路径、经济潜力强区的"网络"开发路径。依据经济发展潜力强弱与区域创新能力的聚类分析选择了我国各地区经济潜力开发的专用路径。在此基础上，依据经济发展潜力强弱与区域创新能力的聚类分析结果选择地区经济潜力开发的专用路径。只有地区经济潜力开发通用路径与专用路径相结合，才能确保经济发展潜力的有效释放。

第三部分，我国地区经济发展潜力开发路径优化分析。

1. 运用系统动力学对地区经济发展潜力开发路径优化的仿真。地区经济发展潜力开发系统划分为经济发展潜力子系统、经济发展实力子系统和区域创新子系统三部分，比较分析各子系统的相互关系及反馈路径，构建地区经济发展潜力开发的系统动力学模型，明确制约经济发展潜力开发路径的因素，结合经济发展新常态，通过"互联网＋"传统产业的优化升级，加快推进"一带一路"倡议实施和长江经济带发展，加强区域内外合作，加强区域协同创新促使地区经济发展潜力开发路径优化，为后续东北地区经济潜力开发路径优化的系统动力学的实证仿真奠定基础。

2. 东北地区经济潜力开发路径优化的模拟分析。2013 年以来，石油与煤炭等资源呈现"量价齐跌"的低迷态势，经济增长下行压力与产能过剩并存的现象亟待加快形成经济增长的内生动力。2015 年，辽宁、吉林、黑龙江三省增速为 3.0%、6.5% 和 5.7%，处于全国后五位，与其他地区差距较大，差距暗示地区蕴藏较大经济发展潜力。本书在地区经济发展潜力开发路径选择与优化理论分析的基础上，以东北地区为案例，运用系统动力学对经济发展潜力开发路径有效性进行实证模拟。依据仿真结果提出东北地区经济潜力开发的通用路径与专用路径，以及保障经济潜力开发路径有效运行的措施。

研究东北地区经济发展潜力开发路径选择与优化为我国其他地区尤其

是中西部欠发达地区经济发展潜力的开发提供借鉴，结合新常态下区域经济发展的新特点，缩小我国区域经济发展差距，从而实现经济的高质量发展，加快"十三五"时期全面建成小康社会宏伟目标的实现。

吕　萍

2019 年 5 月于哈尔滨

目　　录

第一章 我国地区经济发展潜力开发的必要性与可行性分析

第一节 研究背景及问题提出

一、研究背景

1. 我国地区之间的差距阻碍了全面建成小康社会目标的实现

对于一个国家或地区的综合经济发展而言，地区经济协调发展是经济发展的一般趋势。无论是发达地区还是欠发达地区均是地区经济系统中的基本经济单元，倘若地区经济系统中的任何下级子系统缺乏效率，那么地区经济系统的效率就如同"木桶原理"① 以效率最低的经济单元计算，从而形成了地区经济发展的"瓶颈"效应。从目前发展情况来看，我国发达地区与欠发达地区之间的差距较大，并且存在进一步扩大的趋势。由于我国"十一五"规划将区域经济划分为西部开发、东北振兴、中部崛起和东部率先发展四大板块，区域经济发展成为"十二五"期间我国经济发展的"重头戏"，本书主要按照上述四大区域②对我国地区进行分析。如表1-1所示，改革开放40年来，就东部、中部、西部以及东北四个地区的地区

① 木桶原理：一个木桶是由若干块木板组装而成的，假定这个木桶的各块木板条长短不一，那么这个木桶空间能装多少水，既不取决于最长的那块木板条，也不取决于所有的木板条的平均长度，而唯一地取决于最短的那块木板条。"木桶原理"有助于理解我国欠发达地区经济发展对我国整体经济发展水平的制约和影响。

② 东部地区包括北京、天津、河北、山东、上海、江苏、浙江、福建、广东、海南10个省市，本研究不含港澳台地区；中部地区包括山西、安徽、江西、河南、湖北、湖南6个省；西部地区包括四川、重庆、贵州、云南、广西、内蒙古、新疆、陕西、甘肃、宁夏、西藏、青海12个省区市；东北地区包括：辽宁、吉林、黑龙江3个省。

生产总值（GDP）总量及占全国比重情况而言，东部地区上述两项指标均呈现逐年增长态势；其他三个地区的 GDP 总量显示逐年增加趋势，但占全国的份额显示缩小状态。在 1978 ~ 2009 年期间，四个地区 GDP 总量差距逐年扩大，由 1978 年 1027.3 亿元上升到 2009 年的 164116.5 亿元，GDP 占全国的比重由 1978 年 29.7% 上升到 2009 年的 45.4%。2014 年以来，我国经济发展下行压力较大，面临经济增长中高速的新常态，缩小地区之间的差距，实现区域协调发展是"十三五"末期实现全面建成小康社会奋斗目标的前提。2014 年与 2009 年相比，中西部 GDP 占全国比重稳步上升，表明中西部地区会成为未来我国发展的中坚力量。

表 1 - 1 　　　　　　改革开放以来我国四个地区经济增长比较

地区	1978 年		1988 年		1998 年		2009 年		2014 年	
	GDP（亿元）	占全国比重（%）	GDP（亿元）	占全国比重（%）	GDP（亿元）	占全国比重（%）	GDP（亿元）	占全国比重（%）	GDP（亿元）	占全国比重（%）
东部	1513.3	43.7	6727.5	47.2	43214.5	52.3	194670.1	53.8	350052.5	51.2
中部	749.9	21.7	3149.2	22.1	16321.7	19.8	70071.6	19.3	138671.7	20.3
西部	714.5	20.6	2580.7	18.1	14789.1	17.9	66849.0	18.5	138073.0	20.2
东北	486.0	14.0	1801.7	12.6	8233.2	10.0	30553.6	8.4	57469.8	8.4
最高－最低	1027.3	29.7	4925.8	34.6	34981.3	42.3	164116.5	45.4	292582.7	42.8

资料来源：根据《新中国五十年统计资料汇编（1949 - 1999）》《中国统计年鉴（2010）》《中国统计年鉴（2015）》整理计算。

2. 金融危机以来拉开了我国区域经济加速布局的序幕

2009 年以来，我国政府为了积极应对金融危机先后出台并批复了包括东北地区《辽宁沿海经济带发展规划》《沈阳经济区发展规划》《中国图们江区域合作开发规划纲要——以长吉图为开发开放先导区》在内的若干个国家级区域经济发展规划，以及《关于应对国际金融危机保持西部地区经济平稳较快发展的意见》和《关于进一步实施东北地区等老工业基地振兴战略的若干意见》两个区域政策新指导规划，2014 年我国经济增长下行压力与产能过剩并存的现象亟须加快形成经济增长的内生动力。为此，国家提出优化经济发展空间格局，重点实施"一带一路"建设、京津冀协同发展、长江经济带发展三大战略。中共十九大报告强调提出，实施区域协调发展战略，强化举措推进西部大开发形成新格局，深化改革加快东北等老工业基地振兴，发挥优势推动中部地区崛起，创新引领率先实现东部地区优化发展，建立更加有效的区域协调发展新机制。可以预见，中国的区域经济格局将呈现"增长极"领衔、四大区域板块齐头并进之势（安晓明，2015）。上述出台的区域发展规划范围涉及东部、中部、西部和东北四个地区，表明我国更加注重采用立法的形式确保地区经济发展潜力有效开发。

3. 国家历届领导人高度关注技术创新在经济发展中的作用

我国领导人一直都高度重视科技创新在经济发展和社会进步中的重要作用。邓小平提出"科学技术是第一生产力"的科学论断。江泽民指出，创新是一个民族进步的灵魂与国家兴旺发达的不竭动力，21 世纪，科技创新必将进一步成为经济和社会发展的主导力量①。胡锦涛提出，建设创新型国家，核心就是把增强自主创新能力作为发展科学技术的战略基点，走出中国特色自主创新道路，推动科学技术的跨越式发展②。习近平强调，实施创新驱动发展战略是立足全局、面向未来的重大战略，是加快转变经济发展方式、破解经济发展深层次矛盾和问题、增强经济发展内生动力和活力的根本措施③。国家历届领导人对科技创新的高度关注为地区制定超常规的技术创新赶超战略，提高综合国力，建设"创新型国家"奠定坚实的思想基础。

4. 区域创新成为我国地区经济跨越式发展的动力

我国属于发展中国家，经济社会发展比较缓慢，存在能源、资源利用率较低，生态环境污染比较严重，产业主要是依靠自然资源发展起来的传统资源型产业，绝大多数产品的科技含量和附加值较低，缺乏核心竞争力等问题。中共十八届五次全会强调，实现"十三五"时期发展目标，必须牢固树立并切实贯彻创新、协调、绿色、开放、共享的"新发展"理念。其中，创新发展居于首要位置，是引领发展的第一动力，突出强调创新的重要性，区域创新是实现创新发展的一个重要途径，区域创新能促使这些传统产业部门采用新技术、新工艺和新装备，提高其技术水平，促进原有产品的更新换代，甚至创造出新型产品，改变传统产业的面貌，并且成为某些新兴产业依托的重要条件之一。同时，区域创新可以提高地区的知识

---

① 江泽民：《在中国科学院第十次、中国工程院第五次院士大会上的讲话（2000 年 6 月 5 日）》，载《国务院公报》2000 年第 21 号。

② 《全国科学技术大会在京开幕　胡锦涛发表重要讲话》，见人民网 http：// www. people. com. cn/GB/4093/64094/4455446. html，2006 年 1 月 9 日。

③ 《习近平强调实施创新驱动发展战略》，见新华网 http：// www. xinhuanet. com/2013lh/2013 - 03/04/c_114883787. htm，2013 年 3 月 4 日。

吸纳能力，在模仿创新的基础上，将引进的先进技术吸收、消化、再创新，提高地区自主创新能力，实现区域的协调发展，缩小与发达国家（地区）的发展差距。

二、问题提出

1. 我国地区经济发展具有较大潜力

改革开放之后，我国国内生产总值（GDP）由 1978 年的 3678.7 亿元增加到 2008 年的 31.4 万亿元，居世界的位次由 1978 年第 10 位上升至 2009 年的第 3 位，30 年间增长了约 86 倍，取得了举世瞩目的成就，尤其是 2009 年我国 GDP 达到 34.1 万亿元，增长速度为 9.1%，积极抵御了金融危机的冲击。2011 年，我国经济增速逐步下行，2012 年与 2013 年经济增速均为 7.7%，我国经济下行压力较大。如图 1 - 1 所示，我国 1978 年和 2014 年四个地区的地区生产总值（GDP）平均值和平均增长率发展情况，就 GDP 平均值而言，四个地区均呈现了逐年增加趋势，东北地区GDP 平均值由 162.0 亿元上升到 57469.8 亿元，名次由第一位下降到最后一位；东部地区 GDP 名次由第二位上升为第一位，中西部地区位次比较稳定。就平均增长率而言，东北地区由 1978 年最低的 11.5% 上升至 2009 年最高的 12.6%，伴随经济发展新常态，2014 年，增长率下降到末位为 5.97%，经济下行压力较大，与此相比，中西部地区超过发达的东部地区。这也证实了北京大学的刘伟教授（2004）所述："中国前 20 多年经济的高速增长，主要是靠东部沿海地区经济的拉动。也许后 20 多年，东部沿海地区的经济增长速度可能会降下来，但是后面跟进的还有中部和西部地区"的论断，暗示我国中西部地区蕴藏着较大的发展潜力，这一结论得到哈米什·麦克雷（2010）在英国《独立报》刊登的文章证实中国的经济发展潜力正处于最佳状态。无独有偶，2006 年诺尔贝经济学奖得主埃德蒙·菲尔普斯（2010）也认为，中国的经济潜力十足。随后，我国经济步入新常态后，张可云（2015）通过计算认为，在未来的 15 年左右（2030年），我国经济发展潜力依然存在，在这个时间段内，我国经济总量将会超过美国，成为世界第一大经济体。同时，李稻葵（2015）强调，我国人均 GDP 仅为美国的 20%，且基本需求尚未得到有效满足，总体而言，我国经济仍具有巨大的发展潜力。

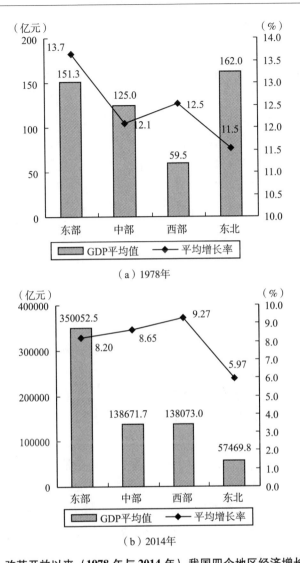

图 1 - 1　改革开放以来（1978 年与 2014 年）我国四个地区经济增长情况比较

资料来源：中国经济信息网、《新中国五十年统计资料汇编（1949 - 1999）》及《中国统计年鉴（2015）》整理计算。

2. 我国地区经济发展潜力开发的必要性

改革开放 40 年以来，我国经济的高速增长主要是依靠过度地开采利用自然资源尤其是不可再生资源，以及使用大量的廉价劳动力为基础的粗放型经济增长方式，由于资源的匮乏致使经济发展需要依靠大量进口，特别是一些关系国计民生发展需求的资源大量依赖国际市场供给。"金融危机"的爆发导致东部沿海地区的"外向型"经济发展遭到了较大的冲击，因此，我国希望通过中西部地区的经济发展拉动国内消费市场。同时，我国政府明确把判断中国经济发展潜力，以及采取何种有效措施释放经济发展潜力，作为今后中央工作会议的重点。国务院发展研究中心产业经济部的张立群（2008）指出，应充分估计我国经济发展的潜力。我国经济步入中高速发展的新常态之后，张立群（2016）再次强调，我国未来经济发展的潜力主要表现在新型城镇化建设、产业优化升级等方面，尤其是居民生活水平提高将会产生不可估量的需求潜力，其中，城镇化是我国经济发展潜力的关键。倘若地区的经济发展潜力尚未被充分地挖掘并释放，也会随着内部条件和外部环境的变化而弱化甚至丧失，地区经济发展潜力转化为经济发展实力并没有必然性。因此，判断我国地区经济发展潜力的大小、方向，以及如何有效挖掘并释放经济发展潜力，将成为迫切需要研究的问题。

3. 我国地区经济发展潜力开发的可行性

为规避"资源诅咒"现象，各国政府高度重视技术创新促进经济发展的重要作用。随着知识经济的来临，显然常规的经济发展方式已经不能适应地区经济发展的需要，在这种情况下，地区就必须实施经济发展创新的战略，挖掘并释放自身的经济发展潜力，正如时任财政部副部长丁学东指出"通过创新释放经济潜力是增强经济发展活力"的重要论断，从而实现我国经济社会持续快速发展（中国总会计师杂志编辑部，2008）。文显堂（2011）指出，未来中国的经济发展仅仅依靠开采资源、使用廉价的劳动力已经不可能取得经济的持续发展，取而代之的是依靠创新，只有技术创新才可能创造新型产业，这是我国真正的经济发展潜力。创新作为中共十八届五中全会提出的"新发展理念"之首，区域创新是创新的主要方式。本书将基于区域创新视角探讨地区经济发展潜力开发问题正是符合加快转变经济发展方式，推进供给侧结构性改革的重要内容。因此，通过区域创新主体的网络运行，以及区域创新环境的营造，促进地区内源型经济潜力与外源型经济潜力的挖掘与释放，加快推进产业结构优化升级、人力资源开发、自然资源合理开发与利用以及生态环境改善，为加快经济发展方式转变提供强有力的科技支撑。

综上所述，明确我国地区经济发展潜力大小与方向，以及如何利用区域创新促进经济发展潜力转化为经济发展实力，针对地区经济发展潜力强弱选择适宜的开发路径，运用系统动力学对地区经济发展潜力开发路径优化的仿真模拟，并以东北地区为案例进行实证分析，上述问题将成为本书研究的重点。

第二节　研究目的和意义

一、研究目的

评价一个地区的经济发展能力不仅要分析目前经济发展现状，而且更要考察其经济发展的潜力大小，以及如何将地区经济发展潜力挖掘并释放为经济发展实力。本书主要是判断我国地区经济发展潜力强弱、探讨地区经济发展潜力开发路径的选择与优化，以及经济发展潜力开发路径优化的实证分析三条主线展开研究。

（1）基于经济发展潜力内涵构建我国经济发展潜力评价指标体系。运用加权主成分 TOPSIS 方法判断各个地区经济发展潜力的强弱，本书以区域创新为突破口，探讨区域创新促进地区经济发展潜力开发机理，及其区域创新在经济发展潜力向经济发展实力转变的作用分析。

（2）我国地区经济发展潜力开发路径的选择。通过分析美国、意大利、日本等发达国家，以及印度与巴西等发展中国家开发地区经济发展潜力的成功经验，为我国地区经济潜力开发提供借鉴。基于耗散结构理论探讨地区经济发展潜力开发的通用路径框架，并且对经济发展潜力开发通用的内生路径与外生路径进行详细的阐述。根据地区经济发展潜力的强弱以及区域创新能力的大小对通用路径进行完善与补充，确定其经济发展潜力开发的专用路径。运用系统动力学对地区经济潜力开发路径的优化，确保经济发展潜力的有效释放。

（3）结合区域经济发展新常态的特点，对地区经济发展潜力开发路径的优化进行实证分析。以东北地区为案例，运用系统动力学对地区经济发展潜力开发路径优化进行仿真模拟，明确东北地区经济潜力开发的通用路径和专用路径，从而确保地区经济潜力开发的有效性。

二、研究意义

1. 为区域经济发展潜力开发理论研究提供科学借鉴

本书从地区经济发展的深层次问题出发，系统分析各地区经济发展潜力的空间分布，并且对开发经济发展潜力的理论进行了归纳总结，从系统科学的角度验证了地区经济潜力开发的基本思路。地区经济发展潜力开发研究过程融入了区域经济学、系统工程与管理科学等多学科知识，丰富区域经济发展潜力开发理论，也是对发展经济学研究的有益补充，对我国改革开放攻坚阶段的经济发展潜力开发具有重要的理论意义。

2. 为各级政府制定地区经济发展的扶持政策有的放矢

我国为了实现地区经济的协调发展，中央提出西部开发、东北振兴、中部崛起以及东部率先发展的地区发展战略。并且决定在资金、人才及技术等方面加大对欠发达地区或发达地区局部区域的政策倾斜力度，但是这种资金、人才和技术的投入不能采取"遍地开花"的方式，必须选择一些核心地区进行开发，换言之，选择一些经济发展潜力较强的地区，即"潜力极"进行扶持。一方面借鉴其他地区成功开发经济潜力的经验确定经济潜力开发的通用路径；另一方面根据地区自身经济潜力大小以及区域创新能力的强弱明确潜力开发的专用路径，才能有助于缓解这些地区发展的瓶颈问题，促进经济潜力有效释放。待这些地区经济发展水平提高并成为地区经济发展的"增长极"之后，通过辐射及渗透作用扩散到其他地区，从而促进整个地区的经济发展。

3. 为其他地区经济发展潜力的开发提供借鉴

本书运用系统动力学对东北地区经济发展潜力开发路径的优化进行仿真模拟，明确其经济潜力开发的通用路径和专用路径，确保经济发展潜力有效释放。李克强总理指出，东北的工业、农业基础雄厚，各种资源、产业、人才、基础设施等条件都很优越，经济发展潜力巨大（储思琮，2016）。因此，以东北地区为典型个案进行实证分析，有利于支持东北地区缓解经济下行压力，推进结构调整和改造升级，依靠创新驱动推进产业升级，在经济发展新常态下推动实现东北地区全面振兴进程。同时，由于东北地区既具有中西部地区（黑龙江与吉林）特点，又拥有东部发达地区（辽宁）优势的"双重身份"，研究东北地区经济发展潜力开发路径选择与优化，对于我国其他地区经济潜力开发路径选择与优化起到较好的示范作用。

第三节　国内外研究现状及评述

一、经济发展潜力研究现状

1. 国外经济发展潜力研究现状

经济发展潜力研究最早可追溯到斯图尔特（Stewart，1947）通过经济地理学的角度提出了经济潜力指数。在此基础上，哈里斯（Harris，1954）、克拉克（Clark，1969）、里奇（Rich，1978）运用经济潜力指数用于对人口分布和产业区位分析进行了后续研究。近年来，国外专家学者和研究机构对于不同国家或地区经济发展潜力的研究取得了较大的进展。

（1）关于经济发展潜力内涵的研究。格申克龙（Gerschenkron，1979）在《经济落后的历史透视》一文中认为，发展潜能是指自然资源尚未合理开发与利用，劳动力成本较低等相对落后状态。基布尔（Keeble，1982）指出，经济潜力包括"自我潜能"和与其他邻近地点的经济活动所产生的"外势"。尽管经济潜力被早期地理学家使用，直到最近，经济学家认为经济潜力指数缺乏明确的理论基础。在20世纪90年代，通过"新贸易理论"文献的发展，经济潜力被纳入主流经济分析。克鲁格曼（Krugman，1992）依据哈里斯（Harris，1954）的研究成果，认为经济潜力指数可以从工厂规模经济与运输成本之间的联系模型获得，具体而言，经济潜力可以命名为"市场潜力"，并集中在公司把最终产品提供给消费者的联系过程中，克鲁格曼（Krugman）研究框架得到了汉森（Hanson，1998）与黑德和迈耶（Head & Mayer，2004）经验性研究。米娜耶娃（Минаева，2006）等认为经济潜力由生产潜力、市场潜力与金融潜力三部分组成。

（2）侧重经济发展潜力影响因素的实证分析。美国著名投资银行高盛公司在2003年发表专题报告指出，国际分析人士对俄罗斯分别从崛起的地缘优势、丰富的自然资源与军事力量等几大优势，以及经济结构的调整改造、人口数量持续下降等社会因素和安全制约因素进行详细分析，认为俄罗斯具有巨大经济潜力（常喆，2004）。杰西斯利克和瑞安（Cieślik & Ryan，2004）在经济发展潜力框架下，探讨了1990～2000年日本投资纳入欧盟和中东欧国家的流动情况。结果显示，日本经济潜力显著地影响着外国直接投资流动。汉堡世界经济研究所和德国裕宝银行（2007）一份研究报告提出，根据各州的人口、教育、创新力和公共财政等4个主要指标，以及今后15年内各州经济发展和就业的潜力，评价了各州的未来发展能力位次，同时德国裕宝银行董事长斯普里斯勒表示，对各州来说最大的隐忧是财政负债比例过高，根据对各州存在的问题提出了促进经济发展潜力提升的相应对策。第18届世界经济论坛非洲会议代表表示，非洲地区拥有丰富的自然资源和广阔的市场，基础设施建设、石油矿产开发、农业开发、旅游业、金融证券等领域的发展潜力巨大（李建民、刘颖和荆晶，2008）。巴伯（Barber，2010）指出，重建欧洲经济增长潜力的因素除了要开放全球化市场、企业要勇于创新、劳动力市场与教育现代化、经济增长的绿色化、清理公共财政外，最为核心的要素是应该符合政治意愿，认为未来 10～20 年的国际环境不会对经济增长潜力变化起主要作用。乔根森和姜明武（Jorgenson & Vu，2010）突出强调了信息技术在构建世界经济潜在经济增长新框架的贡献。研究发现，对工业化经济体和发展中的亚洲而言，增加信息技术方面的投资带来了地区经济增长，同时分析 2009～2019 年期间，122 个经济体的潜在生产力增长率和国内生产总值，其结果相对于 1989～2008 年期间的历史增长较低。

（3）关注地区经济发展潜力开发研究。卡兹（Katz，2006）通过美国城市经济潜力的分析，提出实现城市经济潜力开发的六种方式，即：城市大力增加创新部门，改善基础设施，扩大中产阶层教育的投资，通过奖励和支持低工资工人振兴城市，创建选择"社区"，收集和传播城市及时、可靠的信息经济和社区市场。霍尔茨（Holz，2008）采用两种途径探讨了中国未来的经济增长前景，首先分析了中国近年来的经济发展路径在多大程度上符合发展经济学和贸易理论确定的标准增长路径；其次，把 GDP 分解为收入部分，这部分收入可以用改革以来劳动力的数量和质量来解释，因此，未来的 GDP 可以由将来的劳动力数据获取，得出结论：中国经济增长很可能以目前的速度继续增长，直到 2015 年才逐渐减缓。哈米什·麦克雷（2010）在英国的《独立报》上指出，中国的经济发展潜力正处于最佳状态，同时也认为中国经济发展的道路是崎岖不平的。

（4）注重经济发展潜力的定量化研究。国外研究学者在定性研究经济发展潜力的基础上更加侧重于定量化的分析。

首先，引力模型。伊萨德（Isard，1960）在"引力模型"的基础上提出潜力分析模型。原始的引力模型为：$I_{rs} = G \dfrac{P_r P_s}{d_{rs}^b}$（$r$，$s = 1$，$\cdots$，$m$）（其中，$I_{rs}$ 为起点次级区域 r 与终点次级区域 s 之间的路程；P_r 是次级区域 r 的人口数；d_{rs}^b 为距离米数；m 为整个区域的次级区域数量）；在此基础上，提出潜力分析模型为：$\sum\limits_{s} I_{rs} = P_r V_r$，（其中，$V_r = G \sum\limits_{s} \dfrac{P_s}{d_{rs}^b}$ 为在次级区域 r 处的潜力），表示的经济变量（如人口）可以解释每个区域总流量（如交通流）（Isard，1960）。在此基础上，阿马诺（Amano，1962）构建的区域增长潜力模型包含更详细的因素，此类潜力模型的一般形式为

$$V_r = f(D_i^s,\ K_G^r,\ A_i^r,\ V_i^s,\ k_s;\ S = 1,\ \cdots,\ m) + F_i^r \qquad (1-1)$$

式（1-1）中，D_i^s 为 s 次级区域的商品需求量；K_G^r 为次级区域 r 的 SOC 的库存量；A_i^r 为次级区域 r 商品 i 的生产位置因素，V_i^n 为商品 i 从次级区域 r 到次级区域 s 的平均单位运输成本；k_s 为次级区域 s 的区域数量；F_i^r 为商品 i 从次级区域 r 的出口量。

此类潜力模型能够解释地区间资本效率，并且是预计投资数量差别的因素之一（Amano & Fujita，1962）。小玉坂等（Sakagami，Kobayashi & Kinoshita，1969）在伊萨德（Isard）、阿马诺（Amano）以及里昂惕夫（Leontief）和斯特劳特（Strout）等学者研究的基础上，提出了优化潜力模型与平均潜力模型，并且将此模型应用于交通设施投资计划的区域增长模型。巴西耶和沙茨（Bussière & Schnatz，2006）采用引力模型对中国融入 WTO 贸易体系的程度进行了评估表明，中国已经融入世界市场体系，尤其是融入了北美市场、拉美市场、东亚新兴市场以及大部分欧洲国家市场。

其次，区域间投入—产出分析潜力模型。里昂惕夫等（Lenotief et al.，1963）提出了区域间投入—产出分析潜力模型。此类潜力模型解释了任何商品或者服务 i 在所有区域之间的流量问题（Leontief & Strout，1963）。一般形式为

$$X_{i,rs} = \frac{X_{i,ro} X_{i,os}}{X_{i,oo}} Q_{i,rs} \qquad (1-2)$$

式（1-2）中，$X_{i,rs}$ 为商品 i 从次级区域 r 到次级区域 s 的总运距；$X_{i,ro} = \sum_s X_{i,rs}$ 为次级区域 r 的供给量；$X_{i,os} = \sum_r X_{i,rs}$ 为次级区域 s 的需求量；$X_{i,oo} = \sum_r \sum_s X_{i,rs}$ 为商品 i 的累积数量；$Q_{i,rs}$ 为潜力。

再次，生产函数模型。韦尔夫（Welfe，2003）运用柯布—道格拉斯（Cobb - Douglas）生产函数的扩展模型，计算了 1966～1998 年期间波兰的潜在国内生产总值和全要素生产率。结果表明，初级生产要素是增长的决定性因素，转型时期的全要素生产率的增长仅能解释 10%～30% 潜在的 GDP 增长。研发影响了接近 3/4 的 TFP 增长，而人力资本能解释低于 1/4 的 TFP 增长，因此，引进技术对于 TFP 的增长具有决定性的作用。

最后，其他评价模型。伍德等（Wood，Miedema & Cates，1994）运用伪数据分析了热储利用系统的技术和经济潜力。安特尔等（Antle，Capalbo & Paustia，2007）运用聚合计量过程仿真模型估算美国中部农业土壤中碳吸收的经济潜力，目的是开发和应用新方法评估农业温室气体减排的经济潜力。竹由治一郎（Takeuchi，2010）基于教育、企业、金融、科技、基础设施等方面构建了潜在竞争力指标体系，并且运用主成分模型分

析发现，日本潜在竞争力在世界 50 个国家排名中位次从 2008 年的第 12 位下降到 2009 年的第 14 位。

2. 国内经济发展潜力研究现状

国内经济潜力研究起步虽晚，但发展比较迅速，诸多学者进行了积极的研究，通过定性分析的方法或者利用各种统计资料基于宏观的国家层面、中观的区域层面，以及微观的企业层面（农业、工业以及旅游业等服务业）等多个侧面对我国经济发展潜力进行了系统的分析，同时我国学者也对国外经济发展潜力进行了积极的探讨。

（1）关于经济发展潜力内涵的研究。国内学者在这方面研究起步较晚，应用型的研究成果并不多。李善同等（2003）提出，经济增长的潜在动力是由生产率、资本和劳动力在数量和质量上的提高及其使用效率决定。陈石俊等（2003）指出，经济发展潜力是指短缺要素得到正常利用时的产出能力。它有两个基本要点，即"短缺"要素和"正常"利用。魏立桥（2004）将经济发展潜力理解为经济增长空间。上海财经大学区域经济研究中心（2007）指出，地区经济发展潜力是指某一地区经济、社会、生态环境以及制度等诸要素充分利用和有效支配条件下能够实现的经济发展的最大限度。

（2）注重经济发展潜力影响因素的实证分析。郑立新（2009）通过市场需求潜力、居民储蓄率、经济体制改革、对外开放扩大等方面分析认为，加快农村工业化、城市化是支撑经济长期快速发展的潜力。马骏（2010）基于供求角度认为，出口、房地产、城镇化、劳动力、生产率和资金成本等六大要素是改变中国经济增长潜力的原因，并提出改革可以提升增长潜力。胡乃武等（2010）基于产业结构优化、城镇化率提高、区域协调发展等八个方面因素探讨了我国在未来一段时期仍有较大的经济发展潜力。李稻葵认为，城市化、基础建设以及消费是推动未来五至十年我国经济增长潜力较高的主要原因（肖艳青，2011）。田国强等（2015）认为，影响我国经济发展潜力开发的因素主要是深化市场化改革。纪晨光（2017）基于供给侧结构性改革视角研判区域经济增长潜力系统。李茜（2017）指出，我国拥有巨大的内需市场、科技进步、自主创新能力不断增强，产业结构、区域经济结构得到优化调整，人力资源优势巨大以及体制改革与制度创新不断深化等经济增长潜力。

（3）注重研究周边国家的经济发展潜力，为与其进行经贸合作提供科学依据。张忠（2001）通过哈萨克斯坦的工农业生产和资源分析指出，哈萨克斯坦具有绝对优势的资源潜力，其石油、天然气、煤等能源在国际上有竞争优势，农业资源，特别是粮食和畜牧产品具有相当明显的发展潜力。袁晓龙（2003）基于劳动力、土地、资本、创新等生产要素的供给和需求对美国、日本、俄罗斯、中国四国的经济增长潜力进行比较分析。研究发现，从生产要素供给的充裕程度和降低价格的角度从高到低排序为俄罗斯、中国、美国、日本；提高收益的角度从高到低排序为美国、日本、俄罗斯、中国，综合上述排序得出：四国经济长期高速增长的潜力从高到低依次为俄罗斯、中国、美国、日本。贾海涛（2004）对印度的经济潜力进行客观分析发现，由于印度的社会基本稳定；自然资源和人力资源在国际社会优势较大，以及印度政府对高等教育非常重视，确立世界第三人才大国的地位等优势，经济发展仍然具有较大的潜力。此后，王宗光（2007）通过中国与印度两国的经济发展潜力比较分析认为，传统制度的现代化改造与世界经济一体化是决定两国经济发展潜力的两个主要因素。

（4）侧重区域尤其是中西部地区的经济发展潜力实证研究。陈宗胜等（2005）运用复杂系统理论对我国珠三角、长三角、环渤海地区和全国GDP，以及GDP增长速度建立模型，评价结果表明，不同地区具有特有优势和内在潜力。白津夫（2006）基于新农村建设、能源生产、区位优势以及城乡区域协调发展等方面探讨了释放中部崛起的后发潜力。朱钰等（2007）通过对区域经济发展的概念和内容进行界定；基于经济发展势头、经济发展效率、科研发展水平以及资源供给等方面构建了地区经济发展潜力评价指标体系。韩立华等（2009）运用耗散结构理论对黑龙江省经济发展潜力释放进行剖析，并从对外开放水平、区域协调发展、培育技术创新能力以及各级政府的相关扶持政策等方面提出促进经济发展潜力有效释放的途径。张燕等（2009）研究我国31个省（区、市）2000年和2006年经济潜力和资源环境承载力的空间关系，分析认为，东部地区的经济潜力较高，西部地区的经济潜力较低。魏后凯（2016）指出，中国若想保持有质量的中高速增长不仅要依靠沿海地区经济发展，更要培育中西部和东北地区的国家级增长极和经济支撑带。

（5）注重地区经济发展潜力开发的研究。张李节（2005）指出，中国经济增长潜力主要表现为发挥大国经济优势以推动我国经济持续稳定增长，转换二元经济结构以推动工业化和城市化的发展，实现区域经济协调发展，转变经济增长方式等四个方面，并且论述了发挥中国经济增长潜力的有效途径。袁富华（2007）通过经济增长潜力开发的条件，潜力开发的资源、投资和消费结构，以及农业、制造业与第三产业的增长潜力等方面分析，提出了"重农固本、制造立国"发展战略。孔令宽（2008）通过理论分析和实证研究指出，制度变迁对经济增长潜力具有促进作用，同时也带来了一系列问题，如果这些问题能够避免或尽快解决，则经济增长潜力将会获得更大程度释放。国家信息中心课题组祝宝良等（2016）通过探讨深化体制改革、处置过剩产能、促进投资平稳增长、增加居民消费等方面分析了我国经济发展潜力与增长空间。张闪闪等（2017）结合"一带一路"倡议，从区域经济发展和经济结构调整的视角研究中国未来经济增长的潜力。任保平（2017）指出，在新常态下，提高我国未来经济增长潜力的关键因素是提升地方经济增长的效率。

（6）经济发展潜力定性分析转变为定性与定量相结合研究。随着电子信息技术的迅猛发展，经济发展潜力研究逐渐从定性分析过渡到定性与定量相结合的研究，国内常用的经济发展潜力评价方法主要包括：主成分分析、因子分析、加权主成分聚类分析等多元统计分析方法，层次分析主观评价方法，以及模糊综合评价、支持向量机与灰色预测等其他评价方法。

首先，多元统计分析评价模型。陈钰芬（2001）通过经济发展、环境发育、医疗教育、交通科技等指标构建经济发展潜力指标体系，并对我国31个省（区、市）1998年统计数据（不包括港澳台地区）进行主成分分析。陈民恳等（2008）通过构建经济发展潜力指标体系，利用因子分析法对全国经济发展潜力进行实证分析。马仁锋等（2009）构建我国省域尺度全部县级单元的区域发展潜力评价指标体系，提出系统聚类分析法是发展潜力最合适的评价方法。马兰等（2016）运用因子分析方法评价了安徽省地级市综合发展潜力。李贤等（2017）运用加权主成分聚类分析评价了江苏省经济发展潜力。

其次，层次分析模型。黄鲁成等（2007）通过 Delphi 调查构建了新技术产业化潜力评价指标体系，并利用 ANP 方法对新技术产业化潜力进行评价。叶素情等（2014）采用层次分析法探讨了南昌市五区四县地区经济潜力强弱和可视化，研究发现，南昌县经济发展潜力较高，经济潜力可视化反映了经济潜力的水平和空间结构。高孝伟等（2014）采用 AHP 方法确定指标权重，运用功效系数法分析我国31个省（区、市）的经济发展潜力，结果表明，东部地区具有较大的发展潜力，而中西部地区的发展潜力较小。

最后，其他评价模型。杨秀平（2008）应用模糊评价方法对旅游业可持续发展潜力进行测评研究。艾广乾等（2009）利用未确知测度模型评价了山东省经济发展潜力。陈爱平（2013）构建了支持向量机和决策域的地区经济发展潜力预测模型，并进行了实证分析。董辉（2016）运用非参数Malmquist指数方法研究了河北省经济发展潜力状况。

二、区域创新与经济发展研究现状

国内外经济发展的成功经验表明，区域经济发展离不开创新。一个区域是否具有创新能力，对于其发挥区域优势，充分调动区域内外一切有利因素、加速区域经济增长具有决定性的作用。

1. 国外区域创新与经济发展研究现状

（1）创新促进经济增长研究。创新是经济发展的重要原动力，熊彼特（Schumpeter，1912）提出的"创新理论"开创了世人对创新问题进行探讨的新时代。熊彼特（Schumpeter，1934）认为，创新就是把生产要素和生产条件的新组合引入生产体系，即"建立一种新的生产函数"，其目的是为了获取潜在的利润。费希尔（Fischer，2001）指出，经济发展的主动力来自技术的变化，而技术变化的核心就是创新，其本质是依赖于广泛相关知识的积累和发展的创新过程。卡夫雷尔－波拉斯和塞拉诺－多明戈（Cabrer－Borrás & Serrano－Domingo，2007）分析了创新的空间类型，以及它在西班牙地区创新的决定性作用。结果表明，区域发展最低水平是需要提高决定区域创新的研发政策的有效性。勒贝尔（LeBel，2008）利用面板数据模型计量了103个国家1980~2005年期间的样本数据，分析发现，创造性创新在经济增长中具有积极作用。另外，创新与经济发展的相关研究可以参见蒂斯（Teece，2000）等相关文献。

（2）技术创新促进经济发展。技术创新研究兴起于20世纪50年代。首先是新古典经济学家索罗（Solow，1957）证明了技术进步对经济增长的巨大作用，将总产出的增长分解为来自要素投入的贡献和来自技术进步的贡献，以此寻找出增长的源泉。罗默（Romer，1986，1990）提出了一个由外部性、产出生产中的报酬递减和新知识生产中的报酬三个要素共同构成的竞争性均衡模型，开辟了知识外溢和报酬递增的内生经济增长思路的研究。曼基韦特尔（Mankiwetal，1992）指出技术是一个公共品，从长期来看，技术进步率会发生在任何地区，反过来，不同国家或地区的增长路径也将影响技术进步。韦克和阿斯瑞（Werker & Athreye，2004）通过分析认为，知识和创新导致了区域经济增长和发展。克雷森齐和罗德里格兹－波塞（Crescenzi & Rodríguez-pose，2008）基于内源性与外部创新活动和社会经济条件分析了创新系统与欧盟区域增长关系。豪威尔斯（Howells，2009）提出，区域开发涉及经济、技术和社会的复杂变化，并且与经济增长相联系，分析认为，技术和更广泛的创新是区域发展进程的一个关键因素。张（Zhang，2009）认为，一个地区创新体系的实力，以及其经济表现主要取决于经济质量和技术创新的来源类型。

（3）制度创新促进经济发展研究。以诺斯为代表的新制度经济学家提出，对经济增长起决定作用的是制度因素及其创新。诺斯（North，1968）把制度因素内生于经济增长模型，表明即使在技术没有发生变化的情况下，通过制度创新或变迁亦能提高生产率和实现经济增长。其中，在制度因素中产权制度的作用最为重要，导致制度变化的诱因和动力是产权的界定与变化。斯库利（Scully，1988）比较研究了 115 个国家 1960～1980 年的经济增长率，以检验制度因素与经济增长的相关性。结果表明，制度安排对经济增长和经济效率具有显著影响，将不同制度安排下的经济增长进行比较，可以发现，有效制度安排下的经济增长率要比低效制度安排下的经济增长高出 2 倍，在经济效率上高 1.5 倍。贝文等（Bevan，Estrin & Meyer，2004）通过构建模型分析中东欧转型经济的制度发展与外国直接投资（FDI）的关系。研究认为，外国直接投资与正式制度的质量具有正相关。乔萨等（Chousa，Khan & Melikyan，2005）通过建立制度系统动力学的指标体系分析了转型经济中制度体系发展情况，研究发现，制度改革与经济增长具有相互依存关系。基里亚齐斯和祖布拉克斯（Kyriazis & Zouboulakis，2005）运用博弈理论模型讨论了转型经济中制度的路径依赖和对经济增长影响情况。奥拉赫和小田部（Aulakh & Kotabe，2008）根据不同国家的具体情况，运用理论方法解释了各种组织机构是如何克服发展经济中体制变化所产生的压力。

（4）区域创新促进经济发展研究。弗里曼（Freeman，1988）首次提出国家创新系统概念的基础上，库克（Cooke，1992）进一步提出了区域创新系统概念，在此基础上，国外诸多学者加入到创新系统的本书研究中。弗里曼（Freeman，2002）通过讨论在过去两个世纪的区域创新体系与经济增长率的相关性，提出区域经济的增长变化某种程度可能归因于创新体系，而且这种分析方法可以应用于 18 世纪的英国、19 世纪下半叶的美国，以及 20 世纪追赶型国家的创新体系的研究。卡维塔·梅赫拉（Kavita Mehra，2003）重点对印度不同地区区域创新进行了案例分析，结果显示，创新使地区提高企业经济竞争力和可持续发展能力。格斯特伯格（Gerstlberger，2004）通过选取德国（北黑森）和美国（硅谷）的创新区域可持续性进行案例研究，分析显示，区域可持续发展和区域创新体系可以作为一个组织机构支持发展的目标。帕克和李（Park & Lee，2005）介绍丹麦政府如何建立了国家和区域创新系统，以加强其知识为基础的经济，并制定区域发展战略。鲁滕和博柯玛（Rutten & Boekema，2007）指出，技术是区域经济发展的必要但不是充分条件，区域创新网络能够使技术转化为企业的竞争力，从而对经济发展具有重要贡献。法格伯格和夏洛克（Fagerberg & Srholec，2008）为了研究"创新体系"的发展、"政府"质量、"政治制度"的性质与"经济开放"程度等四种能力对经济发展的作用，选取 115 个国家 1992～2004 年期间的 25 个具体指标进行因子分析，研究发现，"创新体系"的发展，"政府"质量是经济发展特别重要的两种能力。克雷默等（Kramer，Diez & Marinelli，2011）指出，创造价值的来源越来越依赖于无形资产、组织和网络资本是增强和促进创新能力两个具体的关键维度。

2. 国内区域创新与经济发展研究现状

（1）创新促进经济发展研究。柳新华等（1999）在分析创新对区域经济发展作用基础上，提出区域经济创新的目标和原则，以及实现区域经济创新的对策建议。杨文圣等（2002）探讨了观念创新、科技创新以及制度创新对经济发展的作用，认为创新是经济发展的现实动力。洪名勇（2003）通过科技创新与经济增长关系进行实证分析认为，区域经济非均衡增长与科技创新具有显著的相关性，即科技创新能力较强的地区，大多数也是经济实力较强的地区，反之亦成立。赵树宽等（2016）根据东北地区经济下行压力较大，探讨了东北地区创新和地区经济的结构变化关系，结果表明，创新水平与地区经济之间并不一致，其中，创新水平对辽宁和吉林两省的地区经济具有单向影响作用。

（2）技术创新促进经济发展研究。傅家骥（1998）研究认为，技术创新是人类财富之源，是经济增长的根本动力。胡鞍钢等（2000）对我国 30 个省（区、市）1978～1995 年经济增长差异进行分析，研究表明，物质资本增长因素只能解释各地区经济增长差异的 19%，其余 80% 则要归于包含于 TFP 之中的无形因素。商建初等（2005）运用计量经济模型验证技术创新与经济增长之间的关系，研究认为，技术创新对经济增长有明显的正效应。付启敏等（2008）通过分析技术创新促进经济增长内在机理，构建"技术创新—经济增长"系统动力学模型，并进行了模型应用。万勇博士（2009）通过分析区域技术创新对区域经济增长的贡献与机理，构建面板数据模型对我国各区域技术创新能力与经济增长的关联度进行实证分析。研究认为，技术创新能力对经济增长的促进作用存在较大区域差异性，表现出由东部强、西部弱的特征。樊杰（2016）指出，技术创新对地区经济发展的促进作用逐渐超过投资和外向型经济，并预测创新将会进一步拉大区域间发展差距。

（3）制度创新促进经济发展研究。在诸多学者关注科技创新在经济发展中的突出作用的同时，杨小凯等（1999）对产权制度改革促进经济发展进行了深入研究，结果表明，1979～1987年期间，产权制度改革通过对组织效率的影响给予经济增长的贡献，占人均真实收入总增长额的48%。卢正惠（2001）认为，制度的变化具有改变区域经济结构、收入分配结构，以及改变资源配置的可能性，制度创新能够推动区域经济增长。贾彧（2006）分析了我国增长方式转变的迫切性，以及阻碍经济增长方式转变的主要因素，研究认为，制度创新是经济增长方式转变的关键。张新杰（2009）通过中国1980～2006年的区域面板数据研究发现，制度创新对经济增长均存在显著的促进作用，并且经济增长与制度创新之间的关系在我国不同地区以及不同时期内并不是一样的重要结论。此外，诸多学者基于技术创新与制度创新对经济发展的研究进行了探讨。如金云亮等（2008）、张梅等（2008）分别探讨了技术创新与制度创新两者对经济增长的影响作用。袁刚等（2014）探讨了作为制度创新的主体，政府应通过制度创新，弥补市场失灵，促进地区经济的可持续发展。

（4）区域创新促进经济发展研究。国内诸多学者在借鉴国外对区域创新系统理论的基础上，融合了中国的具体实践，提出了区域创新系统概念、创新环境、模式、运行机制等观点和看法，为我国区域创新发展提供了理论与实践的基础。盖文启（2002）认为区域经济的发展依赖于区域环境的建设，尤其是区域创新的文化环境、制度环境等软环境已成为区域发展获得竞争优势的关键。吴贵生（2002）在分析区域创新体系与区域经济的相互依赖关系基础上，探讨区域创新体系与区域经济的互动过程与互动方式。尹卫兵等（2004）通过技术创新、制度创新、组织和管理创新的区域创新组合分析，认为区域系统的创新应结合本地区的现实条件和区域经济发展的长远目标，真正起到推动经济发展的作用。孙丽文等

（2005）分析区域创新与区域经济发展相互依赖关系，提出区域创新应以区域作为整体，以发展区域经济为目的，构建区域创新系统。张忠德（2006）认为，通过发挥产业集群的核心作用，建立多元互动的区域创新系统，从而推动区域经济发展。池仁勇等（2007）对浙江省改革开放后的创新活动与经济发展关系的定量分析表明，区域科技创新资源配置应该超前于经济发展，否则经济发展就会缺乏潜力。马永红（2008）构建区域创新系统与区域经济协调度的评价模型，分析认为区域创新系统与区域经济的协调发展有利于区域整体竞争力的提高。夏永祥（2016）指出，在新常态下，一个区域的创新能力乃至经济发展水平取决于其所具有的创新要素的数量和质量。徐宪平（2017）强调，东部地区的区域创新能力较强，与此相比，中部地区的较弱，并运用互网联推动中部地区的创新发展。

三、国内外研究现状述评

综观国内外相关研究现状可以看出，关于地区经济发展潜力研究和区域创新与经济发展研究存在以下特点，国内外相关研究在取得成果的同时也存在一些不足：

（1）侧重研究经济发展潜力表现方面以及经济潜力评价方法的选择。国内外学者侧重经济发展潜力的内涵与影响因素的探讨，并且选择多种评价方法对经济发展潜力进行定量化分析。尤其是国内学者对周边国家以及中西部地区进行了丰富的实证研究，其一般思路主要是：通过构建经济发展潜力指标体系，运用相关模型进行评价，缺乏对经济发展潜力影响因素的机理分析，以及经济潜力开发路径的系统研究。

（2）强调区域创新对经济发展具有较大的促进作用。关于区域创新与经济发展研究方面，国外区域创新的研究主要局限于对发达地区经济发展的影响作用，对欠发达地区经济影响研究较少。我国属于发展中国家，针对我国的实际国情，我国学者已对区域创新促进欠发达地区的经济发展进行有益的尝试，但是如何使区域创新有效促进经济发展潜力释放还需要不断地深入研究，以上研究不足也是本书后续研究的主题。

（3）缺乏对地区经济发展潜力的动态性分析。通过国内外经济发展潜力研究现状看，地区经济发展潜力的研究主要侧重于经济潜力的评价指标体系构建以及评价方法的选择，在实证分析中选取的数据大多采用某一年数据，反映的是过去某一年经济发展的实际情况，不能解释地区经济潜力的发展轨迹，缺乏基于动态发展的视角考察地区经济发展潜力的变化过程，这有悖于经济发展潜力的动态特性，地区若要实现经济发展潜力的有效开发，必须对经济发展潜力进行动态评估与动态分析。

（4）探讨地区经济发展潜力与经济发展实力关系的研究略显不足。地区经济发展潜力是地区未来经济发展的后劲，与此相比，地区经济发展实力是地区现有的经济发展能力，国内外对经济发展潜力的研究主要侧重于就经济潜力而论潜力，并没有把隐性的经济发展潜力与经济发展实力有机结合起来研究。毋庸置疑，发达地区在较高的现有经济发展实力上，具有较高的经济增长潜力，能够保持一个地区的持续快速发展；而欠发达地区在现有经济发展实力上，拥有较高的经济发展潜力，可以实现对发达地区的追赶，最终达成区域经济的协调发展。因此，有必要对经济发展潜力与经济发展实力的关系进行系统分析。

（5）缺乏基于区域创新的角度分析地区经济发展潜力开发研究。关于经济发展潜力的研究，诸多学者仅对地区经济发展潜力大小进行评估，如何挖掘并释放经济潜力所用笔墨较少，这也正是研究经济发展潜力问题的价值所在，区域只有把自身的经济潜力释放出来，才能实现高质量发展。目前为止，从区域创新的角度系统探讨经济潜力开发的研究较少。因此，随着知识经济的来临，本书试图剖析区域创新在地区经济发展潜力开发过程中所发挥的作用。

（6）缺乏对地区经济发展潜力开发路径选择与优化分析。地区经济发展潜力研究的最大价值不仅在于测试发展潜力的大小，更为核心的问题是如何把地区隐性的经济发展潜力挖掘并释放为显性的经济发展实力。多数学者对经济发展潜力开发提出的途径比较笼统和泛泛，较少针对经济发展潜力的影响因素以及经济发展潜力的强弱情况，综合考虑选择适合开发的通用路径与专用路径，以及路径之间的关系等诸多问题进行探讨。

当然，研究我国地区经济发展潜力的开发需要借鉴国外在地区经济发展潜力开发的成功理论和经验，但绝不能完全照搬，必须结合我国各地区经济社会发展的实际情况，能够明确自身的优势与不足，发挥优势的放大效应，"扬长避短""扬长克短""扬长补短"，根据现实发展制定出能够使经济发展潜力最大程度转化为经济发展实力的开发路径。

第四节 研究内容和研究方法

一、研究的主要内容

本书首先在经济发展潜力内涵与特性研究的基础上，基于经济发展潜力内涵构建了我国经济发展潜力评价指标体系，并运用加权主成分 TOPSIS 价值函数模型对各地区经济发展潜力强弱进行客观测度。其次，为加快经济发展潜力转化为经济发展实力，本书以区域创新为突破口，阐述区域创新促进经济发展潜力开发的机理。梳理美国、意大利、日本等发达国家，以及印度与巴西等发展中国家开发地区经济发展潜力的成功经验与教训。再次，根据地区经济发展潜力强弱与区域创新能力的大小，探讨地区经济发展潜力开发的通用路径和专用路径，运用系统动力学对地区经济发展潜力开发路径优化仿真模拟。最后，以东北地区为案例，运用系统动力学对地区经济发展潜力开发路径进行仿真，以期保障经济发展潜力开发路径的有效性。根据上述思路，本书研究内容主要包括以下几个方面：

（1）我国地区经济发展潜力开发的必要性与可行性分析。国内专家学者积极探讨我国地区经济发展潜力开发问题。林毅夫、刘伟、张可云、哈米什、李稻葵等国内外学者指出，我国地区经济发展具有较大潜力，这种潜力并非现实发展能力，只有克服影响潜力开发的制约因素，才能实现其向经济实力的转化。在经济发展新常态下，为了规避"资源诅咒"现象，我国愈加重视经济发展方式由"要素推动"向"创新驱动"的转变。因此，本书主要是基于区域创新视角探讨我国地区经济发展潜力的开发问题。

（2）我国地区经济发展潜力评价与开发的理论框架分析。科学界定地区经济发展潜力的内涵，探讨地区经济发展潜力的方向性、动态性、地域性等特征，运用计量模型定量分析地区经济发展差距；梳理经济潜力开发的后发优势理论、区域创新理论、区域开发理论、耗散结构理论与系统动力学的基本理论，构建经济发展潜力开发的理论分析框架，为本书后续研究奠定理论铺垫。

（3）我国地区经济发展潜力指标体系构建与评价。基于经济发展的内源型经济潜力与外源型经济潜力构建经济发展潜力的评价指标体系，由于不同的评价方法对于同样的评价指标体系有可能会得出相异的结论，本书运用加权主成分 TOPSIS 模型对我国地区经济发展潜力进行测度，判断我国各地区经济发展潜力强弱程度，明确地区经济发展潜力的空间布局以及经济发展潜力与经济发展实力的关系。

（4）区域创新促进地区经济发展潜力开发的机理。定性地探讨经济发展潜力影响的内部因素与外部因素及其相互作用机理，根据面板数据模型定量地判断四个地区经济发展潜力因素的影响程度，以期丰富地区经济发展潜力因素作用机理方面研究的相关理论，从而为研究地区经济发展潜力开发路径提供科学依据。

（5）国外地区经济发展潜力开发路径的比较与借鉴。国外有些地区已经成功开发了经济发展潜力。本书通过分析美国、意大利、日本等发达国家，以及印度与巴西等发展中国家开发地区经济发展潜力的成功经验，为我国地区经济潜力开发提供借鉴启示，起到"他山之石，可以攻玉"的效果，促进我国地区经济实现协调发展。

（6）区域创新促进地区经济发展潜力开发路径的选择。本书基于耗散结构理论分析地区经济发展潜力开发通用路径的总体思路，系统分析适合地区经济发展潜力开发的内生路径与外生路径。在此基础上，依据地区经济发展潜力强弱与区域创新能力的聚类分析结果选择地区经济潜力开发的专用路径。

（7）区域创新促进地区经济发展潜力开发路径的优化。运用系统动力学（SD）对经济发展潜力开发路径优化仿真模拟，结合经济发展新常态，通过经济发展潜力开发路径调整，推动经济潜力开发路径的有效性。通过跨越传统分块的区域发展格局，特别是通过"互联网＋"传统产业的优化升级，加快推进"一带一路"倡议实施和长江经济带发展，打通东中西区域连接的通道，加强区域内外合作，加强区域协同创新，促使地区经济发展潜力不断释放为地区经济发展实力。

（8）东北地区经济发展潜力开发路径优化的实证分析。为了验证经济发展潜力开发路径优化有效性，以东北地区为个案进行实证仿真。明确东北地区经济发展潜力和区域创新能力在全国的定位，确定其开发的通用路径与专用路径；运用系统动力学模拟东北地区经济发展潜力开发路径优化，提出开发路径运行的保障措施。

（9）总结与展望。对研究工作进行总结，提出下一步研究的方向和内容。

二、研究的逻辑框架

本书通过理论研究与实证分析探讨了我国地区经济发展潜力评价与开发问题。本书研究的逻辑框架如图 1-2 所示。

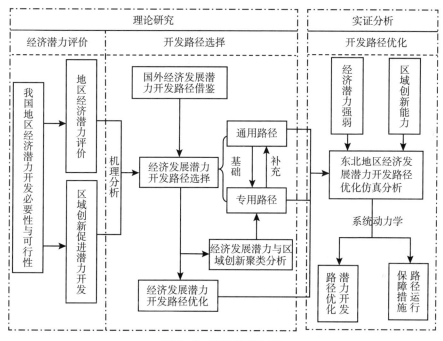

图 1-2　研究逻辑框架

（1）地区经济发展潜力强弱的评价。明确我国地区经济发展潜力开发的必要性与可行性，运用加权主成分 TOPSIS 模型明确我国地区经济发展潜力强弱的空间分布。

（2）地区经济发展潜力开发的路径选择。分析区域创新促进经济发展潜力开发机理，梳理美国、意大利、日本等发达国家，以及印度与巴西等发展中国家开发地区经济发展潜力的成功经验与教训，以区域创新视角，明确地区经济发展潜力开发通用路径与专用路径。

（3）地区经济发展潜力开发的路径优化。构建经济发展潜力开发路径优化的系统动力学模型，并以东北地区为个案对地区经济发展潜力开发路径优化进行仿真分析，确保经济发展潜力开发路径的有效性，进而为我国其他地区经济发展潜力开发路径的选择与优化提供参考。

三、研究的主要方法

本书研究注重广泛查阅相关文献，在充分翔实地了解有关经济发展潜力及区域创新与经济发展关系等研究现状的基础上，本研究采用如下方法：

（1）静态分析与动态分析相结合方法。经济发展潜力是经济未来发展的后劲，本书在地区经济发展潜力体系构建的基础上，运用相关计量模型对我国地区经济发展潜力的时空演化进行量化分析，从而体现经济发展潜力的动态性。

（2）跨学科交叉综合研究相结合方法。本书研究问题涉及区域经济学、发展经济学、系统动力学、非线性科学等学科的理论方法。本书以耗散结构理论分析了经济发展潜力开发通用路径的框架；运用系统动力学对东北地区经济发展潜力开发路径优化的有效性进行了模拟仿真，充分运用多学科交叉的综合方法研究经济发展潜力的开发路径。

（3）定性分析与定量分析相结合方法。本书在明确我国四大地区经济发展潜力强弱的基础上，定性地分析经济潜力与经济实力的关系，为进一步验证四个地区经济发展潜力是如何影响经济发展实力及其影响作用的大小，同时本书又对经济潜力与经济实力的关系进行定量分析。

（4）理论研究与实证分析相结合方法。本书在对地区经济发展潜力大小的测度、区域创新促进经济潜力开发机理以及开发路径理论分析的基础上，以东北地区为案例进行实证仿真分析，探讨了开发东北地区经济发展潜力应选择的开发路径，以及保障经济潜力开发路径运行的措施。

（5）统计分析和典型调查相结合方法。为了有效评价经济发展潜力，采用统计数据获得样本定量指标值，本书采用典型调查方法深入黑龙江省龙煤矿业控股集团有限责任公司（以下简称"龙煤集团"）等国有企业实地调研，了解资源型国有企业深化管理体制与经营机制改革取得的成效，发展过程中面临的困境，并提出龙煤集团脱困路径的"五个一批"工程。

第二章　我国地区经济发展潜力评价与开发相关理论

评价一个国家（地区）的经济发展能力不仅要分析目前经济发展现状，而且更重要的是考察其经济发展的潜力如何？近年来，经济发展潜力的研究被越来越多的学者所关注，其概念也被各领域的学者们在研究问题时从不同角度进行定义和说明。本章主要内容是界定经济发展潜力的内涵，并对其特性进行分析，明确我国地区经济发展潜力评价、开发路径选择与优化的相关理论。

第一节　地区经济发展潜力的特性及成因

一、地区经济发展潜力的内涵

《辞海》（2009）对"潜力"一词的解释为：隐蔽的潜在能力。这种潜力必须在抓住机遇的情况下，才能使其得以发挥，迸发出活力。《经济大辞典》（1992）对"经济潜力"的解释为：尚未动员出来的潜在力量，隐藏在经济发展中的一种可能资源，只有采取相应的经济、技术组织等方面的有效措施，才有可能使潜在的有利因素转化为现实的能力。在《现代经济学词典》（2006）中对"经济潜力"的概念是指，在国家中行业和企业的经济发展能力，进行生产活动，提供商品与服务以满足社会居民的基本需求，从而保障生产和消费的发展。国家的经济发展潜力是由一国拥有的自然资源、生产资料、科学技术潜力以及积累的国民财富决定（Раизберга，2006）。依据国内外学者有关经济发展潜力内涵的研究成果，以及结合我国区域发展的实际情况，本书认为，地区经济发展潜力主要是在基础保障和资源环境承载的能力范围内，地区经济未来发展的潜在后劲，即地区改善内部现有生产要素非正常利用（利用不足或过度利用），以及引进地区内部稀缺生产要素所产生的地区未来经济可持续发展的能力，包括内源型经济潜力和外源型经济潜力。其中，内源型经济发展潜力主要是指地区自身生产要素得到有效利用所提供经济发展的能力；外源型经济发展潜力是指借助于外在生产要素使地区具有的发展后劲。

二、地区经济发展潜力的特性

（1）方向性。根据"物理学"中对力概念的界定，力是物体间的相互作用，其具有三要素，即力的大小、方向和作用点。因此，潜力是地区经济发展过程中具有方向的空间矢量，包括地区内部经济的相互作用，以及地区间经济的相互作用，其中，地区内部生产要素得到有效利用所支持经济发展的能力为内源型经济潜力；借助于外在生产要素使地区具有的发展后劲为外源型经济潜力。

（2）非现实性。地区经济发展潜力主要表现为经济潜在的发展能力，是地区具有的尚未表现出来的能力，具有隐蔽性，必须通过对客观存在的事物现象进行仔细观察和深入分析才能得出的结论，或是基于一定的发展状态对未来做出的预测。预测结果有助于国家或地区进行宏观调控，制定正确的经济发展战略，同时也有利于相关部门明确经济发展思路。

（3）动态性。万事万物都在无时无刻地发生变化，经济发展潜力也不例外，其大小也会随着时间的变化而变化，内源型经济潜力与外源型经济潜力表现出不同的动态特性。内源型经济潜力是关于时间的增函数。换言之，地区经济发展的内源型经济潜力会随着时间的增加而增加，这种增加包含两个方面，一方面是原有内源型经济潜力的累积过程；另一方面是外源型经济潜力的内化累积，而外源型经济潜力随着其内化的过程，以及由于新的外源型经济潜力的替代作用，导致外源型经济潜力会随着时间的变化而递减，即外源型经济潜力是关于时间的减函数。如图2-1所示，横轴表示时间，纵轴表示经济发展潜力的百分数，内源型经济潜力随着时间增加而增加；外源型经济潜力随着时间的增加而减少。

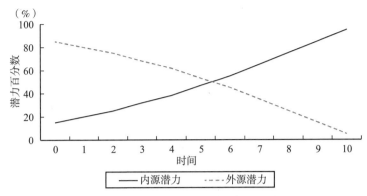

图 2 - 1　内源型经济潜力与外源型经济潜力随时间的变化规律

（4）地域性。由于我国各个地区处于不同的地理区位，致使其具有不同的自然资源、交通状况等硬环境，以及科技水平与文化风俗等软环境，从而影响本地区内部之间、与其他地区之间的对外贸易往来，以及生产要素合理流动的顺畅性，从而决定了本地区经济可持续发展的后劲。因此，地区经济发展潜力具有地域性的特点，即不同的地区具有相异的经济发展潜力，即使同一地区也会因其自身与外界条件的变化导致经济发展潜力随之改变。

（5）加和性。在地区经济发展过程中，通过对某一时段的经济发展进行观察，根据本书经济发展潜力的内涵可知，作用于某一地区的经济发展潜力包括内源型经济潜力和外源型经济潜力，并且地区经济发展的后劲由上述两种类型经济潜力综合作用的结果，表明经济发展潜力具有加和性，运用数学公式表示为式（2 - 1）。

$$REP_{(\text{地区经济潜力})} = \beta_1 IEP_{(\text{内源型经济潜力})} + \beta_2 OEP_{(\text{外源型经济潜力})} \qquad (2 - 1)$$

式（2 - 1）中，各参数内含如下：

β_1——内源型经济潜力权重；

β_2——外源型经济潜力权重。

（6）滞后性。地区经济发展潜力需要在一段时间内，经过一定量的积累和质的提高，才会显示出较强的发展势头，所以具有滞后性。经济发展潜力只有在一定条件下才能转化为经济发展的显性实际水平，并且通过经济潜力的开发度确定经济发展潜力的实际发挥程度，如式（2 - 2）所示。

$$R = \frac{S_t - S_0}{P_0} \times 100\% \qquad (2 - 2)$$

式（2 - 2）中，各参数内含如下：

R——经济发展潜力开发度；

S_t——报告期经济发展实力；

S_0——基期经济发展实力；

P_0——基期经济发展潜力。

（7）内源型经济潜力是转化为经济发展实力的决定性动力。"内因是事物变化的根据，外因是事物变化的条件，外因通过内因而起作用"揭示了内因与外因的辩证关系。通过内源型经济潜力与外源型经济潜力的划分揭示了经济发展潜力的本质特征，是其他潜力类型划分的基础。内源型经济潜力包括生产要素潜力、基础保障水平、资源开发与利用—环境承载水平，是地区经济发展的根本动力；外源型经济潜力包括对内开放潜力、政府扶持程度和对外开放潜力，其主要通过内化为内源型经济潜力才能成为影响地区经济发展的真正力量。

三、地区经济发展潜力形成原因

地区经济发展潜力表明该地区经济发展还没有达到相对的最佳状态，与其他地区相比存在较大的发展差距，差距暗示地区蕴藏着较大的经济发展潜力。因此，各地区应该正确面对地区之间的差距，进而使地区自身的经济潜力能够得到有效释放，最终为实现经济潜力向经济实力的转变提供保障。

1. 地区经济发展差距的测算

随着区域经济发展理论的不断发展，衡量地区经济发展差距的方法日益丰富，包括变异系数法、基尼系数、泰尔指数及赫芬达尔—赫希曼指数等方法。区域经济发展差距的测算只有采取多种方法才能提高分析的客观性，本书主要选择其中的变异系数法和泰尔指数测算我国四个地区在 1978 ~ 2014 年期间的经济发展差距。

（1）测算方法简介。

首先，变异系数方法。变异系数（C. V.）是指同时表达多样本间差异的常用方法，通过各地区加权平均值差异系数消除人口规模因素对人均 GDP 相对差异系数的影响，并结合运用相对差异系数与 σ 系数共同反映不同地区相对指标差距的变化，根据变异系数的计算公式为

$$\text{C. V.} = \frac{\sqrt{\sum (Y_i - \bar{Y})^2 / N}}{\bar{Y}} \qquad (2-3)$$

式（2-3）中：C. V. 为变异系数，Y_i 为第 i 个地区的人均 GDP，$\bar{Y}$ 为 Y_i 的平均值。

其次，泰尔指数方法。泰尔指数（TEI）最早由泰尔在1967年研究国家之间的收入差距时提出，目前已被广泛应用于研究地区经济差异程度的大小。泰尔指数具有在子样本之间分解的特性，可以将地区整体差异分解成地区之间的差异和地区内部的差异（唐德祥，2009）。泰尔指数的计算公式如下：

$$TEI_{全部} = TEI_{区域间} + TEI_{区域内} \qquad (2-4)$$

$$TEI_{区域间} = \sum_{i=1}^{n} p_i \ln(p_i/u_i) \qquad (2-5)$$

$$TEI_{区域内} = \sum_{i=1}^{n} p_i \left(\sum_{j=1}^{k} \ln\left(\frac{\bar{y}}{y_i}\right) \Big/ k_j \right) \qquad (2-6)$$

其中，TEI 代表泰尔指数，p_i、u_i 分别代表各地区人口与地区生产总值占总人口和国内生产总值的比重，k_j 表示第 n 个地区的省（区、市）个数，y_i 表示某个地区内第 i 个省（区、市）的人均 GDP，$\bar{y}$ 表示该地区对应省（区、市）y_i 的平均值，n 表示全国所有省区市分成 n 个地区（本书表示东部、中部、西部与东北四个地区）。

（2）测算过程。

本书采用我国31个省（区、市）的相关数据资料（不含香港、澳门、台湾），原始数据如表2-1所示，运用变异系数和泰尔指数分别计算改革开放以来（1978~2014年）我国东部、中部、西部与东北地区的经济发展差距变化情况。

表 2 -1   1978 ~ 2014 年四个地区 GDP 与总人口情况

年份	GDP（亿元）				总人口（万人）			
	东部	中部	西部	东北	东部	中部	西部	东北
1978	1513.3	749.9	721.6	486.0	32534.9	27136.2	27492.1	8672.9
1979	1711.6	894.6	807.0	523.3	32958.3	27551.0	27837.4	8796.3
1980	1921.7	981.2	888.8	600.6	33330.0	27890.1	28152.7	8901.5
1981	2114.1	1092.7	964.1	628.1	33825.9	28267.1	28535.5	9005.2
1982	2363.7	1197.7	1090.2	685.2	34364.8	28682.3	28975.9	9130.7
1983	2623.8	1363.2	1217.4	791.0	34761.9	29046.1	29259.5	9204.5
1984	3163.9	1617.9	1422.9	930.9	35148.7	29408.5	29555.9	9270.5
1985	3879.0	1956.2	1704.4	1074.0	35541.9	29789.0	29904.3	9341.0
1986	4334.6	2191.4	1905.5	1233.3	36085.7	30234.9	30371.0	9426.5
1987	5289.1	2559.5	2223.3	1471.2	36684.3	30719.3	30828.4	9537.4
1988	6727.3	3149.1	2821.3	1801.7	37249.4	31285.7	31298.5	9649.4

续表

年份	GDP（亿元）				总人口（万人）			
	东部	中部	西部	东北	东部	中部	西部	东北
1989	7655.2	3577.5	3232.5	2026.1	37817.7	31831.7	31739.4	9781.4
1990	8394.6	4010.3	3742.0	2203.3	38939.5	32569.8	32450.8	9900.2
1991	10042.3	4400.9	4302.5	2485.9	39437.2	32992.2	32847.3	9973.7
1992	12473.7	5296.6	5080.0	2995.1	39975.9	33434.0	33199.5	10156.0
1993	17173.6	6671.3	6446.9	3927.7	40454.5	33788.0	33553.3	10237.0
1994	23243.1	8663.0	8434.6	5004.4	40963.3	34116.0	33939.3	10313.0
1995	29846.0	11286.3	10481.0	5922.0	41553.5	34417.0	34335.0	10385.0
1996	35107.1	13469.7	12312.3	6875.0	41935.8	34709.0	34535.7	10454.0
1997	39692.9	15175.9	13756.1	7714.3	42347.7	34999.0	34853.1	10517.0
1998	43214.5	16321.7	14789.1	8233.2	42754.0	35271.0	35163.5	10574.0
1999	46658.6	17194.9	15651.2	8711.0	43170.9	35529.0	35440.0	10621.0
2000	52742.8	18900.8	17088.6	9772.0	44443.0	35693.0	33754.3	10673.0
2001	58577.2	20697.0	18728.2	10543.6	44678.2	35912.0	35975.8	10696.0
2002	65718.4	22694.8	20718.4	11444.0	45011.1	36084.0	36200.3	10715.0
2003	76964.9	25870.9	23696.4	12722.0	45419.7	36310.0	36426.6	10729.0
2004	92822.7	31616.4	28603.5	14544.6	45840.7	36511.0	36668.6	10743.0
2005	109924.6	37230.3	33493.3	17140.8	46388.0	35202.0	35976.0	10757.0
2006	128328.1	42969.6	39495.8	19690.8	46906.0	35251.0	36157.0	10817.0
2007	152346.4	52040.0	47864.1	23373.2	47476.0	35293.0	36298.0	10852.0
2008	177579.6	63188.0	58256.6	28195.6	47964.0	35466.0	36523.0	10874.0
2009	196674.4	70577.6	66973.5	31078.2	48442.9	35603.5	36729.7	10884.6
2010	232030.7	86109.4	81408.5	37493.5	50665	35696	36069	10955
2011	271354.8	104473.9	100235.0	45377.5	51063	35791	36222	10966
2012	295892.0	116277.8	113904.8	50477.3	51461	35927	36428	10973
2013	324765.0	127909.6	126956.2	54714.5	51818	36085	36637	10976
2014	350100.9	138679.7	138099.8	57469.1	52169	36262	36839	10976

资料来源：1978～2008年数据源于《新中国六十年统计资料汇编》，2009～2014年数据源于2010～2015年《中国统计年鉴》。

根据式（2-3），计算出1978～2014年期间31个省（区、市）、东部、中部、西部与东北四个地区内部和地区之间经济发展差距的变异系数，如图2-2所示。

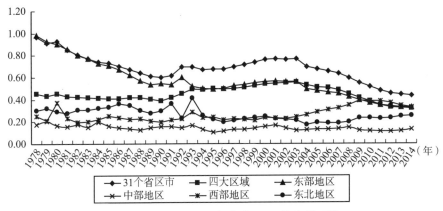

图 2 - 2　1978 ~ 2014 年人均 GDP 的变异系数

根据式（2 - 5）和式（2 - 6），本书可以计算出 1978 ~ 2014 年期间，东部、中部、西部与东北四个地区内部和地区之间经济发展差距的泰尔指数，结果如图 2 - 3 所示。

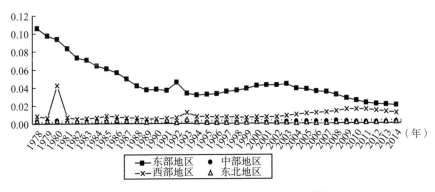

图 2 - 3　1978 ~ 2014 年人均 GDP 的泰尔指数

（3）测算结果分析。

本书通过变异系数与泰尔指数两种方法衡量了东部、中部、西部与东北地区的发展差距变化，31 个省（区、市），东部、中部、西部与东北四个地区内部及地区间的发展差距情况。

首先，变异系数的测算结果分析。如图 2 - 2 所示，基于变异系数分析可得，31 个省（区、市）间经济发展差距最大，东部地区的发展差距程度整体上要高于中部、西部及东北三个地区；1978 ~ 1994 年期间，东北地区的发展差距大于西部地区；1995 ~ 2003 年期间，东北与西部两个地区间的发展差距比较接近；2004年以来，西部地区的发展差距大于东北地区，并且呈现出逐年扩大的趋势，表明西部地区在"西部大开发"战略的带动下，地区出现了新的经济增长点，中部地区发展差距最小，而且变化比较平缓。考察四个地区间的发展差距情况可知，改革开放至20世纪90年代初期，四个地区间（除东部地区外）发展差距比较平缓；1991～2005年期间四个地区间发展差距呈现扩大态势；2009～2014年期间，地区间发展差距显示出缩小趋势，值得注意的是，此时省（区、市）间的发展差距也呈现出缩小趋势。

其次，泰尔指数的测算结果分析。从图2－3可以得出，泰尔指数的变动轨迹与变异系数比较相似：1978～1990年，地区发展差距开始逐步缩小，从1978年的0.1916下降到1990年的0.1188，到1988年降至历史最低水平；1992～2005年期间，尽管中间略有小幅波动，但是泰尔指数总体上呈现出逐年上升态势，至2005年泰尔指数攀升到0.1644，2009～2014年期间，泰尔指数又呈现缩小态势。这种趋势表明，改革开放初期，地区经济差距呈现出缩小趋势；随着改革开放进程的加快，经济差距又开始显示逐年扩大态势；我国经济正处于新常态，地区经济差距又呈现逐年缩小态势。

泰尔指数不仅用来衡量地区经济的总差距，而且可以将差距分解为区内差距和区间差距。从图2－4可见，地区内差距在逐年缩小（除1980年达到最大值为0.036外，从1978年的0.030缩小至2009年的0.013，继续下降至2014年的0.009），与此相比，地区间差距先呈现逐年扩大后，又出现逐年缩小的趋势（从1978年的0.044扩大到2004年的0.094，之后缩小到2009年的0.065、2014年的0.033）。结果表明，区域间差距图形与泰尔指数图形变化趋势比较相似，地区间差距对于泰尔指数的贡献基本上都超过了区内差距，并且区间差距对泰尔指数的贡献越来越大。

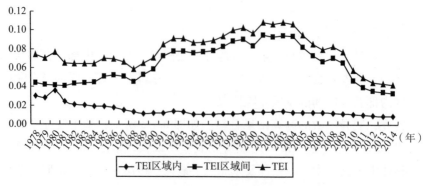

图2－4 1978～2014年人均GDP的泰尔指数

综上所述，变异系数和泰尔指数两种方法计算的地区经济发展差距变化趋势大致相同，如图 2 - 5 所示。在改革开放的 1978 ~ 1990 年期间，地区经济发展总差距呈现出缩小的态势；至 1991 年以来，地区经济发展总差距出现逐年扩大态势。至 2009 年以来，东部、中部、西部与东北地区的内部差距显现缩小态势，四个地区之间的发展差距也呈现出逐年缩小态势。如图 2 - 6 所示，地区之间的发展差距已成为描述地区经济发展总差距的主要因素。

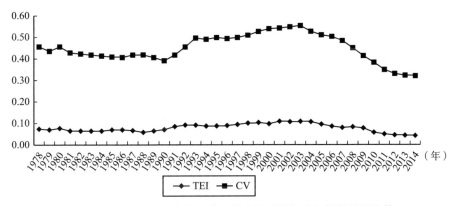

图 2 - 5　1978 ~ 2014 年地区差距的变异系数与泰尔指数结果比较

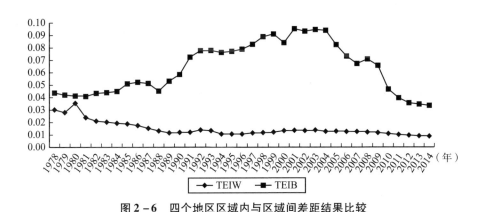

图 2 - 6　四个地区区域内与区域间差距结果比较

2. 地区经济发展差距的路径

（1）模型建立。地区经济发展差距路径有两种：一种路径是"Williamson 假说"，认为地区差距具有极化阶段与逆极化阶段，呈现倒"U"形趋势，表明地区经济发展差距呈现出先扩大后缩小的趋势；另一种路径是"Amos 假说",认为其路径还有空间再结构化阶段,表现出倒"U"形 + "U"形趋势,显示地区经济发展差距呈现出先缩小后扩大的趋势。本书采用金相郁（2005）的地区经济发展差距方程分析我国四个地区的经济发展差距。

$$\text{一次差距函数：} Y = \alpha + \beta x + \varepsilon \tag{2-7}$$

$$\text{二次差距函数：} Y = \gamma + \beta_1 x + \beta_2 x^2 + \varepsilon \tag{2-8}$$

在式（2-7）和式（2-8）中：

Y——地区差距函数；

x——地区发展变量；

α，β，γ，β_1，β_2——系数；

ε——随机扰动项。

在式（2-7）和式（2-8）中,针对一次函数而言,若回归系数 β 为正值,表明地区发展与地区差距之间为正相关；若回归系数 β 为负值,表明地区经济发展与地区差距之间为负相关。若二次函数的系数 β_2 为负值,则地区经济发展差距路径就是倒"U"形；若系数 β_2 为正值,则地区经济发展差距路径就是"U"形。

具体而言,若 β_1 为负值并且 β_2 为正值时,则地区经济发展差距路径符合"Amos 假说",如图 2-7 中的 Ⅰ、Ⅱ、Ⅲ类型；若 β_1 为正值并且 β_2 为负值时,则地区经济发展差距路径符合"Williamson 假说",即图 2-4 中的 Ⅳ、Ⅴ、Ⅵ类型。为了判断改革开放以来我国地区发展差距的路径,本书选择人均 GDP 代表解释变量 x,即各省（区、市）的发展变量,变异系数代表被解释变量 Y,即地区差距,运用计量经济学软件 EViews 8.0 分析 1978～2014 年期间四个地区的发展差距。

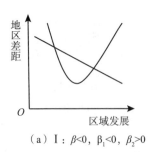

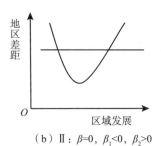

（a）Ⅰ：$\beta<0$，$\beta_1<0$，$\beta_2>0$　　　　（b）Ⅱ：$\beta=0$，$\beta_1<0$，$\beta_2>0$

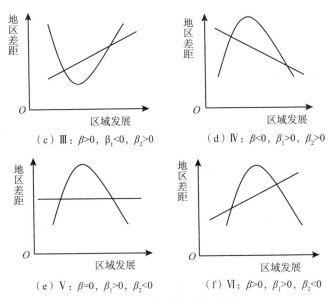

（c）Ⅲ：$\beta>0$，$\beta_1<0$，$\beta_2>0$　　　（d）Ⅳ：$\beta<0$，$\beta_1>0$，$\beta_2>0$

（e）Ⅴ：$\beta=0$，$\beta_1>0$，$\beta_2<0$　　　（f）Ⅵ：$\beta>0$，$\beta_1>0$，$\beta_2<0$

图 2 - 7　地区发展差距路径

资料来源：全相郁：《中国区域发展差距格式实证研究》，载《地域研究与开发》2005 年第 2 期，第 3 页。

（2）结果分析。为了分析不同时期地区经济发展差距的特征，本书把分析期间分为 1978 ~ 1990 年、1990 ~ 2009 年、1978 ~ 2009 年以及 1978 ~ 2014 年 4 个时间段，具体测算结果见表 2 - 2 所示。1978 ~ 1990 年期间的回归结果表明，一次函数系数 β 为负值，并且 t 统计量与整体的 F 统计量均显著，二次函数系数 β_1 与 β_2 分别为负值和正值，并且具有统计显著性，由此得出，在此期间，地区经济发展差距与地区经济发展水平呈负相关，呈现"U"形关系。

表 2 - 2　　　　　　　　　　我国地区倒"U"形假说的检验情况

变量		1978 ~ 1990 年	1990 ~ 2009 年	1978 ~ 2009 年	1978 ~ 2014 年
$Y=\alpha+\beta x+\varepsilon$	α	1.0016 *** (30.789)	0.7122 *** (34.8416)	0.7570 *** (2.7228)	0.7632 *** (44.2199)
	B	- 0.0002 *** (- 8.0333)	- 2.46E - 06 * (- 1.5821)	- 5.39E - 06 *** (36.7228)	- 6.71E - 06 *** (- 7.2280)
	R^2	0.8544	0.1221	0.1981	0.5988
	F 统计量	64.5343 (0.0000)	2.5032 (0.1310)	3.5880 (0.0405)	52.2434 (0.0000)

续表

变量		1978～1990 年	1990～2009 年	1978～2009 年	1978～2014 年
$Y = \gamma + \beta_1 x$ $+ \beta_2 x^2 + \varepsilon$	Γ	1.2360 *** (22.0579)	0.6246 *** (28.7279)	0.7557 *** (28.9210)	0.7584 *** (35.4404)
	β_1	-0.0008 *** (-6.5243)	1.67E-05 *** (4.2771)	-4.85E-06 (-0.7512)	-5.47E-06 (-1.6618)
	β_2	2.31E-07 *** (4.4686)	-6.72E-10 *** (-5.0792)	-2.22E-11 (-0.0884)	-2.84E-11 (-0.3946)
	R^2	0.9514	0.6513	0.1984	0.6007
	F 统计量	97.8933 (0.0000)	15.8747 (0.0001)	3.5880 (0.0405)	25.5694 (0.0000)

说明：圆括号里的数字为 t 检验值； *** 表示显著性水平为 0.01， ** 表示显著性水平为 0.05， * 表示显著性水平为 0.10。

　　按照上述同样的分析方法得出，我国地区经济发展差距与地区经济发展水平之间的关系为：1990～2009 年，一次函数系数 β 为负值，t 统计量与整体的 F 统计量均显著，二次函数系数 β_1 与 β_2 分别为正值和负值，并且具有统计显著性，表明在此期间，地区经济发展差距与地区经济发展水平呈负相关，呈现倒 "U" 形关系。1978～2014 年的回归结果表明，一次函数系数 β 为负值，并且 t 统计量与整体的 F 统计量均显著，二次函数系数 β_1 与 β_2 均为负值，且不具有统计显著性，由此得出，从 1978 年改革开放以来，我国地区经济发展差距与地区经济发展水平呈负相关，并非 "U" 形关系。根据上述计算得出，我国地区经济发展差距呈现出一种 "扩大—缩小—扩大—缩小" 的 "Amos 假说" 过程，改革开放以来的 1978～2014 年的回归分析结果倾向于支持 "Amos 假说"，即呈现倒 "U" 形 + "U" 形的反复周期格局。

　　综上所述，地区经济发展差距分析结果，一方面，说明地区之间经济相差了多少和距离还有多远，意味着相对落后地区的发展状态将会激励本地区的创新与创业意识，促使地方政府、企业、中介机构等各个经济主体带领民众参与建设经济社会发展的动力；另一方面，说明本地区的经济发展还没有达到相对的最佳状态，表明在某一领域里尚有较大的发展空间，诸如资源尚未被充分地合理开发与有效利用，劳动力成本廉价，具有强烈地需求社会消费品愿望等特征，通过借鉴国外其他地区经济发展的成功经验，汲取深刻教训，选择适宜的经济潜力开发路径才有可能取得较大的成绩，甚至取得未曾预料的成功和收获。

第二节　地区经济发展潜力开发的理论基础

一、后发优势理论

1. 后发优势论

后发优势理论主要包括格申克龙的后发优势、列维的后发优势论、阿伯拉莫维茨的后发优势论。其中，美国经济学家格申克龙认为应正确地看待落后状态，并且指出相对落后状态本身就包含着较大的经济增长潜能和优势，由此提出了落后优势假说，其假说包括了相对落后、替代性和落后优势三个基本概念，其中，落后优势是假说的核心，相对落后是指蕴藏着较大的经济潜力，诸如，自然资源尚未合理开发与利用，劳动力成本较低。在格申克龙的后发优势假设提出以后，美国经济学家列维（Levy，1966）基于后发国家现代化的角度对后发优势理论从五个方面进行了具体化：一是充分地认识现代化的内涵；二是大量采用和借鉴比较成熟的计划、技术、设备及与其相适应的组织结构；三是跳跃一些发展阶段，尤其是技术方面；四是预测现代化前景；五是在开放的国际经济条件下，后发国家获得先发国家对其资本和技术上的援助。并且指出，后发国家可以通过学习和借鉴先发国家比较成熟的技术与管理等经验建立与其自身发展相适应的组织结构，同时也提出了后发国家也存在着后发劣势。阿伯拉莫维茨（Abramovitz，1989）的追赶假说指出，后发优势是指一个地区拥有一种潜在的经济比较优势，并且需要克服一定的技术差距，社会能力以及历史、现实与国际环境变化等三方面的限制条件，才能将潜在优势转变为现实优势，也就是说，只有在特定的有利于知识信息传播、经济结构调整、大量资本积累以及消费需求扩张，技术比较落后，但社会进步能力较强的情况下，国家经济才能有较大的增长潜力。伯利兹和库格曼（Brezis & Kugman，1993）提出了基于后发优势的技术发展"蛙跳"模型，后发国家可以直接选择或采用某些处于技术生命周期成熟前阶段的技术，以高技术为起点，在某项领域和产业实施技术赶超，"蛙跳"模型说明后发国家的后发优势不仅体现于跟随性的模仿创新，而且要在一定条件下可以直接进入科技领域，抢占经济发展的制高点。范埃尔肯（Van Elkan，1996）

提出了开放经济条件下的"追赶"模型，依据全球化、信息化条件下后发优势的新变化，提出了经济欠发达国家可以通过技术模仿、引进或创新手段，实现技术和经济水平的赶超。

2. 要素禀赋理论

在绝对优势理论与相对优势理论基础上，瑞典经济学家赫克歇尔和俄林的要素禀赋理论（简称"H－O"理论）进一步阐述了各国在生产不同产品成本差别的原因，要素禀赋理论是指一个地区经济发展中自然资源、劳动力和资本的相对份额。国际贸易的格局是由各国生产要素禀赋状况决定的：如果各国都专门生产密集地使用本国禀赋相对丰裕、价格相对便宜的生产要素，集中地出口使用这些要素生产的商品，那就会使各国得到最大福利（赫国胜、杨哲英等，2002）。图 2－8 中（a）图表明 X 是劳动密集型商品，说明本国是劳动丰裕地区；Y 是资本密集型商品，说明外国是资本丰裕地区。无差异曲线 I 与地区生产可能性曲线切于点 A，与外国生产可能性曲线切于点 A'。无差异曲线 I 是本国和外国无贸易条件下所能达到的最高无差异曲线，点 A 和点 A' 反映了两个国家在无贸易发生时各地区生产和消费的均衡点。由于 $P_A < P'_A$，说明本国在商品 X 上具有比较优势，外国在商品 Y 上具有比较优势。图 2－8 中（b）图表明，在贸易中，本国地区生产劳动密集型商品，外国地区分工生产资本与技术密集型商品。两个国家的分工将进行至本国达到 B 点，外国达到点 B' 点为止。这时，两个国家的转化曲线与其共同相对价格线 P_B 相切。本国出口商品 X 以交换 Y，最终消费组合为无差异曲线 Ⅱ 上的点 E（详见贸易三角形 BCE）。同时外国将会出口 Y 以交换 X，最终消费组合为点 E 相重合的点 E'（详见贸易三角形 $B'C'E'$），两个国家均在贸易中获利。

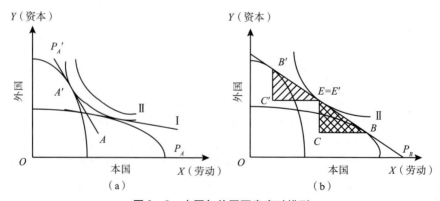

图 2－8　本国与外国要素禀赋模型

后发优势论和要素禀赋理论说明一个国家（地区）发展尽管与其他国家（地区）发展存在差距，但差距亦孕育着发展潜力，通过学习借鉴先发国家的科技与管理等方面的经验，同时通过创新对外贸易和吸引外资等方式将经济发展潜力转化为经济发展实力。我国属于发展中国家，后发优势理论为我国地区经济发展潜力评价体系的构建以及经济发展潜力强弱的判断，甚至经济发展潜力开发路径的选择提供了理论依据。

二、区域创新理论

1. 区域创新内涵与构成

库克（Cooke，1996）提出区域创新系统（RIS）是一种产生创新的区域性组织体系，RIS 是在一定区域范围内相互联系的高校和科研机构、生产企业等主体构成。国内关于区域创新的定义比较多，我国学者如冯之浚（1999）、顾新（2002）与林迎星（2002）等较早从事这方面的研究。本书认为，区域创新是指在开放的某一地区内，以企业、大学和科研机构、地方政府和中介服务机构等创新主体之间通过有机联系，借助于基础设施、金融服务等内外部创新载体的作用下，通过资本、人才、技术、知识和信息等创新客体实现的创新功能，有效促进区域经济发展、社会进步和生态环境改善，并通过系统自组织作用维持创新网络运行，从而实现创新的可持续性。

区域创新体系由创新主体、创新客体、创新载体三大要素构建，如图 2-9 所示，创新主体是指实施创新功能的主要执行者，包括政府、企业、高校与研究机构、中介服务机构；创新客体是指创新主体实施创新所需要的创新资源，包括资本、人才、技术知识和信息等；创新载体是指创新主体借助创新客体进行创新所需要的创新环境，包括内部创新载体与外部创新载体。内部创新载体主要是指如基础设施、自然资源等创新硬环境，外部创新载体主要是指如金融服务、制度、政策、法律法规和社会文化等方面。简言之，区域创新体系是创新主体在创新载体的支持作用下对创新客体进行的创新活动。在区域创新体系中，创新主体是区域创新的执行者和推动者，创新客体是区域创新的基础和条件，创新载体是区域创新顺利进行的根本保障，三者相辅相成，缺一不可。创新主体的合理结构、创新客体的有效配置及创新载体的优化，必将有利于提升区域创新能力，促进地区经济与社会的可持续发展。

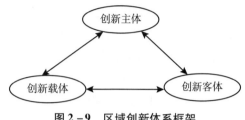

图 2-9   区域创新体系框架

2. 三螺旋理论

埃茨科威兹（Etzkowitz）和劳德斯多夫（Leydesdorff）两人在1995年撰写的《官产学关系的三重螺旋：一个知识经济发展的实验室》一文首次提出了三螺旋理论，三螺旋是指大学—企业—政府三方在创新过程中紧密合作、相互作用，每一方除了保留自己原有作用和独特身份外，还表现出另外两方的一些能力（Leydesdorff & Etzkowitz, 2001）。企业、政府与大学是三螺旋理论的主要成员：其中，大学是创造新知识和新技术的源头，是知识经济的主要生产要素；企业作为生产经营的场所；政府作为契约关系的来源，并确保稳定的相互作用与交换。三螺旋分为宏观结构和微观结构，宏观结构包括国家干预主义结构路径（etatistic model）、自由放任主义结构路径（laissez-faire model）和三螺旋创新结构路径（triple helix model）。其中，三螺旋创新结构路径（triple helix model）是一种双层网络，一层是创新机构各自表现的行为；另一层是创新机构之间的相互影响关系。三螺旋提供了一种新的促进创新的组织结构，即大学—企业—政府每一方承担着其他方的某些创新功能，如图2-10所示。三螺旋理论通过描述三位一体的创新主体之间的一种网络关系，以便推动知识经济的发展（埃茨科威兹，2005）。

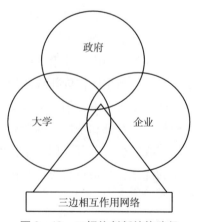

图 2-10   三螺旋创新结构路径

区域创新系统实质上是区域创新主体借助特定的创新载体积极利用与合理配置创新客体而形成的区域创新活动体系，其中，创新主体是区域创新体系的主要实施者，同时也是构成区域创新系统运行网络的骨架，如图2-11所示。为了促进区域创新网络良性运行，既要实现创新客体的优化配置，发挥最大创新效益；又要按照市场经济发展规律，重视创新客体在地区间或国际创新体系中的有效配置，消除地区间在科学技术、人才与资金等创新要素流动的制约性因素，加强区域创新合作（胡艳，2007）。区域创新理论说明一个地区的创新是通过创新主体在创新载体的保障下对创新客体实施的创新行为，从而带动区域科技的发展，促进区域经济持续健康发展，为判断我国地区创新能力及其促进经济发展潜力开发机理提供理论依据。

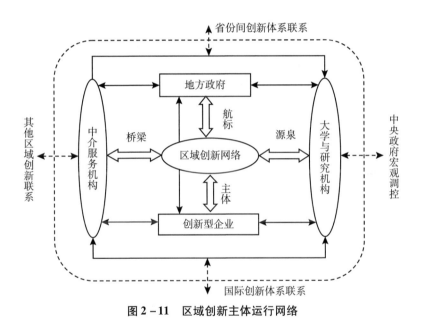

图 2 – 11　区域创新主体运行网络

三、区域开发理论

1. 增长极开发理论

增长极是由战略主导产业或创新能力较强的企业在中心城市或某些核心地区聚集发展而形成的经济建设区，能够对周围产生极化和扩散作用。其中，极化作用是指增长极以较强的经济实力和良好的环境吸引周围区域的自然资源和社会经济潜力；扩散作用是指依据地区综合承载力的情况，增长极对周围地区进行投资及其他经济技术支持。在区域开发过程中，由于增长极形成的初期主要发挥极化作用，加大地区间的经济发展不平衡性；在增长极发展中后期主要发挥扩散作用，地区发展水平逐渐趋于平衡。增长极理论强调极点开发、集中投资、重点建设、集聚发展、政府干预、注重扩散等方式，强调经济地域空间结构的优化，并且以发展中心城市来促进整个区域的发展，从而带动其他产业和地区的经济增长。

2. 点轴开发理论

"点—轴"系统中的"点"是各级中心城市（镇），是各级区域的集聚点，具有较强的增长能力与创新能力，从而带动地区经济发展的各类区域增长极。"轴"是指连接各"点"增长极线状基础设施的集中地带，一般包括动力供应线、水陆交通线、水源供应线及其沿线地带，由于轴线及其附近地区既拥有较强的经济实力又具有较大的经济潜力，是一个社会经济密集带。点轴开发的核心是指社会经济客体主要集聚在点上，形成线状基础设施的有机空间结构体系。点轴开发理论注重以下几方面（邓宏兵，2008）：第一，在一定地区范围内，发展轴一般选择具有较好资源、开发潜力较大的主要交通干线经过的地带，并且给予重点开发。第二，重点发展的增长极主要选择在各发展轴上的中心城市，确定其发展的方向和功能。第三，明确"点—轴"系统中增长极和发展轴的等级，首先集中力量重点开发级别较高的发展轴和增长极的中心城市，随着地区经济实力的增强，开发重点依次扩散到等级较低的中心城市（镇）和发展轴。

3. 网络开发理论

网络开发是指在增长极和发展轴影响范围扩大和"点—轴"体系完善后，"点—轴"及其腹地之间综合网、资金、劳动力、技术、信息等生产要素的流动网络及交通、通信网便成了重点开发地区。通过区内城镇体系和交通通信网络确定产业布局，并且将中心城市作为网络较高层的经济增长极，在区域的主轴线（一级轴线）上规划网络较高层的产业布局。区域网络开发理论强调网络内部与外部的经济发展，一方面，依据网络内各个城市的自身发展优势确定城市之间的合理分工，通过构建网络特色的产业结构，提高地区节点与域面之间生产要素交流的广度与深度，促进地区经济发展一体化；另一方面，加强与区外其他地区经济网络的联系，合理配置各种生产要素，调整优化产业结构，促进经济的高质量发展。区域开发理论说明地区具有资源禀赋、区位条件、政策环境等方面的差异，将会导致经济发展选择不同的开发方式，从而为我国不同地区的经济发展潜力开发路径提供了理论依据。

四、耗散结构理论

耗散结构（dissipative structure）是一种远离平衡的开放系统，当外界环境或系统的某个参量变化达到特定的临界值时，此开放系统通过不断与外界进行能源与物质的交换，有可能实现从原来的混沌无序状态转变为一种时空或功能有序的新状态，普利高津将这种需要耗散物质和能力的有序结构称为"耗散结构"，耗散结构理论适宜讨论复杂系统的演化，尤其是其演化过程中发生的突变行为（李士勇，2006），其开放、非线性、负熵流、非平衡、涨落等相关概念已在自然科学和社会科学得到了广泛的应用。耗散结构的基本模型：

热力学系统指出，宏观系统按照是否与外界环境交换物质和能量分为孤立系统、封闭系统和开放系统，其中仅开放系统既有物质交换又有能量交换（汤正仁，2002）。在热力学第二定律中，一般采用熵 S 来度量系统混乱无序的程度，其变化由系统内部的熵产生项 $d_i s$ 及与外界的熵流项 $d_e s$ 构成，其数学表达式：

$$ds = d_i s + d_e s \qquad\qquad (2-9)$$

式 2-9 中，熵产生项非负，即 $d_i s \geqslant 0$，表明系统产生的正熵越大，表明系统的无序性越高、混乱程度越大；若 $d_e s > 0$ 时，表明系统从外界环境吸纳正熵或输出负熵，不仅不能形成耗散结构，而且导致系统更快趋于混乱；若 $d_e s < 0$ 时，说明系统从外界环境中摄取负熵或者输出正熵，系统吸纳的负熵越多，则促使系统具有越高的有序性。

本书引入耗散结构理论不仅为地区经济发展潜力概念的界定提供开放性的新角度，而且为后续经济发展潜力开发的通用路径选择提供理论依据。

五、系统动力学理论

系统动力学（system dynamics，SD）是由美国麻省理工学院（MIT）的福瑞斯特（J. W. Forrester）教授创始，它既是分析研究信息反馈系统的学科，又是认识和解决系统问题的交叉综合学科。系统动力学认为，系统内部的结构决定了系统的行为路径与特性，通过定性与定量结合、系统综合推理的方法来研究处理复杂系统问题，其建模过程就是一个学、调查、研究的过程（钟永光、贾晓菁、李旭等，2009）。SD 已被广泛应用于经济、社会、生态环境、科技、医学等诸多领域，尤其在区域经济开发、环境保护、企业战略研究等经济与管理等方面研究日益突显出它的重要作用，被誉为"战略与决策实验室"（王其藩，2009）。系统动力学的发展主要包括以下理论：

（1）系统理论。系统是由相互作用和依赖的若干组成部分结合的具有特定功能的有机整体。系统动力学把一切被研究对象看成系统，并且着眼于系统全局的、宏观的动态行为。首先是明确系统的目标，其次确定组成系统的子系统；建立各子系统的相互关系，最后明确系统内部的控制机理，形成系统的结构构架，由此产生系统的行为，简言之，系统动力学是用微观的构造产生宏观的行为。

基于系统的整体性和层次性，系统的结构一般存在以下体系与层次（钟永光、贾晓菁、李旭等，2009）：

①系统范围 S 的边界的确定。

②子系统与子结构 $S_i(i=1, 2, \cdots, p)$。

③系统的基本单元，反馈回路结构 $E_j(j=1, 2, \cdots, m)$。

④反馈回路的组成与隶属成分。一是反馈回路的主要变量（状态变量）；二是反馈回路的另一主要变量（速率）。

（2）信息反馈理论。福雷斯特通过把控制论、反馈系统、反馈控制等概念应用于社会系统，构成了一个系统动力学的信息反馈环，实现利用情报并通过系统构造来控制系统的行为（如图 2 – 12 所示）。

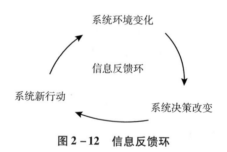

图 2 – 12　信息反馈环

（3）决策理论。决策是指参照实现状况并且依据政策规定的原则而采取的策略，系统的行为可以通过调整政策来控制。系统动力学模型就是通过描述决策者的思考过程与决策过程，模仿决策的基本构造及系统在不同决策下的行为。

本书引入系统动力学理论分析探讨影响地区经济发展潜力开发路径的因素，为后续经济发展潜力开发的路径优化提供理论依据。

第三节　地区经济发展潜力开发的理论分析框架

本书主要内容是通过区域创新促进地区经济发展潜力开发机理、经济发展潜力开发路径的选择与优化三条主线展开研究。因此，本书理论分析框架为：在判断地区经济发展潜力的强弱和区域创新能力大小的基础上，明确地区经济发展潜力开发应选择的通用路径和专用路径，运用系统动力学探讨了地区经济发展潜力的开发路径优化问题，其理论分析框架如图 2–13 所示。

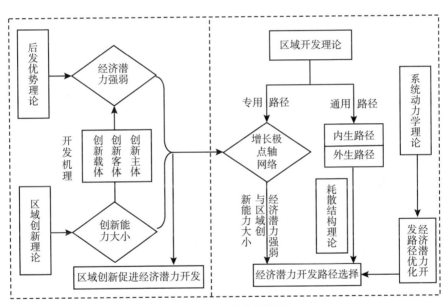

图 2–13　理论分析框架

说明：图中棱形表示判断。

（1）基于后发优势理论判断地区经济发展潜力强弱。依据经济发展潜力的内涵构建经济发展潜力评价指标体系，运用统计分析模型评价各地区经济潜力强弱，并且定性与定量地分析经济潜力与经济实力的关系。

（2）阐述区域创新对经济发展潜力开发的机理。探讨区域创新系统中创新主体、创新客体与创新载体促进经济发展潜力开发的作用，创新主体、创新客体与创新载体三者的有机结合、协同发展将使区域创新促进经济发展潜力开发的效果大于三者之和，即形成了"1 + 1 + 1 > 3"的较好效果。明确经济发展潜力、区域创新与经济发展实力三者之间的定量关系。

（3）基于区域开发理论的地区经济发展潜力开发路径的选择。针对经济发展潜力的构成和影响经济潜力开发因素确定经济潜力开发的通用路径，包括内生潜力开发路径和外生潜力开发路径；通过地区经济发展潜力强弱及其创新能力大小，依据区域开发理论确定地区经济发展潜力开发的专用路径，包括"潜力极"开发路径、"点轴"开发潜力路径和"网络"开发潜力路径。

（4）地区经济发展潜力开发路径的系统动力学优化分析。地区仅有在借鉴其他地区经济发展潜力成功开发的通用路径基础上，因地制宜地根据自身经济发展潜力的强弱与方向，以及区域创新能力的大小选择经济潜力开发的专用路径，才能有效保证经济潜力开发路径的通畅，经济发展潜力才能培育与有效释放。

第四节　本 章 小 结

本章首先界定了地区经济发展潜力与区域创新的基本概念，探讨了地区经济发展潜力特性，运用计量模型定量地分析了地区经济发展差距，通过分析发现：1978～1990 年期间，我国地区经济发展总差距出现逐年缩小，但自从 1991 年以来，地区发展总差距却呈现逐年扩大，至 2014 年以来，东部、中部、西部与东北地区的差距显现缩小态势，表明地区的经济发展还没有达到相对的最佳状态，差距暗示了地区蕴藏着较大的发展潜力。其次，梳理了地区经济发展潜力开发的基本理论，构建了经济发展潜力开发的理论分析框架，通过地区经济发展潜力评价→地区经济发展潜力开发路径（通用路径与专用路径）选择→开发路径优化的逻辑分析基础上，以东北地区为个案，探讨经济发展潜力开发路径的优化问题。

第三章　我国地区经济发展潜力指标体系构建与评价

　　地区经济发展潜力研究的主要目的是探讨社会生产能否在资源合理开发、充分利用和生态环境承载容量允许的条件下，最大限度地满足地区经济社会发展需要的增长。为了有效地制定经济发展潜力开发路径，本书首先明确地区经济发展潜力的大小，剖析经济发展潜力与经济发展实力的关系，各地区依据经济潜力的强弱以及经济发展的实际情况，科学制定相应的经济发展潜力开发路径。

第一节　地区经济发展潜力评价指标体系

一、评价指标体系构建原则

　　（1）科学全面性原则。经济发展潜力表示某一地区未来经济发展的潜在后劲，能够预示出正常情况下若干年之后该地区应该处于什么样的发展水平。因此，经济发展潜力评价指标体系应在科学理论指导下，构建符合经济发展潜力基本概念的指标体系；同时，测算经济潜力强弱应选择科学的评价方法以便减少指标的数据收集和统计工作中的误差。

　　（2）可比性原则。可比性原则是指进入 21 世纪以来，我国东部、中部、东北与西部四个地区经济发展潜力发展趋势的横向比较与纵向比较。其中，纵向比较指的是某地区在 2000 ~ 2013 年期间经济发展潜力变化的态势；横向比较指的是 2013 年四个地区经济发展潜力强弱的比较，为开发经济发展潜力的通用路径选择与优化提供借鉴。

　　（3）系统优化原则。客观衡量对象必须由若干相互联系和相互制约的指标进行评价，应避免出现相互有内在联系的若干指标评价体系。本书主要以经济发展潜力的概念从内源型经济潜力与外源型经济潜力两方面构建经济发展潜力评价指标体系。其中，内源型经济发展潜力体系包括生产要素潜力、基础保障水平、资源开发与利用—环境承载水平 3 个影响地区内部潜力的分指标；外源型经济发展潜力体系包括对内开放潜力、政府扶持程度和对外开放潜力 3 个影响地区外部潜力的分指标。

（4）可操作性原则。为了便于有效测算地区经济发展潜力的强弱，可操作性原则一方面是指根据经济发展潜力的本质特征选择评价指标，保证指标易于描述；另一方面，评价指标数据应易于获取，可以通过查阅与整理相关统计资料或走访相关部门获得。

二、内源型经济发展潜力指标体系构成

本书所谓的地区经济发展潜力是指地区隐性的可持续发展能力，依据后发优势理论以及李子奈等（1998）、陈钰芬（2001）、朱钰等（2007）、吴庆春等（2007）、黄建军（2009）等学者构建经济发展潜力指标体系的研究成果，以及结合地区经济发展潜力的内涵，并且综合考虑上述四条原则构建了地区经济发展潜力评价指标体系，即地区经济发展潜力指标体系分为内源型经济潜力指标体系与外源型经济潜力指标体系。其中，内源型经济潜力指标体系主要以地区自身拥有的生产要素为基础、以基础保障和生态环境能够承载的能力范围内资源能够被较好地利用为目标，地区经济发展具有的后劲，包括生产要素潜力、基础保障水平、资源开发与利用—环境承载水平 3 个分指标。

（1）生产要素潜力。地区经济发展潜力是指未来经济产出的增加，生产要素的投入是经济潜力增加的主要因素。其中，资本、劳动力以及土地是经济发展的最基本的要素，随着知识与信息经济的来临，技术创新在经济发展潜力中的作用日益突出，在资本与劳动力等生产要素一定的条件下，科学技术是地区创新能力的关键，创新能力直接影响经济发展潜力的挖掘与释放。生产要素潜力指标主要包括人力资源与投资、万人科技活动人员、R&D 经费投入强度等指标。

（2）基础保障水平。"要想富，先修路"表明交通运输等基础设施通过影响聚集人才、技术、资金、资源等要素的能力，最终影响地区产业规模和人口素质，充分说明地区基础设施保障条件对经济发展潜力影响的重要性。基础保障水平是保证一个地区经济社会活动能够正常进行的公共服务系统，随着"互联网＋"时代的来临，基础设施建设既利于经济增长，

又是改善民生的保障，其规模与水平直接影响着企业的产品成本和竞争力，从而影响地区产业发展。因此，地区经济发展潜力不仅依赖于地区基础设施的前期规划与实施建设，而且也受到人口素质与教育水平因素的制约，医疗卫生条件与身心健康均是影响地区经济发展潜力的持久性要素。本书的基础保障是指为培育并释放地区经济发展潜力所提供的基础设施与人文条件。其中，基础设施水平指标包括可用互联网宽带接入用户数、高速公路密度；人文条件指标包括每万人高等学校在校生数、千人拥有卫生技术人员数等指标。

（3）资源开发与利用—环境承载水平。资源开发与利用—环境承载水平是指一个地区一段时期内在确保资源合理开发、有效利用以及生态环境不会受到污染或污染较少的前提下，资源环境能够最大承载的人口数量与相应的经济社会发展能力。一个地区的经济发展潜力必须建立在资源合理开发利用与生态环境良性循环的基础上，否则，地区经济即使出现短暂的增长，但是终将会表现出经济发展后劲不足，甚至出现不可持续的竭泽而渔。资源型省（区、市）为国家经济建设做出了突出贡献，由于不可再生资源的过度开采，导致资源型地区生态足迹份额逐年增加，致使森林过伐严重、质量下降、生态屏障功能减弱，油田开采对草原植被造成严重破坏，矿产资源开来引发的环境问题日益凸显，尤其是 2014 年煤炭资源出现"量价齐跌"现象，导致环境保护和生态建设投入捉襟见肘。资源具有稀缺性，资源合理开发与有效利用指标主要包括单位地区生产总值的能源消耗、废物的利用等指标；环境承载水平指标主要以环境治理为主，包括环保费占财政支出的比重等指标，其中，工业固体废物综合利用率＝工业固体废物综合利用/（工业固体废物产生量＋综合利用往年贮存量）×100%。

三、外源型经济发展潜力指标体系构成

地区经济发展潜力不仅要依靠地区本身的不懈努力，而且随着经济全球化的发展，地区经济发展潜力的培育与释放仅仅依靠内生力量的作用是有限的，还要依据外生力量的援助，用以弥补地区自身具有经济发展的要素禀赋、技术创新等诸多方面的不足。与内源型经济潜力指标体系相对，外源型经济潜力指标体系主要指地区借助外来（国内其他地区或国外）生产要素使本地区经济具有的未来发展趋势，包括对内开放潜力、政府扶持程度和对外开放潜力 3 个分指标。

（1）对内开放潜力。为适应经济全球化的新形势，中共十八届三中全会强调实行对内对外开放相结合，本书所谓的"对内"主要是指"国内"，一个地区的经济发展不仅要依靠自身发展所具有的内力，而且随着区域经济一体化进程步伐的加快，还要与国内其他地区进行经济贸易、技术创新的交流与合作，互通有无，共同发展。我国长江经济带贯通长三角城市群、长江中游城市群和成渝城市群，长江经济带横跨我国东部、中部、西部与东北四大区域；对内开放潜力指标主要包括社会消费品零售总额占 GDP 比重、技术市场成交额占 GDP 比重、大中型企业购买国内技术经费等指标，其中，内资投资比重=（国家预算内基金+国内贷款+自筹资金）/全社会固定资产投资×100%。

（2）政府扶持程度。政府的主要职能是在市场失灵的前提下进行有效的行政干预。本书的政府扶持程度主要表现在加强地区基础设施建设、环境保护与改善等方面，由于基础设施建设与环境保护等民生工程投资额度较大，并且投资回收周期较长，可以说，在相当程度上这种投资多属于公益性投资。因此，政府主要通过制定各项政策措施加强对地区科学技术等项目与环境保护资金援助扶持，政府扶持程度指标主要包括国家地方科学技术支出与政府 R&D 经费支出等指标。

（3）对外开放潜力。随着经济全球化的发展以及我国"一带一路"建设布局①的形成，尤其是我国与处于"一带一路"沿线的中亚国家之间具有较大的边界贸易发展空间，具有较强经济互补性的特点。因此，地区经济发展潜力还要依靠"走出去"与"引进来"战略，按照赫克歇尔和俄林的要素禀赋理论以及波斯纳（Posner）的技术差距模型（刘辉煌、余昌龙、马添冀等，2009），一个地区只有与其他国家进行技术与人才等领域的合作、对外投资或国际贸易往来，才能吸引国外先进的科学技术、管理经验、优秀的科研人员与资金，为培育与释放地区经济发展潜力奠定坚实的物质基础。目前，比较有影响力的区域合作组织为 APEC、G20BRICS（金砖五国）等组织。对外开放潜力指标体系主要包括外贸依存度、外商直接投资总额占全社会固定资产投资比重以及大中型企业引进国外技术经费支出等指标，其中，外贸依存度=外贸总额/经济活动总量。

---

① "一带一路"就是要加强与沿线国家的交流与合作，向西延伸到与西亚、中东、欧洲的国家和地区的交流与合作。通过海上丝绸之路加强与南亚、东盟等的联系与合作。我国向西开放的空间十分广阔，具备良好的条件，"丝绸之路经济带"是连接欧洲经济圈和亚太经济圈的大通道，沿线的地区具有较大发展潜力。

综合上述的内源型经济发展潜力与外源型经济发展潜力共计 31 个具体指标（具体见表 3 - 1），本书数据主要来源于 2001 ~ 2014 年《中国统计年鉴》的省级统计数据、《中国经济信息网》以及《中国科技统计年鉴》。需要说明的是：在内源型潜力指标中，由于 2011 年《中国统计年鉴》《中国科技统计年鉴》相关指标统计口径的变化，互联网宽带接入端口、第二产与第三产从业人员比重等指标在 2010 年以后由互联网宽带接入用户、城镇登记失业率指标代替；2010 年以后删除了工业废水排放达标率指标，增加地质灾害及防治投资与生活垃圾无害化处理率两项指标，2012 年与 2013 年缺少单位地区生产总值电耗指标。在外源型潜力指标中，大中型工业企业购买国内技术经费、国家环境保护支出、三资企业科技活动人员、三资企业 R&D 经费四项指标分别由规上工业企业购买国内技术经费、国家产业化计划项目落实资金、引进国外技术经费支出、R&D 经费国外资金等指标代替。

表 3 - 1 　　　　　　　　　　地区经济发展潜力评价指标体系

	分指标	具体指标
区域经济发展潜力指标	内源型潜力	**生产要素潜力** 人均水资源量 x_1（立方米/人） 人均耕地面积 x_2（亩/人） 人均全社会固定资产投资 x_3（元） 第二产业与第三产业从业人员比重 x_4（%） 万人科技活动人员 x_5（人/万人） R&D 经费投入强度 x_6
		基础保障水平 千人拥有卫生技术人员数 x_7（人/千人） 每万人在校大学生人数 x_8（人/万人） 高速公路密度 x_9 互联网宽带接入端口 x_{10}（万户）
		资源开发与利用—环境承载水平 森林覆盖率 x_{11}（%） 建成区绿地覆盖率 x_{12}（%） 环保费占财政支出的比重 x_{13}（%） 地质灾害及防治投资 x_{14}（万元） 单位地区生产总值能耗 x_{15}（吨标准煤/万元） 单位地区生产总值电耗 x_{16}（千瓦小时/万元） 工业固体废物综合利用率 x_{17}（%） "三废"综合利用产品产值 x_{18}（万元） 生活垃圾无害化处理率 x_{19}（%）

分指标		具体指标
区域经济发展潜力指标	外源型潜力	对内开放潜力	社会消费品零售总额占 GDP 比重 x_{20} （%） 内资投资比重 x_{21} （%） 技术市场成交额占 GDP 比重 x_{22} （%） 大中型工业企业购买国内技术经费 x_{23} （万元）
		政府扶持程度	国家地方科学技术支出 x_{24} （万元） 国家环境保护支出 x_{25} （万元） 政府 R&D 经费支出 x_{26} （万元）
		对外开放潜力	外贸依存度 x_{27} 外商直接投资占固定资产投资比重 x_{28} （%） 引进国外技术经费支出 x_{29} （万元） R&D 经费国外资金 x_{30} （万元） 国际旅游（外汇）收入 x_{31} （百万美元）

第二节　地区经济发展潜力比较分析

通过研读大量文献发现，地区经济发展潜力强弱的静态评价居多，不仅没有体现出动态性特征，而且在运用评价经济发展潜力的方法中，层次分析法与模糊评价方法赋予权重部分具有人为的主观色彩，主成分分析与因子分析法虽然用主因子的方差贡献率作为权数，避免人为主观因素的影响，但是其评价值有正负之分，对进一步研究问题带来不便。为弥补以上评价地区经济潜力的不足，本书试图运用加权主成分 TOPSIS 模型方法分析我国地区经济发展潜力强弱。

一、加权主成分 TOPSIS 价值函数模型简介

1. 主成分分析法

主成分分析法又称主分量分析，该方法能够从复杂的经济关系中找出一些主要成分，以便有效地利用统计数据进行经济分析，是利用降维的思想将多个指标转化为少数综合指标的多元统计分析方法（何晓群，2005）。主成分分析的数学模型：设有 n 个样本（企业或年份），p 个变量（经济指标或因素）x_1，x_2，$\cdots$，x_p 的问题（$n > p$），原始统计资料整理的原始数据矩阵为：

$$X = \begin{bmatrix} x_{11} & x_{12} & \cdots & x_{1p} \\ x_{21} & x_{22} & \cdots & x_{2p} \\ \cdots & \cdots & \cdots & \cdots \\ x_{n1} & x_{n2} & \cdots & x_{np} \end{bmatrix} \qquad (3-1)$$

一般来说，主成分分析法计算首先应对原始数据进行标准化处理，为研究问题方便，将数据标准化后的矩阵仍用式（3-1）的 x 记，那么 $x = (x_1, x_2, \cdots, x_p)'$ 的 p 个变量综合成 p 个新变量，可以由原来的变量 x_1，x_2，$\cdots$，x_p 线性表示，即

$$\begin{cases} y_1 = u_{11}x_1 + u_{12}x_2 + \cdots + u_{1p}x_p \\ y_2 = u_{21}x_1 + u_{22}x_2 + \cdots + u_{2p}x_p \\ \cdots\cdots \\ y_1 = u_{p1}x_1 + u_{p2}x_2 + \cdots + u_{pp}x_p \end{cases} \qquad (3-2)$$

式（3-2）决定的 y_1，y_2，$\cdots$，y_p 依次称为原变量的第一，第二，$\cdots$，第 p 个主成分，其中 y_1 在总方差所占比重最大，其余的 y_2，y_3，$\cdots$，y_p 的方差依次减小。当前 r 个主成分的累积贡献率达到80%以上时，则表示前 r 个主成分能对原始数据给予充分的解释和概括。

2. TOPSIS 模型

TOPSIS 模型是系统工程中有限方案对目标决策分析的一种常用方法，基本思想是最优方案应与负理想方案的距离最大，与正理想方案的差距最小。TOPSIS 方法可以对多个具有可度量属性的被评价对象进行排序，基本步骤如下（邵景波、李柏洲等，2008）：

（1）确定规范决策矩阵 $Z = \{z_{ij}\}$。

（2）明确加权规范阵 $X = \{x_{ij}\}$，$x_{ij} = w_j \times z_{ij}$，$w = (w_1, w_2, \cdots, w_n)^T$ 为向量矩阵权重。$i = 1, 2, \cdots, m$；$j = 1, 2, \cdots, n$

（3）测算负理想解 x^- 和正理想解 x^+，则

$$x^- = \min_i(x_{ij}) \quad x^+ = \max_i(x_{ij}) ; \qquad (3-3)$$

计算各方案到负理想解和正理想解的距离 S_i^- 和 S_i^+，然后，计算各方案到正理想解的相对接近度 S_i。

$$S_i^+ = \sqrt{\sum_{j=1}^n (x_{ij} - x_j^+)^2} \ (i = 1, 2, \cdots, m) \qquad (3-4)$$

$$S_i^- = \sqrt{\sum_{j=1}^n (x_{ij} - x_j^-)^2} \ (i = 1, 2, \cdots, m) \qquad (3-5)$$

$$S_i = \frac{S_i^-}{S_i^+ + S_i^-} \quad (i = 1, 2, \cdots, m) \qquad (3-6)$$

S_i 取值在 [0，1] 范围内，若值越接近 0，则方案越接近最劣水平；反之，若值越接近 1，则方案越接近于最优水平。

3. 加权主成分 TOPSIS 价值函数模型

加权主成分 TOPSIS 价值函数模型属于一种主成分价值函数模型，其基本思想是在应用主成分分析法确定主成分决策阵的基础上，运用 TOP-SIS 法进一步将低维系统降为一维系统，得出评价值并对评价结果进行排序。与一般的主成分分析方法不同，主成分 TOPSIS 价值函数模型将低维系统降为一维系统是在主成分方法进行综合评价过程中由兼容度最大的加权主成分价值函数实现，该评价方法具有较强的代表性（秦寿康，2001）。与传统的 TOPSIS 方法不同，TOPSIS 主成分价值函数模型主要是通过主成分分析方法中各主成分的贡献率确定了权重，使其各主成分赋予的权重比较客观，避免人为主观确定各指标权重的问题。

二、地区经济发展潜力的评价过程

本书运用 TOPSIS 主成分价值函数模型对 2013 年我国 31 个省（区、市）的经济发展潜力进行实证分析，具体步骤如下（吕萍、李忠富，2010）：

1. 主成分分析方法确定权数

（1）确定主成分权重。本书利用 SPSS13.0 中的主成分方法确定各主成分的权重，见表 3-2，按照累计方差贡献率大于 80% 的原则，内源型经济潜力与外源型经济潜力指标分别提取 5 个和 3 个主成分，能够保证在地区经济发展潜力评价中分别包括 83.519% 和 80.742% 的信息，能对原始数据给予充分的解释和概括。

表 3-2　　　　　　　　　　　总方差分解

指标	公共因子	特征值	方差贡献率（%）	累计方差贡献率（%）
内源型经济潜力	1	4.486	24.924	24.924
	2	2.763	15.348	40.272
	3	2.613	14.515	54.787
	4	1.598	8.880	63.667
	5	1.433	7.960	71.628
	6	1.113	6.183	77.811
	7	1.027	5.708	83.519

续表

指标	公共因子	特征值	方差贡献率（%）	累计方差贡献率（%）
外源型经济潜力	1	6.236	51.963	51.963
	2	2.252	18.770	70.733
	3	1.201	10.009	80.742

（2）确定标准化主成分系数。表 3 - 3 为将原始变量标准化后表示主成分的系数。据此分别得出内源型经济发展潜力与外源型经济发展潜力标准化原始变量表示的主成分的线性表达式（3 - 7）和式（3 - 8）。

内源型经济发展潜力七个主成分的表达式：

$$\begin{cases} F_1 = -0.082X_1 - 0.137X_2 + \cdots + 0.053X_{18} + 0.100X_{19} \\ F_2 = -0.160X_1 + 0.176X_2 + \cdots + 0.046X_{18} - 0.107X_{19} \\ F_3 = -0.111X_1 - 0.018X_2 + \cdots + 0.218X_{18} + 0.039X_{19} \\ F_4 = 0.066X_1 - 0.015X_2 + \cdots + 0.042X_{18} - 0.154X_{19} \quad (3-7) \\ F_5 = 0.399X_1 - 0.104X_2 + \cdots + 0.236X_{18} + 0.352X_{19} \\ F_6 = 0.098X_1 + 0.208X_2 + \cdots - 0.251X_{18} + 0.076X_{19} \\ F_7 = -0.257X_1 - 0.358X_2 + \cdots - 0.144X_{18} + 0.532X_{19} \end{cases}$$

外源型经济发展潜力三个主成分的表达式：

$$\begin{cases} F_1 = 0.069X_{20} - 0.114X_{21} + \cdots + 0.137X_{30} + 0.113X_{31} \\ F_2 = 0.063X_{20} + 0.097X_{21} + \cdots - 0.194X_{30} + 0.079X_{31} \quad (3-8) \\ F_3 = 0.537X_{20} + 0.336X_{21} + \cdots + 0.080X_{30} - 0.055X_{31} \end{cases}$$

表 3 - 3 　　　　　　　主成分得分系数矩阵

指标	内源型经济潜力 Component							外源型经济潜力 Component		
	F_1	F_2	F_3	F_4	F_5	F_6	F_7	F_1	F_2	F_3
X_1	-0.082	-0.160	-0.111	0.066	0.399	0.098	-0.257			
X_2	-0.137	0.176	-0.018	-0.015	-0.104	0.208	-0.358			
X_3	0.050	0.245	-0.069	-0.160	0.287	0.123	0.086			
X_4	-0.068	0.121	0.154	-0.353	-0.106	-0.288	0.019			
X_5	0.146	-0.024	0.190	0.207	0.112	-0.063	-0.228			
X_6	0.192	-0.006	-0.140	0.057	-0.119	-0.113	-0.019			
X_7	0.146	0.028	-0.223	0.100	-0.126	-0.119	0.038			

指标	内源型经济潜力 Component							外源型经济潜力 Component		
	F_1	F_2	F_3	F_4	F_5	F_6	F_7	F_1	F_2	F_3
X_8	0.164	0.060	-0.195	-0.114	-0.149	0.117	-0.057			
X_9	-0.057	-0.266	-0.095	0.302	-0.061	0.035	0.087			
X_{10}	0.132	-0.047	0.245	0.155	0.012	-0.045	-0.239			
X_{11}	0.040	-0.145	0.137	-0.185	-0.242	0.502	0.073			
X_{12}	0.044	0.154	0.144	0.195	0.077	0.519	0.227			
X_{13}	-0.036	0.211	0.055	0.327	-0.161	0.115	0.045			
X_{14}	-0.027	-0.154	0.190	-0.057	-0.297	-0.123	0.224			
X_{16}	-0.107	0.141	-0.011	0.280	-0.013	-0.269	0.486			
X_{17}	0.182	0.079	0.038	-0.005	-0.087	-0.094	0.029			
X_{18}	0.053	0.046	0.218	0.042	0.236	-0.251	-0.144			
X_{19}	0.100	-0.107	0.039	-0.154	0.352	0.076	0.532			
X_{20}								0.069	0.063	0.537
X_{21}								-0.114	0.097	0.336
X_{22}								0.097	-0.307	0.231
X_{23}								0.102	0.256	-0.163
X_{24}								0.096	0.249	0.315
X_{25}								0.060	0.313	0.220
X_{26}								0.124	-0.216	0.258
X_{27}								0.151	-0.075	-0.138
X_{28}								0.140	0.068	-0.281
X_{29}								0.143	0.098	-0.171
X_{30}								0.137	-0.194	0.080
X_{31}								0.113	0.079	-0.055

说明：2013 年缺少单位地区生产总值能耗 X_{15}。

2. 加权主成分 TOPSIS 方法排序

（1）确定主成分决策阵。将 31 个省（区、市）的标准化数据代入主成分表达式中，求出各个主成分，得到主成分决策阵。由 $z_{ij} = y_{ij} - \min_i\{y_{ij}\}$，$(i = 1, 2, \cdots, 31; j = 1, 2, 3, \cdots, n)$ 得到单向主成分决策阵 Z，并求权系数 w_j。通过每个主成分对应的贡献率除以主成分的累积贡献率得到了每个主成分的权重，按照此种方法，本书可以计算出内源型经济发展潜力 F_1、F_2、F_3、F_4、F_5、F_6、F_7 的权系数分别为 29.84%、18.38%、17.38%、10.63%、9.53%、7.40% 和 6.83%；外源型经济发展潜力 F_1、F_2、F_3 的权系数分别为 64.36%、23.25% 和 12.40%，然后将每个主成分赋予其相对应的权重，构成了加权的规范阵 $X = \{x_{ij}\}$，如表 3-4 所示。

表 3-4　　　　我国 31 个省（区、市）的加权后规范数据

省（区、市）	内源型经济潜力							外源型经济潜力		
	F_1	F_2	F_3	F_4	F_5	F_6	F_7	F_1	F_2	F_3
北京	1.275	0.357	0.000	0.352	0.050	0.254	0.215	2.541	0.000	0.532
天津	0.920	0.668	0.248	0.000	0.240	0.143	0.197	0.731	0.696	0.220
河北	0.413	0.533	0.613	0.250	0.156	0.198	0.176	0.338	0.877	0.376
山西	0.430	0.470	0.431	0.245	0.146	0.157	0.203	0.281	0.864	0.410
内蒙古	0.324	0.830	0.496	0.158	0.254	0.303	0.183	0.201	0.872	0.280
辽宁	0.590	0.548	0.452	0.072	0.242	0.214	0.146	0.691	0.924	0.367
吉林	0.393	0.671	0.478	0.177	0.034	0.252	0.059	0.259	0.822	0.421
黑龙江	0.232	0.643	0.493	0.136	0.000	0.251	0.000	0.330	0.806	0.460
上海	0.853	0.305	0.242	0.129	0.106	0.000	0.152	2.286	0.878	0.000
江苏	0.967	0.552	0.652	0.286	0.280	0.162	0.131	1.712	1.475	0.300
浙江	0.870	0.311	0.595	0.221	0.169	0.222	0.196	1.086	1.131	0.337
安徽	0.571	0.427	0.548	0.159	0.197	0.184	0.196	0.559	0.999	0.352
福建	0.680	0.326	0.566	0.106	0.156	0.256	0.228	0.877	0.966	0.199
江西	0.454	0.351	0.546	0.114	0.174	0.302	0.204	0.291	0.853	0.286
山东	0.930	0.611	0.845	0.289	0.338	0.126	0.127	1.002	1.252	0.492
河南	0.555	0.381	0.541	0.180	0.203	0.127	0.132	0.463	1.031	0.464
湖北	0.623	0.407	0.540	0.118	0.099	0.177	0.154	0.587	0.906	0.456
湖南	0.526	0.370	0.692	0.072	0.181	0.106	0.152	0.385	0.892	0.359
广东	0.902	0.235	0.787	0.488	0.103	0.252	0.127	1.965	1.085	0.269
广西	0.444	0.298	0.577	0.119	0.164	0.224	0.201	0.306	0.837	0.314
海南	0.434	0.258	0.397	0.203	0.195	0.315	0.235	0.490	0.701	0.059
重庆	0.604	0.531	0.576	0.197	0.161	0.317	0.254	0.669	0.814	0.192

续表

省 （区、 市）	内源型经济潜力							外源型经济潜力		
	F_1	F_2	F_3	F_4	F_5	F_6	F_7	F_1	F_2	F_3
四川	0.400	0.244	0.664	0.120	0.059	0.141	0.228	0.633	0.910	0.440
贵州	0.210	0.229	0.554	0.204	0.114	0.181	0.247	0.192	0.780	0.228
云南	0.231	0.220	0.685	0.144	0.031	0.143	0.240	0.355	0.846	0.309
西藏	0.000	0.000	0.220	0.256	0.460	0.237	0.073	0.082	0.751	0.316
陕西	0.627	0.451	0.405	0.133	0.139	0.242	0.198	0.490	0.707	0.344
甘肃	0.170	0.484	0.356	0.374	0.044	0.174	0.087	0.213	0.757	0.322
青海	0.090	0.669	0.423	0.395	0.185	0.071	0.276	0.000	0.707	0.209
宁夏	0.262	0.748	0.459	0.296	0.193	0.195	0.338	0.031	0.724	0.134
新疆	0.176	0.483	0.355	0.248	0.185	0.113	0.164	0.181	0.806	0.192

（2）确定正理想点 x^+ 和负理想点 x^-。由公式（3-3）计算内源型经济发展潜力 F_1、F_2、F_3、F_4、F_5、F_6 和 F_7 的正理想点的值分别为：1.275、0.830、0.845、0.488、0.460 和 0.137，外源型经济发展潜力 F_1、F_2 和 F_3 正理想点的值分别为：2.541、1.475 和 0.532，内源型经济发展潜力与外源型经济发展潜力负理想点的值均为 0。

（3）计算 31 个省（区、市）的指标数据与正负理想点之间的距离。由公式（3-4）和（3-5）分别计算各方案到正理想解和负理想解的距离 S_i^+ 和 S_i^-，然后，由公式（3-6）计算各方案到正理想解的相对接近度 S_i，计算结果见表 3-5，其中依据第二章中基于内外因辩证关系原理，经济发展潜力中的内源型经济潜力是经济发展的决定性动力的特性，本书对公式（2-1）中 β_1 与 β_2 分别取值为 0.6 和 0.4，即公式（3-9）。

$$REP_{（地区总经济潜力）} = 0.6IEP_{（内源型经济潜力）} + 0.4OEP_{（外源型经济潜力）} \quad （3-9）$$

根据上述运用主成分 TOPSIS 模型方法步骤，本书可以获得 2000 ~ 2013 年我国各省（区、市）的经济发展潜力评价值及排名，结果如表 3-6 所示。其中 2000 年缺少人均水资源量、互联网宽带接入端口、森林覆盖率、环保支出占财政支出的比重、地质灾害防治投资、单位地区生产总值能耗、单位地区生产总值电耗、生活垃圾无害化处理率、国家环境保护支出 9 项指标，2013 年缺少单位地区生产总值能耗 1 项指标。

表3-5　我国31个省（区、市）的内源型与外源型经济发展潜力比较

省（区、市）	内源型经济潜力						外源型经济潜力					
	2000年		2009年		2013年		2000年		2009年		2013年	
	数值	排序	数值	排序	数值	排序	数值	排序	数值	排序	数值	排序
北京	0.734	1	0.856	1	0.569	5	0.858	1	0.820	1	0.638	4
天津	0.630	3	0.772	3	0.569	6	0.362	6	0.309	10	0.341	14
河北	0.269	11	0.463	14	0.489	12	0.229	22	0.205	23	0.307	16
山西	0.205	22	0.398	21	0.438	21	0.168	29	0.229	14	0.298	18
内蒙古	0.170	26	0.367	25	0.505	9	0.193	28	0.128	30	0.279	24
辽宁	0.362	7	0.573	8	0.501	10	0.332	8	0.361	7	0.385	8
吉林	0.257	12	0.417	20	0.459	19	0.296	13	0.208	20	0.288	22
黑龙江	0.255	13	0.385	23	0.405	25	0.208	26	0.227	15	0.299	17
上海	0.728	2	0.820	2	0.467	18	0.601	3	0.610	2	0.745	2
江苏	0.443	4	0.636	5	0.698	2	0.460	4	0.556	4	0.726	3
浙江	0.368	6	0.646	4	0.587	4	0.311	10	0.525	5	0.516	6
安徽	0.240	16	0.474	13	0.498	11	0.243	19	0.207	21	0.369	10
福建	0.248	14	0.545	9	0.513	8	0.326	9	0.346	8	0.427	7
江西	0.177	25	0.478	11	0.447	20	0.232	21	0.186	25	0.287	23
山东	0.391	5	0.593	6	0.729	1	0.363	5	0.378	6	0.519	5
河南	0.231	18	0.453	15	0.474	17	0.254	22	0.214	16	0.365	12
湖北	0.279	10	0.489	10	0.488	13	0.354	16	0.288	11	0.365	11
湖南	0.205	21	0.442	16	0.481	15	0.273	14	0.212	17	0.316	15
广东	0.318	8	0.581	7	0.622	3	0.612	2	0.601	3	0.753	1
广西	0.193	24	0.396	22	0.432	22	0.247	18	0.210	18	0.288	21
海南	0.287	9	0.429	17	0.405	26	0.166	30	0.209	19	0.277	25
重庆	0.233	17	0.478	12	0.552	7	0.303	11	0.239	12	0.347	13
四川	0.216	20	0.417	19	0.416	24	0.297	12	0.311	9	0.374	9
贵州	0.124	29	0.225	31	0.356	29	0.209	25	0.163	27	0.253	28
云南	0.121	30	0.301	26	0.377	27	0.272	15	0.191	24	0.297	19
西藏	0.114	31	0.256	28	0.270	31	0.233	20	0.166	26	0.241	29
陕西	0.218	19	0.424	18	0.485	14	0.249	17	0.234	13	0.297	20
甘肃	0.135	27	0.243	30	0.357	28	0.204	27	0.207	21	0.258	26
青海	0.241	15	0.251	29	0.418	23	0.165	31	0.149	28	0.216	31
宁夏	0.129	28	0.380	24	0.480	16	0.214	24	0.124	31	0.218	30
新疆	0.198	23	0.298	27	0.352	30	0.219	23	0.143	29	0.255	27

表 3 - 6 我国 31 个省（区、市）的经济发展总潜力

省（区、市）	2000 年		2009 年		2013 年	
	数值	排序	数值	排序	数值	排序
北京	0.784	1	0.842	1	0.596	4
天津	0.523	3	0.587	6	0.478	8
河北	0.253	13	0.360	15	0.416	14
山西	0.190	25	0.330	21	0.382	21
内蒙古	0.179	27	0.271	25	0.415	16
辽宁	0.350	7	0.489	8	0.455	10
吉林	0.273	11	0.333	20	0.390	19
黑龙江	0.236	18	0.322	22	0.363	24
上海	0.677	2	0.736	2	0.578	5
江苏	0.450	4	0.604	3	0.709	1
浙江	0.345	8	0.598	4	0.558	6
安徽	0.241	15	0.367	13	0.446	11
福建	0.279	10	0.466	9	0.479	7
江西	0.199	24	0.361	14	0.383	20
山东	0.380	6	0.507	7	0.645	3
河南	0.240	16	0.357	16	0.430	13
湖北	0.309	9	0.408	10	0.439	12
湖南	0.232	19	0.350	17	0.415	15
广东	0.435	5	0.589	5	0.674	2
广西	0.214	21	0.322	23	0.375	23
海南	0.238	17	0.341	19	0.353	25
重庆	0.261	12	0.382	11	0.470	9
四川	0.249	14	0.375	12	0.399	18
贵州	0.158	31	0.200	31	0.315	29
云南	0.182	26	0.257	26	0.345	26
西藏	0.161	30	0.220	29	0.259	31
陕西	0.230	20	0.348	18	0.409	17
甘肃	0.163	29	0.229	28	0.317	28
青海	0.211	22	0.211	30	0.337	27
宁夏	0.163	28	0.277	24	0.375	22
新疆	0.206	23	0.236	27	0.314	30

三、地区经济发展潜力的评价结果分析

1. 我国地区经济发展潜力呈现先增加后下降态势，经济潜力转化为经济实力的状况不明显

通过地区经济发展潜力的时间变化分析表明，21 世纪以来，四个地区经济总潜力与内源型经济潜力均呈现先增加后下降的趋势，其中，2010年经济总潜力达到峰值，随后逐渐下降；外源型经济潜力呈现先下降后增加的态势，并且排名没有发生变化，如表 3 - 5、表 3 - 6 所示。经济发展总潜力增加的原因，一方面是原有内源型经济潜力的累积过程；另一方面是外源型经济潜力的内化过程，换言之，外源型经济潜力一部分直接转化为经济发展总潜力，另一部分先内化为地区的内源型潜力，然后再转化为经济发展总潜力，内源型经济潜力增加与外源型经济潜力减少的现象验证了经济发展潜力的动态性特征。

如图 3 - 1 所示，我国四个地区的经济潜力变化态势比较相似，2010年是经济发展潜力的拐点，之后，各地区的经济潜力逐渐下降，其原因可能一方面是经济潜力转化为经济实力；另一方面也可能是各地区并没有把握住经济潜力转化为经济实力的有利时机而损失，当然，这两种情况都可能发生。通过分析 2010 年我国各地区的经济发展实力可知，国际金融危机后，我国出口导向型经济受挫，4 万亿元投资也没能扭转局面，2011 年经济增长 9.3%，但是效果越来越不明显，2013 年经济增长仅为 7.7%，大部分地区的经济增长速度均下降，可见，经济潜力转化为经济实力不明显。由于经济发展潜力具有非现实性，如何加快经济发展潜力转化为经济发展实力，凸显出释放我国地区经济发展潜力的迫切性。

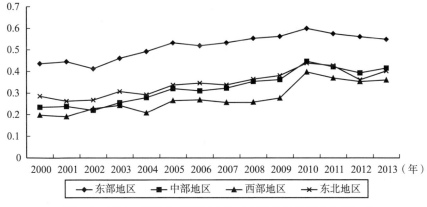

图 3 - 1　2000 ~ 2013 年我国四个地区经济发展总潜力空间比较

2. 我国地区经济发展潜力呈现东部较强，东北与中部潜力中等、西部较弱的空间分布格局

通过地区经济发展潜力的空间分析表明，东部较强，西部较弱，东北地区与中部地区交替变化的格局（2000～2009 年期间，东北地区经济潜力高于中部地区，位居第二位；2010～2013 年期间，中部地区经济潜力超过东北地区，跃升第二位）。2013 年，东部的江苏、广东、山东、北京、上海等发达省市的经济发展总潜力居于我国前五位，西部的青海、甘肃、贵州、新疆与西藏等欠发达省区的经济发展潜力居于我国后五位。本书通过四大经济地区所包括省（区、市）经济发展潜力的评价值汇总平均处理得出：2013 年我国地区经济发展潜力分布呈现出东部地区较强（0.549），中部（0.416）与东北地区（0.403）比较接近，西部地区最弱（0.361）的格局（如图 3-1 和表 3-7 所示）。其中，东部除河北与海南两省经济发展潜力排在 14 位和 25 位外，其余各省市经济发展潜力排名均居于前 10 位，尤其是长三角地区（上海排名较稳定、江苏与浙江排名上移）达到 1.846，表明长三角地区在较高的经济发展水平基础上，保持较大的经济发展潜力，仍然是今后中国经济发展的龙头；中部湖北省经济发展潜力位于第 12 位；东北地区辽宁与黑龙江两省的经济发展潜力排名均下降 2 位，分别位居第 10 与 24 位，应抢抓国家推进供给侧结构性改革和东北新一轮振兴等重大机遇，深化国有企业改革，激发市场活力，积极应对经济下行压力，开拓辽宁经济乃至东北经济发展的新格局，将成为东北振兴的强大引擎；西部地区重庆、陕西与四川经济发展潜力位次靠前，其余省区经济发展潜力较弱。

表 3-7 我国四个地区经济发展潜力比较

地区	内源型经济发展潜力			外源型经济发展潜力			经济发展总潜力		
	2000 年	2009 年	2013 年	2000 年	2009 年	2013 年	2000 年	2009 年	2013 年
东部	0.442	0.634	0.565	0.429	0.456	0.525	0.436	0.563	0.549
中部	0.223	0.456	0.471	0.254	0.223	0.334	0.235	0.362	0.416
西部	0.174	0.336	0.417	0.234	0.189	0.277	0.198	0.277	0.361
东北	0.291	0.458	0.455	0.279	0.265	0.324	0.286	0.381	0.403
全国平均	0.281	0.471	0.477	0.305	0.289	0.365	0.291	0.396	0.432

地区经济发展潜力空间评价结果与部分文献所述的中西部地区经济潜

力较大有些偏颇。本书认为，所谓的中西部经济蕴藏着较大的潜力，主要是针对自然资源和劳动力数量而言。长期以来，中西部经济的高速增长方式的显著特点主要表现为高投入、高消耗、高污染、低效率的粗放型增长模式，这种粗放型增长方式是由消耗大量的资源，尤其是不可再生和自然资源为前提条件。目前，世界各国越来越重视技术创新促进经济发展的重要作用，逐步形成了技术创新助推经济可持续发展的基本思路。但是，中西部地区科技资源还较弱，尽管部分省份的科技创新能力较强，但科技转化能力、科技促进经济增长的水平仍然较低，《中国区域创新能力报告》（2013）相关指标数值也证实了这一点，江苏省区域创新能力位于全国首位，其经济发展潜力亦处于榜首。与此相比，东部沿海地区恰恰由于具有良好的经济发展与技术知识基础、比较优越的区位条件，尤其是能够继续保持市场化改革的先发优势，其经济发展潜力仍然很大。

值得注意的是，经济发展潜力较强的东部地区也有经济潜力较弱的省份，经济发展潜力较弱的西部地区也有经济潜力较强的省份，目前国家的西部大开发战略、促进中部地区崛起战略、长江经济带建设等中央区域政策主要是选择中西部地区的发展潜力较大的省份即"潜力极"进行扶持，待这些省份经济发展水平提高并成为地区经济发展的"增长极"之后，通过辐射及渗透作用扩散到其他地区，从而促进整个地区的经济发展。诚然，自然资源较为丰富的中西部地区借助于区域创新，通过实施经济发展战略的创新，以及国家出台并实施的"造血式"政策，挖掘并释放自身的经济发展潜力，能够实现地区经济社会持续平稳发展。正如时任财政部副部长丁学东（2008）指出"通过创新释放经济潜力是增强经济发展活力"的重要论断。

3. 我国地区经济发展潜力差异较大，并且地区内部间经济潜力发展不平衡

通过经济发展潜力时空评价发现，四个地区经济发展潜力差异较大，并且地区内部间经济潜力发展不平衡。本书将2013年地区经济发展潜力得分划分为：经济潜力强区（0.5~1）、经济潜力中等区（0.4~0.5）、经济潜力弱区（0.3~0.4）与经济潜力差区（0~0.3）四大类型，从各省份经济发展潜力排名的变化分为上升型、平稳型与下降型三大类。从2000~2009年而言，四个地区的经济发展潜力分类可见，在东部经济潜力强区中海南与河北的经济发展潜力分别属于中等区和弱区；西部地区一半的省份属于经济潜力差区；中部和东北两地区的省份分布于经济潜力中等

区和经济潜力弱区；从 2009～2013 年变化可见，在东部经济潜力强区中天津、福建、河北与海南的经济发展潜力分别属于中等区和弱区；中部和东北两地区的省份分布于经济潜力中等区和经济潜力弱区；西部地区一半的省份属于经济潜力差区。地区经济发展潜力排名反映的是与其他地区相比较而言的排名，某一个地区经济潜力排位可能下降了，但其经济潜力仍然可能增长，只是增长的速度相对其他地区来说，速度有些慢。地区内部潜力分布格局形成差异的原因，一方面是由于各地区特有的区位条件、经济基础、社会进步以及科技发展条件不同所致；另一方面亦有我国各地区特殊的体制和政策原因造成。

如表 3－8 所示，从 2000 年与 2009 年比较，经济潜力排名上升的地区与下降的地区分别为 15 个和 10 个省份，北京、上海、广东与河南等 6 省市经济潜力排名没有发生变化。从 2009 年与 2013 年比较，经济潜力排名发生较大变化，其中，上升的地区与下降的地区分别为 15 个和 12 个省份，山西、云南、广西与甘肃 4 省区经济潜力排名没有发生变化。当然，不能盲目地判断一定时期内的地区经济发展潜力上升、平稳与下降三种类型的好坏与否，例如，"下降型"地区可能一方面是经济发展潜力转化为经济实力而减少，需要加快经济潜力的培育；另一方面是经济发展潜力没有及时发挥已损失。因此，对于"上升型"潜力区要寻找时机加快经济潜力释放效率，同时为确定地区未来的"潜力极"提供了科学依据；"平稳型"潜力区应该逐渐释放经济潜力；"下降型"潜力区应加大经济潜力培育力度，增加其发展后劲。

表 3－8　　　　　　　　　我国地区经济发展潜力类型

类型	经济潜力强区 (0.5~1)		经济潜力中等区 (0.4~0.5)		经济潜力弱区 (0.3~0.4)		经济潜力差区 (0~0.3)	
	2009 年	2013 年	2009 年	2013 年	2009 年	2013 年	2009 年	2013 年
上升型	江苏、浙江	江苏、山东、广东	福建	河北、安徽、福建、河南、湖南、重庆、陕西	山西、安徽、江西、湖南、广西、重庆、四川、陕西	内蒙古、吉林、贵州、青海、宁夏	内蒙古、西藏、甘肃、宁夏	—
平稳型	北京、上海、广东	—	—	—	河南	山西、广西、云南、甘肃	云南、贵州	—

续表

类型	经济潜力强区 (0.5~1)		经济潜力中等区 (0.4~0.5)		经济潜力弱区 (0.3~0.4)		经济潜力差区 (0~0.3)	
	2009年	2013年	2009年	2013年	2009年	2013年	2009年	2013年
下降型	天津、山东	北京、上海、浙江	辽宁、湖北	天津、辽宁、湖北	河北、吉林、黑龙江、海南	黑龙江、江西、海南、四川、新疆	青海、新疆	西藏

第三节　地区经济发展潜力与经济发展实力关系分析

一、经济发展潜力与经济发展实力定性分析

一般来说，经济发展水平较高的发达地区不一定是经济发展潜力较强的地区；反之，经济发展水平较低的欠发达地区也不一定是经济发展潜力较弱的地区。但是毋庸置疑，倘若发达地区在现有的较高经济发展实力上，具有较高的经济增长潜力，则能够保持该地区的持续快速发展；而欠发达地区在现有经济发展水平上，倘若拥有较高的经济发展潜力，则可以实现经济的高质量发展，缩小其与发达地区之间的差距。拉斯特瓦勒耶娃（Растворвева，2008）指出，经济发展潜力具有动态性，地区应在有限的资源条件下，更加合理地发挥经济发展潜力。刘锋（2011）总结了俄罗斯专家学者对经济发展潜力的内涵和结构方面的研究发现，经济发展潜力的合理开发决定于经济发展水平。

本书通过对2013年地区经济发展潜力与经济发展实力（以人均GDP指标表示）高低[①]情况比较分析，将我国地区经济潜力划分为超潜力发挥地区Ⅰ（较高经济发展实力和较低经济发展潜力）、领先地区Ⅱ（较高经济发展实力和较高经济发展潜力）、潜力未发挥地区Ⅲ（较低经济发展实力和较高经济发展潜力）以及落后地区Ⅳ（较低经济发展实力和较低经济发展潜力）4个象限地区。由散点图3-2可见，第Ⅱ象限地区，尤其是第Ⅳ象限地区包括的省份居多，其中，东部大部分地区（除河北与海南以

---

① "高低"主要指经济发展潜力和经济发展实力分别与平均值比较，大于平均值意为"较高"，小于平均值意为"较低"。

外）和辽宁省均属于领先地区，表明东部地区在较高的现有经济发展水平上，具有较高的经济发展潜力，能够保持一个地区的持续快速发展，因而能够获得更高的持续竞争力，尤其是北京与上海两市的领先地位更为明显；湖北、重庆、安徽与四川等省市属于经济发展潜力未发挥地区，其中，重庆已成为中西部地区引进世界 500 强工业企业（超过 200 家）最多的城市，引进惠普、福特等行业龙头，带动富士康及零部件供应商入驻，建成了全球最大的笔记本电脑产业（简称"笔电"）基地与全国最大的汽车基地，近年来，成功开通了内陆港、渝新欧班列，正逐渐加快重庆地区的经济发展潜力开发；内蒙古属于经济发展超潜力发挥地区，2013 年内蒙古人均 GDP（67836 元）排名第 6 位，经济潜力（0.415）排名第 16 位，因此，内蒙古应该加大经济发展潜力的培育与开发力度，否则，经济可持续发展的后劲不足；其余省份均为落后地区，对于这些地区不仅要加快培育经济发展潜力，而且要将经济发展潜力不断转化为经济发展实力。

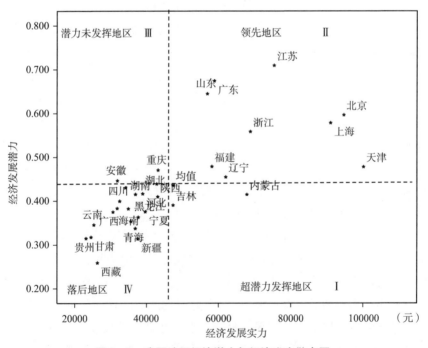

图 3-2　我国地区经济潜力与经济实力散点图

二、经济发展潜力与经济发展实力定量分析

通过对经济发展潜力与经济发展实力定性分析发现，我国多数东部发

达省份位于领先地区，而多数中西部欠发达地区处于落后地区，那么是否可以得出这样的结论：经济潜力强区对经济实力影响越强，反之越弱，从而导致发达地区与欠发达地区之间的经济发展差距逐渐扩大。为此，本书需要进一步定量分析经济发展潜力与经济发展实力两者的关系，换言之，验证四个地区经济发展潜力是如何影响经济发展实力以及影响程度的大小。

本书通过 2000 ~ 2013 年期间各个地区的经济发展潜力与经济发展实力的散点图可以看出，经济发展潜力与经济发展实力之间呈现一定的对应关系，运用 SPSS 软件对两者关系进行曲线拟合估计，得出了各个地区经济发展潜力与经济发展实力之间的关系，根据曲线拟合结果可见，二次函数拟合效果较好。

因此，本书假设 $Y_t = b_1 EP_t^2 + b_2 EP_t + C$，其中，$Y_t$ 为地区经济发展实力，EP_t 为地区经济发展实潜力。东部地区经济潜力与经济实力的关系模型拟合结果见表 3 - 9，拟合图见图 3 - 3（a）所示。

表 3 - 9　　　　　　　东部地区经济潜力与经济实力的曲线估计

方程	模型汇总					参数估计值		
	R^2	F	df1	df2	Sig.	常数	b_1	b_2
线性	0.679	25.404	1	12	0.000	0.434	5.17E − 007	
对数	0.834	60.309	1	12	0.000	− 0.490	0.085	
二次	0.933	76.220	2	11	0.000	0.328	2.09E − 006	− 4.35E − 012
指数	0.668	24.099	1	12	0.000	0.436	1.03E − 006	

说明：东部地区的经济发展实力（GDP）为以万亿为单位的平均数，其他地区同上。

东部地区拟合结果为：

$$Y_{东部} = b_1 EP_t^2 + b_2 EP_t + C = 2.09E - 006EP_t^2 - 4.35E - 012EP_t + 0.328$$

$$(3 - 10)$$

按照同样的方法，可得中部、西部及东北地区经济发展潜力与经济发展实力的曲线拟合模型，分别见表 3 - 10、表 3 - 11、表 3 - 12 和图 3 - 3（b）、图 3 - 4（a）与图 3 - 4（b）所示。根据曲线拟合结果可见，其他三个地区均表现为指数函数拟合效果较好，三个地区拟合结果分别如式（3 - 12）、式（3 - 13）和式（3 - 14）所示：

$$Y_{中部} = b_1 EP_t^2 + b_2 EP_t + C = 5.06E - 006EP_t^2 - 2.30E - 011EP_t + 0.139$$

$$(3 - 11)$$

$$Y_{西部} = b_1 EP_t^2 + b_2 EP_t + C = 3.18E - 006EP_t^2 - 1.14E - 011EP_t + 0.150$$

$$(3 - 12)$$

$$Y_{东北} = b_1 EP_t^2 + b_2 EP_t + C = 1.09E - 005EP_t^2 - 1.27E - 010EP_t + 0.174$$

$$(3 - 13)$$

表 3 - 10　　　　　　　中部地区经济潜力与经济实力的曲线估计

方程	模型汇总					参数估计值		
	R^2	F	df1	df2	Sig.	常数	b_1	b_2
线性	0.831	58.850	1	12	0.000	0.219	1.83E - 006	
对数	0.918	134.136	1	12	0.000	- 0.843	0.108	
二次	0.938	82.895	2	11	0.000	0.139	5.06E - 006	- 2.30E - 011
指数	0.808	50.403	1	12	0.000	0.229	5.66E - 006	

表 3 - 11　　　　　　　西部地区经济潜力与经济实力的曲线估计

方程	模型汇总					参数估计值		
	R^2	F	df1	df2	Sig.	常数	b_1	b_2
线性	0.800	48.018	1	12	0.000	0.187	1.62E - 006	
对数	0.815	52.929	1	12	0.000	- 0.667	0.088	
二次	0.833	27.432	2	11	0.000	0.150	3.18E - 006	- 1.14E - 011
指数	0.798	47.469	1	12	0.000	0.196	5.72E - 006	

表 3 - 12　　　　　　　东北地区经济潜力与经济实力的曲线估计

方程	模型汇总					参数估计值		
	R^2	F	df1	df2	Sig.	常数	b_1	b_2
线性	0.703	28.378	1	12	0.000	0.264	3.05E - 006	
对数	0.811	51.355	1	12	0.000	- 0.501	0.084	
二次	0.870	36.941	2	11	0.000	0.174	1.09E - 005	- 1.27E - 010
指数	0.701	28.092	1	12	0.000	0.269	8.92E - 006	

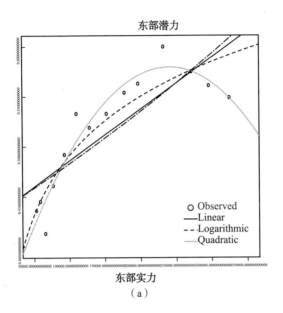

（a）

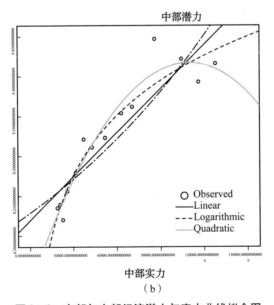

（b）

图 3 - 3 东部与中部经济潜力与实力曲线拟合图

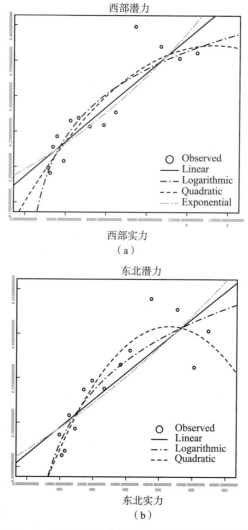

图3-4　西部与东北经济潜力与实力曲线拟合图

式（3-13）和式（3-14）表明，综合分析经济发展潜力对经济发展实力的影响作用可见，东部、中部、西部以及东北地区经济潜力对经济实力的所有模型均通过显著性检验，拟合效果较好，并且四个地区的经济发展潜力对经济发展实力的影响程度均表现显著的正向关系，但其影响程度并非一致，尤其是经济发展潜力较弱的中部与西部地区对经济发展实力的影响较大。由此可见，加快中部与西部经济潜力弱区转化为经济发展实力，必将有利于缩小我国西部地区与东部地区间的经济发展差距，从而促进地区经济协调发展；诚然，加快东部经济潜力强区转化为经济发展实力，实现我国经济发展"领头羊"的带头作用，必将有助于缩小我国与发达国家的经济发展差距。

第四节　本 章 小 结

地区若想释放经济发展潜力需要先明确经济发展潜力的大小及空间分布。因此，本章根据地区经济发展潜力概念构建了经济发展潜力评价指标体系，并且运用加权主成分 TOPSIS 模型测度 2000～2013 年期间我国东部、中部、西部以及东北四个地区经济发展潜力，明确了我国地区经济潜力的变化态势与强弱地区。在此基础上，定性与定量分析了经济发展潜力与经济发展实力之间的关系，定性分析得出，东部地区在现有的较高经济发展实力上，具有较高的经济增长潜力，能够促进东部地区经济平稳较快发展；定量分析发现，四个地区的经济发展潜力对经济发展实力的影响程度均表现显著的正向关系，但其影响程度并非一致，经济发展潜力较弱的中部与西部地区对经济发展实力的影响较大，经济发展潜力较强的东部地区对经济发展实力的影响较小，凸显出释放我国地区经济发展潜力的迫切性，同时也为后续研究经济发展潜力开发路径选择与优化提供有力的科学依据。

第四章　区域创新促进地区经济
发展潜力开发的机理

本书通过第三章对我国地区经济发展潜力强弱程度的测度，明确了一些地区具有较强的经济发展潜力，但是这种经济发展潜力并非现实发展能力，研究它的最大价值在于经济发展潜力最大限度地释放并转化为现实竞争力。经济发展潜力转化为现实竞争力不是必然的，倘若具有经济发展潜力的地区如果忽视限制性因素的存在，认为经济发展潜力必然成为未来的竞争优势，那么经济发展潜力也会随着内部条件和外部环境的变化而弱化甚至丧失，只有克服影响经济发展潜力的诸多制约因素，才能实现经济发展潜力向经济实力的转化，由于创新能够释放经济潜力，从而增强经济发展活力。因此，本章主要以区域创新为突破口，阐述区域创新促进经济发展潜力开发的机理，以期根据研究结果分析地区经济发展潜力的开发路径。

第一节　地区经济发展潜力开发的影响因素分析

斯米尔诺娃等（Смирнова，Селикова & Кожина，2010）指出，影响经济发展潜力的关键因素是土地、资本、劳动力以及管理。其中，土地主要是指自然资源；资本主要是为一切生产和非生产领域提供的物质技术基础；劳动力是生产经营和消费的主体。本书主要对影响经济发展潜力中的内源型经济发展潜力与外源型经济发展潜力的关键因素进行分析。

一、经济发展潜力开发的内部影响因素

（1）自然资源。自然资源通常是指自然环境中与人类经济社会发展有关，能被人类开发利用并影响社会劳动生产率的自然物质要素，包括有形

的土地、水、矿产、动植物和无形的空气、光等资源。目前，我国已开展土地确权登记制度，推动土地流转并加快了农村规模化经营，促进了农业现代化进程，有利于开发地区经济发展潜力。随着知识经济时代的来临，劳动对象的范围在不断地扩大，但自然资源仍然是所有劳动对象最初的源泉，它不仅是人类赖以生存的自然基础与经济社会生产过程中不可缺少的物质要素，而且也是培育与提升地区经济发展潜力的物质基础。亨宁等（Henning, Enflo & Andersson, 2011）通过 1860~2009 年间的人均地区生产总值分析了瑞典 24 个地区的长期增长轨迹发现，在第一次工业革命期间，自然资源丰富的地区经济发展较快。自然资源对地区经济发展潜力开发的影响主要表现在以下方面：自然资源是地区经济发展潜力培育的物质基础。自然资源通过提高社会劳动生产率来促进地区经济发展，从而提升经济发展潜力。马克思指出，撇开社会生产的不同发展程度，劳动生产率是同自然资源相联系的，并且认为，劳动生产率主要取决于两方面条件：一是劳动的自然条件，如土地的肥沃程度，矿山的富饶程度等；二是劳动社会力量的日益改进（转引自：王建廷，2007）。所以说，不同国家（地区）拥有不同的自然资源使同一劳动力可以满足不同的需要量。尽管荷兰、西班牙等国家的"资源诅咒"现象充分表明，一个国家的经济发展与自然资源的多寡并不完全存在着必然联系，但是，自然资源仍然是地区经济发展潜力形成与开发的基本要素，丰富的自然资源有利于地区经济发展潜力的培育与开发，对地区经济可持续发展产生积极的促进作用。

（2）资本投入。经济学上的资本是指用于生产、扩大生产能力以及提高生产效率的物资。本书所谓的资本主要是指物资资本，即在一定时间内用于生产其他消费品的物资形式，如机器设备、厂房及交通运输设施等，资本总是一种相对稀缺的生产要素，在发展中国家的经济发展潜力开发中具有重要作用。斯密指出，资本存量通过推动劳动分工来提高劳动生产率；李嘉图认为，资本积累的扩大是国家财富增进的根本原因；哈罗德—多马的"唯资本论"理论认为，资本积累和投资是经济发展潜力开发的唯一决定因素。实际上，技术进步和要素生产率提高与资本积累具有内在的联系，它们是以先期的投资和资本积累为基本条件，内含于资本积累之中并主要通过资本积累促进经济发展潜力开发。技术进步通过使用不同的新资本设备使大多数技术进步与创新走出实验室，进入实际的商品生产部门，实现技术产业化。所以说，提高投资率不仅带来了较高的资本密集度，而且导致新技术较快地向实际生产领域转移。因此，资本积累不仅对实物资本存量的增加及其对经济发展潜力开发有直接作用，而且它还间接通过促进社会分工、技术创新、制度创新等方式促进经济发展潜力的开发。另外，中央政府的援助资金主要用于基础设施建设、发展基础教育、实施人才培训，尤其是为进城务工的农民进行职业技能培训，提高其文化素质，从而加快农民市民化进程。公共投资除了国家的财政支出外，还包括设立专门的地区发展基金用于开发经济潜力，国外在这方面的实践较早且比较成功，如意大利的南方发展基金、日本政府金融体系面向落后地区的开发公库，欧盟对各成员国萧条地区的欧洲地区发展基金等。同时必须清醒地认识到：在大部分地区经济潜力开发的实践中可能出现，依靠各种优惠和盲目转让自身的经济利益，在短时间内可能吸引到一部分外来资金，但过度盲目吸引资金也会造成资源过度开发、生态环境遭到严重破坏，致使引资综合效率极其低下，往往是吸引资本越多，经济发展潜力开发的效果不显著，最终造成严重浪费。

（3）人力资源。人力资源是指在一定范围内能够作为生产性要素投入社会经济活动的全部劳动力的总和，人是生产要素中最积极、最活跃的因素，因而是影响经济发展潜力开发最重要的因素，人力资源通过数量和质量（也称"人力资本"）两个角度影响地区经济发展潜力。一方面，劳动力是经济生产的主体，任何地区经济发展潜力的开发需要一定数量劳动力的积极参与才能进行。随着我国老龄化问题日益突出，2013 年以来，国家先后提出渐进式延迟退休方案，出台了"单独二孩"与"全面二孩"政策，并通过加强教育培训等方式注重提升劳动力的素质，为"人口红利"有效释放"人力资本红利"提供了保障。在科技发展既定的条件下，具有丰富人力资源的地区为经济发展潜力开发提供了最基本的要素。为充分利用劳动力、最大限度地避免资金的约束，适宜采用劳动密集型产业促进地区经济持续发展；与此相比，对于资金较为充裕、劳动力短缺的地区，适宜采用资本密集型产业，从而合理配置生产要素，必然会影响经济发展潜力的培育与释放。另一方面，劳动力素质是指劳动者具有的体质、智力、知识和技能，以及劳动力的观念和行为的总和（王建廷，2007）。一般而言，人力资本较好的地区具有较高的劳动生产率，其产品技术含量较高、劳动力创造的价值也高，适合发展技术密集型的产业，有利于加快地区经济发展潜力增加的速度。由于我国绝大多数地区尤其是欠发达地区的人力资本素质较低，形成了较弱的科学技术水平和管理水平，从而致使地区吸收外来物质资本的能力也很弱。因此，较低的人力资本素质导致了潜在的外来企业家或金融机构根本没有或者较少有到该地区投资的意愿，甚至地区内的物质资本也会出现大量外流现象，使地区的物质资本在形成规模和质量上均面临恶性循环，从而影响了地区经济发展潜力的培育与开发。

（4）技术进步。技术进步是指技术不断发展、完善及创新的过程。索罗（Solow，1957）证明了技术进步对经济增长的巨大作用，将总产出的增长分解为来自要素投入的贡献和来自技术进步的贡献，据此寻找出增长的源泉。在索罗（Solow）的模型中，技术进步是外生的，并未能充分解释经济增长的形成。在此之后，以罗默（Romer）和卢卡斯（Lucas）为代表的学者将经济增长理论提升到新的发展阶段，在新经济增长模型中，技术进步是经济增长中可以控制的内生变量，从而实现了"外生技术进步论"向"内生技术进步论"的转变。多西（Dosi，1988）认为，面对竞争激烈的国际市场，技术创新已成为一个地区经济增长、产业发展和企业竞争力提高的最主要源泉。朱丹等（Zhu，Zeng & Zhou，2011）通过构建指标体系（即创新、创新资源、经济环境和技术环境四个方面）运用定量的方法分析区域技术创新可持续性和地区经济增长之间存在较大的相关性，结论表明，较高的技术创新对经济增长贡献也较大。随着"互联网＋"时代的来临，科技正渗透到地区经济社会生产、生活、管理的各个方面，改变了人们的生产与生活方式。比如，在城镇化加速发展进程中，科技创新在城镇化建设中改变了城市的功能布局，无论是改造传统产业还是培育新兴产业，都需要科技创新提供科技成果，实现"以产兴城、依城促产、产城融合"的目标；同时，利用物联网、云计算等科学技术，缓解"城市病"问题，加快促进城镇化向"集约、智能、绿色、低碳"发展（吕萍，2017）。技术创新通过改善生产要素促使生产力提高，增加了投入要素的产出量，自然资源、劳动力与资本在经济活动中按一定比例，以某种具体形式结合在一起形成现实的生产资源。技术创新通过利用同样的投入获取更多的产出或用较少的投入获取较多的产出两种方式来提高生产要素的效率。由于技术进步节约了生产要素的投入，促使地区经济发展减少了对自然资源的依赖性，地区经济发展潜力的开发速度得以提高，促进技术创新在企业降低生产经营成本的前提下也能增加产量，如图 4 –1 所示。

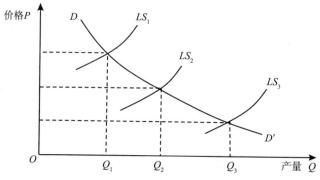

图 4 - 1　技术创新使长期供给曲线移动

依据地区要素禀赋的差别，技术创新对各种要素投入结构的影响因地区不同而有差异，对于自然资源短缺的地区适宜选择"节约资源型技术"；对于劳动力稀缺的地区适宜选择"节约劳动型技术"；对于资本稀缺的地区，则适宜选择"节约资本型技术"（邓宏兵，2008）。针对目前我国大部分地区而言，由于在今后相当长的一段时期内，资本仍然是一种相对比较稀缺的生产要素，适宜采用"节约资本型技术"，从而创造较多的就业机会，充分利用地区比较丰富的人力资源，逐步缓解劳动力供给过剩问题。同时，我国劳动力整体素质普遍较低，难以适应先进技术的要求，选择节约资本型技术既节约资金又易于掌握，并且运用于生产经营活动中，能在较短时期内产生较好的经济效益。因此，采用"节约资本型技术"既有利于节约资金，又能加快资本积累。另外，我国大部分地区应在技术模仿创新的基础上，加快技术创新对产业结构的优化升级，最终加快技术创新对经济发展潜力开发的促进作用，实现经济潜力向经济实力转化。

二、经济发展潜力开发的外部影响因素

（1）区域经济政策。区域经济政策是指为解决各种区域社会经济问题而采取的一系列政策措施，其最终目的是创造社会就业机会、提高全体居民的福利水平、构建公平平等的关系，从而实现"国强民富"的奋斗目标。换言之，区域经济政策是纠正市场机制造成的空间效率基础上，实现经济增长和区域的协调发展（陈栋生，1993）。市场经济国家开发经济发展潜力的经验表明，区域发展政策本质上是政府对区域经济发展的干预和调控，涉及国家对各地区之间利益关系的宏观调节。政府制定扶持政策的目的一方面是改变各地区的生产要素供给特征和要素配置效率，实现资源利用效率的最大化，从而影响地区经济增长潜力开发；另一方面是实现地

区间经济相对协调发展。地区经济发展潜力表现出较强的政策依赖性,针对争取到中央政府优惠政策扶持的地区而言,地区经济发展潜力培育与释放的速度相对较快,与此相比,地区经济发展潜力增加缓慢,我国政府采取的一系列政策措施对促进经济发展潜力增加确实起到了较大的作用,例如,我国深圳曾经是人口仅有数千的默默无闻"小渔村",1980 年国家设立深圳经济特区以来,经济飞速发展,30 多年来蜕变成为一个人口数百万、产值上千亿的具有国际影响力的"特大城市",其经济发展潜力的培育与释放可见一斑。因此,地区经济发展潜力的开发还需借助政府优惠政策的扶持。樊胜根等(Fan, Kanbur & Zhang, 2011)指出实施基础设施、社会投资和保护与政府改革三个要素在内的战略用以协调地区间经济增长发展公平,尤其是政府采取干预的方法,即制定相关政策促进经济潜力的开发。这些年来,我国出台了诸多支持老工业基地振兴政策、资源型城市援助政策、粮食主产区发展政策、扶持民族地区发展政策、国家主体功能区等相关政策,均在不同程度上支持了相关地区的潜力开发。如图 4 - 2 所示,政府的区域政策供给包括促进经济社会发展的鼓励性政策,同时也包括避免公众利益损害的约束性政策。在帕累托最优理论的框架下,确保企业利润最大化与广大民众效用最大化,激励企业提供优质的产品与服务,群众生产的积极性和创造力,促进地区经济发展潜力的有效开发。

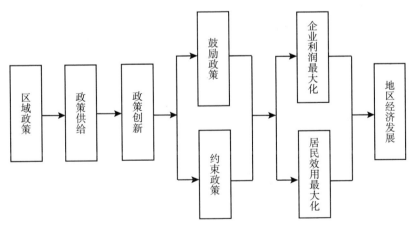

图 4 - 2　区域政策对地区经济发展潜力的影响

(2) 国内地区之间的合作。一般而言,我国不同地区具有不同的资源基础、技术环境与区位条件等生产要素,导致各地区之间相异的经济发展方式。由于自然资源和区位条件等非流动要素不能完全、自由的流动,为了满足各地区企业生产与居民生活的诸多方面需求，地区合作便应运而生。地区之间合作的本质是指各地区的生产要素尤其是流动性要素在较大地域空间范围内能够实现优化配置，包括地区之间的物质商品的流通，人力资源的交流与合作，生产技术的开发以及信息资源的互通等方面内容。在平等互利的前提下，为了寻求各个地区经济利益的最大化，地区之间通过开展经济贸易与技术等领域的广泛交流与合作，有助于促进各地区之间的经济结构调整、自然资源与社会资源的开发，实现发展的共赢，从而不断地培育并开发地区的经济发展潜力。如李稻葵（2015）所述，由于中部地区安徽和江西两省的人均 GDP 不足紧邻的江苏、浙江和福建等经济发达省份的一半，若通过发达省份的劳动力、资本和技术等要素跨省流动到欠发达省份，则可能激发并释放安徽和江西等省份较大的经济发展潜力。

（3）国家（地区）间对外贸易。伴随经济发展的国际化，地区经贸交流合作进一步消除了地域甚至于国家的界限，逐渐形成了跨国之间的地区经济贸易和对外投资。对外贸易是指某一国家（地区）与其他国家（地区）的商品和劳务的交换活动。对外贸易促进经济发展的重要作用程度存在不同的观点，其中比较有影响的包括：英国经济学家罗伯特逊提出"对外贸易是经济增长的发动机"学说；美国克拉维斯认为，经济增长主要依赖于国内资源，国内资源转化为既用于消费又能用于投资的商品或劳务的同时，对外贸易仅起辅助作用。对外贸易主要是通过进口与出口两个方面直接影响地区经济发展潜力开发。一方面，地区通过进口可以克服地区自身资源和生产要素的发展"瓶颈"，同时有利于本地区生产优势的充分发挥，地区通过出口过剩生产能力的发挥提供新的消费市场，并刺激自身经济发展潜力的进一步培育与提升。另一方面，通过对外贸易间接地促进地区技术进步和制度创新，从而提升地区经济发展潜力开发。一是对外贸易是技术进步的基本通道，技术进步所需要的高新技术，不仅依靠自身的发明创造，而且应该积极引进国外先进的技术和方法，正如"世界文明的发展是由十分之一的独创性和十分之九的移植组成的"论断（邓宏兵，2008）。二是对外贸易促进地区的制度创新。对外贸易通过从供给和需求两个角度促进制度创新，前者通过引进贸易商品的形式引进诸多制度，扩大制度创新的集合，从而较大地节约制度创新的成本，增强国内外地区间信息的交流与沟通，构建了制度创新所需的意识形态基础；后者表明在对外贸易过程中，市场经济规模扩大导致的交易费用需要由制度创新来降低，为了扩大对外贸易额度，国内企业需要进行积极的制度创新来面对外部激烈的市场竞争。

（4）外国直接投资（FDI）。资金是任何一个地区经济发展潜力离不开的重要因素，作为发展中国家，我国不仅政府财力有限，而且民间金融机构力量发展薄弱，依靠我国自身的财力难以实现经济潜力的有效开发，因此，我国需要引进国外资金用于弥补地区经济潜力开发所需要的资金。外国直接投资（FDI）是指以直接投资建立企业的方式进行国家与国家之间的资本转移。FDI 对经济发展潜力开发的影响包括两大方面，一是 FDI 不仅能够带来投资，而且还能带来除资金以外先进的生产组织、市场销售、管理技术与制度、Know－How（技术诀窍）等其他资源，其对经济发展潜力的提升起着重要的作用。反过来，经济发展潜力又成为吸引后续FDI 的主要因素，正如维尔拉德和马扎（Villaverde & Maza，2011）通过分析 1995 年和 2005 年的西班牙 FDI 的区域分布情况表明，经济发展潜力、劳动条件和竞争力是吸引 FDI 的主要因素。二是 FDI 还可以帮助发展中国家提高产品的国际竞争力，增加其国际市场的份额，因此，发展中国家通过引进 FDI，一方面借此机会提高本国的产品工艺水平、营销手段以及管理方法；另一方面，FDI 可以增加发展中国家的就业岗位，我国大部分企业虽然资本数量、技术水平较低，但是劳动力资源相对比较丰富，部分企业属于劳动密集型企业，面对日益激烈的市场竞争，跨国公司一般会采用劳动密集型的技术投入到生产经营活动中，从而吸纳了我国较多的劳动力；同时，服务业在外国投资中占较大比例，扩大了我国的就业人员数量。值得注意的是，FDI 又是一把"双刃剑"，其对地区经济发展潜力的影响既具有积极作用，又有消极意义，应该依据各个地区的具体情况进行具体分析。

当然，一个地区的经济发展潜力，倘若仅靠中央政府的优惠政策、地区之间的经济贸易交流与合作、外部援助等"输血"过程，而忽略培育并完善本地区内部自有的"造血"功能，那么该地区经济发展潜力的培育是短暂的，不能实现可持续发展的目标，若想改变这种状况，地区必须形成以内源型经济发展潜力为主，外源型经济发展潜力为辅的培育与开发路径。

三、经济发展潜力开发的内外影响因素组合作用

通过对地区经济发展潜力开发影响因素的定性分析可见，地区经济发展潜力开发的内部因素与外部因素对经济潜力的影响随着我国四个地区经

济潜力的强弱而各有差异。由于内部影响因素与外部影响因素是伴随着经济发展潜力的强弱而相互交织在一起，内部影响因素的变化造成外部影响因素随之改变，同时外部影响因素的改变又会致使内部影响因素进一步发生变化，即形成了"你中有我，我中有你"的融合状态，有时难以用清晰的界限来划分影响经济发展潜力开发是内部因素还是外部因素。

（1）技术创新。地区的技术创新一方面可能是该地区内部企业、政府、高校、中介服务机构等创新主体加强了对科学技术的投入与开发力度，提高了科技向实际生产力的转化能力；另一方面也有可能是该地区通过对外贸易与引进外商投资，吸引了国外先进的机械设备或科学技术，同样的技术创新对经济发展潜力的培育均具有非常重要的作用。所以，在探讨技术创新对经济发展潜力影响的作用时，本书将技术创新等影响因素加以区分，分为源于地区自身的技术创新 IT 和来自引进国外技术的 OT，影响经济发展潜力 EP 开发的技术创新分为 IT 和 OT 组成的复合函数，用 $EP = f(IT, OT)$ 表示。图 4 – 3 为技术创新对经济发展潜力开发的作用机理关系图。曲面 $EPOITOT$ 为经济发展潜力曲面，分别由用于地区自身的技术创新 IT 和用于引进国外技术的 OT 所构成的复合函数 EP 确定。图 4 – 3 中 $otpit$ 为地区经济发展潜力产出水平线，其在 $OTOIT$ 面的投影为 $ot'p'it'$，在一定时期内，$ot'p'it'$ 的点在 OOT 和 OIT 轴上的投影构成自身的技术创新和引进国外技术的组合，即技术创新能力。

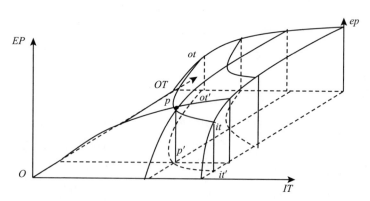

图 4 – 3　技术创新对经济发展潜力开发的作用机理

（2）产业结构形成与优化。地区产业结构潜力的形成和优化取决于地区的自然资源状况，即地区拥有某种资源决定了应开发利用该类资源为主来形成与优化产业结构。自然资源是农业与采矿业的直接劳动对象，因此，各种自然资源的分布情况直接决定着农业与采矿业的发展和产业布局。依据农业与矿业对地区经济发展潜力的影响程度，地区经济发展潜力可划分为资源型产业潜力区、资源加工型产业潜力区与加工型产业潜力区三种类型。其中，资源型产业潜力区是指地区拥有较好的自然资源状况，并且向外输出的直接是农产品，采掘工业产品或重化工业产品；加工型产业潜力区是指自然资源比较匮乏，主要从地区外输入经济发展需要的农产品或能源，通过不同程度的加工和再加工向地区外输出加工产品；介于两者之间的产业区为资源加工型产业潜力区。对外贸易通过产品的输入输出亦能促进产业结构的优化升级，产业结构的演进规律是按照"劳动密集型产业—资源密集型产业—资本与技术密集型产业"的顺序不断实现优化升级，地区通过参与经济贸易活动可以使国家明确本国的比较优势，并且围绕比较优势发展自身特色的产业，为战略性新兴产业的建立提供市场条件，通过对外贸易带来的国际竞争最大限度地保证产业结构演进的效率（邓宏兵，2008）。

第二节　区域创新促进地区经济发展
潜力开发的作用机理

一、区域创新促进经济发展潜力开发的总体框架

由第二章探讨的区域创新构成要素可知，区域创新体系具有创新主体、创新客体与创新载体三大要素，创新主体的协调合作、创新客体的优化配置以及创新载体的逐渐完善，有利于提升区域创新能力，从而影响地区经济发展潜力开发的因素，有利于加快开发与释放经济发展潜力。

如图 4-4 所示，区域创新系统中的创新主体（各级政府、企业、高校与科研机构、中介机构）以及它们之间的相互组合、协作是促进经济发展潜力开发核心的执行者；创新客体中的人力资源、金融机构等创新客体有利于促进科技成果转化，为经济发展潜力开发提供人力、财力等物质基础和条件；创新载体中的内外环境为促进经济发展潜力开发提供了环境保障。区域创新体系中创新主体、创新客体与创新载体三者的有机结合，协同发展将使区域创新促进经济发展潜力开发的效果大于三者之和，即形成了"1+1+1>3"的较好效果。

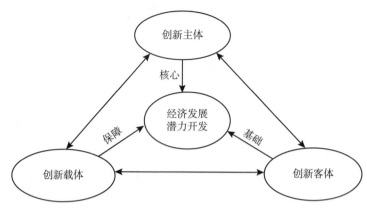

图 4-4   区域创新促进经济潜力开发框架

二、创新主体促进经济发展潜力开发的机理

我国大部分地区经济外向度发展程度较低，尚未完善的市场机制推动创新的效率不高导致企业创新能力较低，区域创新不仅可以提高大部分地区企业对先进技术消化、吸收、再创新的模仿创新能力，而且有利于逐步提高企业自主创新能力，其结果是地区能够跨越技术发展的若干阶段，不断生产出高附加值产品。因此，地区发挥特色资源优势开展区域创新活动，深入挖掘并释放经济发展潜力，实现地区经济跨越式发展。

依据第二章论述的区域创新运行网络，地区的各类企业、政府、大学与科研机构、中介机构等既是区域创新系统中的创新主体，也是开发并释放地区经济发展潜力的主要力量，可以说，区域创新是通过创新主体在创新客体和创新载体的共同作用下实施其创新功能，从而释放地区内源型经济发展潜力与外源型经济发展潜力。如图 4-5 所示，在创新主体促进地区经济潜力开发框架中，企业为经济发展潜力开发提供技术动力和保障；各级政府为经济发展潜力开发提供政策服务环境；高校与科研机构为经济发展潜力开发提供知识与技术支撑；中介服务机构为经济发展潜力开发提供科技成果转化渠道。

1. 企业为经济发展潜力开发提供技术动力与保障

企业通过技术创新促进产业结构不断升级，释放地区产业发展潜力。我国属于资源大国，绝大部分地区资源型产业主要来源于自然资源尤其是不可再生资源（如煤炭、石油等资源），其产品的科技含量和附加值不高，缺乏核心竞争力，导致地区产业发展潜力较弱。为此，企业通过选择适用技术或高新技术改造资源型产业，促使这些传统产业部门运用新技术、新

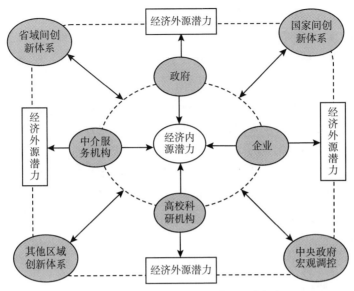

图 4 - 5　创新主体促进经济潜力开发框架

生产工艺提高产业技术水平，延长传统产业的生命周期，降低产品的生产成本，扩大生产规模，促使传统支柱产业获得核心竞争力，成为某些战略性新兴产业依托的重要条件之一。技术创新对产业结构升级是通过推动传统产业的改造、新兴产业的兴起和落后产业的淘汰等三个方面表现出来。产业结构正是通过技术的不断创新改造提升传统产业、培育壮大战略性新兴产业和淘汰使落后产业退出等方式实现优化和升级，从而不断调整经济结构。区域创新运行网络内各创新主体的协调发展，利于加快技术知识在企业内部以及在企业与大学、科研院所之间的良性互动，增强企业的自主学习和创新能力，在长期的"干中学"和"用中学"过程中加快形成企业核心竞争力，逐渐将地区竞争优势转化为地区的产业发展优势与经济发展优势，促进经济发展潜力有效开发。

2. 政府为经济发展潜力开发提供政策服务环境

（1）提供企业发展所需的创新环境，加快地区形成集群效应和创新氛围。政府依据地区经济发展程度以及创新载体的不同发挥不同的作用，政府在区域创新网络运行的作用主要表现在通过营造良好的创新环境，便于有效规范地方市场行为以及挖掘区域内部潜在的创新资源。政府应充分调动区域创新客体为劳动密集型企业提供其发展所需要的资源、市场与金融服务等条件。政府应加大基础设施研究投入，建设科研基础设施，加强知识产权保护，制定产业标准和商业规则，维护市场秩序，减轻企业家创新风险，从而为创新提供良好的外部环境。例如，深圳市既没有一流的大学，又没有云集的院士，但国内还有哪里创新活力比深圳强？深圳创新企业层出不穷，最重要的是有良好的创新生态和创新环境。根据"拉弗曲线"① 原理，实施减少税收政策为实体经济松绑减负，激发企业创新创业的积极性。产业集群强调区域创新环境和区域经济发展生产要素的重要作用，可以为地区经济发展提供一个明晰的思路。地方政府应根据区域的产业发展演化趋势和相应的经济发展要素条件，依托特色园区支持本地区的主导产业发展，引导产业合理布局，形成集群效应和创新氛围。

（2）积极推进地区创新体制机制，塑造经济潜力开发的动力源泉。创新载体较差的地区，政府部门在区域创新中具有较大作用，主要任务是通过制定相关的法律法规和政策，提供一个稳定合理的创新环境促进经济发展，并且通过宏观调控能力优化招商引资等投资环境，营建合理的创新投入体系，促使创新型企业逐步发展壮大，使企业真正成为研发投入的主体，加强创新与经济的密切联系。由于传统创新体制的约束，我国部分地区经济发展活力不足。因此，各级政府通过加大改革创新力度，积极推进体制和机制创新有效消除计划经济体制造成的阻碍经济发展潜力开发的不良影响，比如在非公有制经济中推行新制度，形成活力强、灵活性高、效益较好的创新型企业，然后在创新型企业的制度创新带动下，逐步影响其他公有制经济主体的制度变革，塑造促进经济发展内在的动力源泉，通过加快改革创新开发地区经济发展潜力。

3. 高校与科研机构为经济发展潜力开发提供知识与技术支撑

知识与技术在区域创新网络中的作用日益凸显，大学和科研机构作为科学技术的重要支撑，借助于文化教育和培训活动及科技成果转化等方式提供给创新企业新的知识和技术，促进知识、信息、技术在区域创新网络的扩散（王元地、朱兆琛、于晴，2007）。高校与科研机构主要作用是为经济发展潜力开发提供知识与技术支撑。一方面，提供经济发展潜力开发所需的知识与技术。高校与科研机构通过向社会提供新的科学理论等基础知识和应用技术，同时建立科技园或在产学研的创新网络中不断地将高新技术转化为现实生产力。另外，高校与科研机构的基础知识也有利于营建促进经济发展潜力开发的社会文化环境（邹再进，2006）。另一方面，高

---

① 拉弗曲线：是一条倒"U"形曲线，指政府的税收收入与税率之间的关系，当税率在一定的限度以下时，提高税率能增加政府税收收入，但超过这一限度时，再提高税率反而导致政府税收收入减少。

校与科研机构提供经济发展潜力开发的人才支持。人力资本是经济发展的第一要素，是区域知识与技术创新的直接执行者，只有各类人才的积极参与才能实现各种创新活动，区域创新促进经济发展潜力开发，具体地说，是在一定的条件下依靠各种创新创业型人才实施地区经济发展潜力开发。高校与科研机构通过教育与培训各类人才，尤其是地区企业技术创新所需的知识型和技术型复合型人才，从而为开发经济发展潜力提供人才保障。

4. 中介服务机构为经济发展潜力开发提供科技成果转化渠道

地区创新活动的另一主要参与者——中介服务机构，其重要作用是促进科学知识在创新主体与市场之间的流动与转移，促进企业间网络联系，扶植地区企业特别是中小企业构建分工协作的一条龙生产体系，是官产学研结合的纽带（盖文启，2002）。中介服务机构（如行业协会）通过收集资金、技术与管理等方面的相关信息，为地区企业提供专业化的创新服务，使企业在发展壮大过程中获得相关的技术研发、信息咨询、产品销售、投资机会等方面的综合性服务，帮助技术性企业尤其是高新技术中小型和小微企业获得市场投资机会，并且能够有效地降低中小企业投资风险，从而加快创新主体的科技成果转化率，促进地区经济发展潜力开发。

三、创新客体促进经济发展潜力开发的机理

（1）人力资源为经济潜力开发提供人才支撑。人力资源主要通过数量和质量两个方面影响地区经济发展潜力的开发。在科技发展水平一定的条件下，拥有一定数量的劳动力和较为丰富的人力资本是地区经济发展潜力开发的最基本要素。

从图 4 - 6 所示的人力资源对地区经济发展潜力的作用机理可见，具有良好文化素质的人力资源地区能够较容易地接受和利用新知识、新技术及技术创新和管理创新等方面的能力，进而提高本地区的劳动生产率，同时也转变本地区相对保守的思想观念，提高劳动者的思想觉悟和创新主体的创新意识，调动劳动者的各种潜能和充分发挥其创新能力，使其积极参与地区经济潜力的开发，营造良好的经济发展环境，进一步促进人力资源素质的提高。劳动者的学习和创新能力越强就越能适应不断发展的环境变化，从而促进地区经济发展潜力的开发。同时，经济潜力开发也为人力资源素质的提高搭建了开发平台（覃成林，2008）。

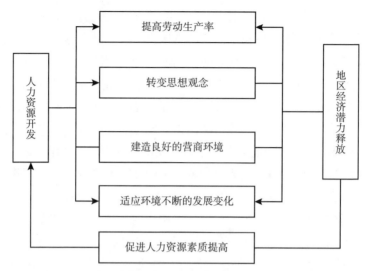

图4-6 人力资源开发对地区经济发展潜力的作用机理

（2）金融服务为经济潜力开发提供资金保障。随着知识经济时代的来临，虽然资本作为有形的生产要素呈现出削弱的趋势，但是对于大多数地区经济发展潜力开发而言，资本仍然处于重要的地位，并且大部分资金（除政府拨款外）主要还是金融机构提供。金融服务一方面是通过地区性信贷、资本市场和引进外资等手段实现，构建地区企业与高校等创新主体合作所需要的资源，扶持企业和大学之间的各种研发活动，加速地区新技术与新产品的生产；另一方面，加强地区基础设施的建设，合理支持地区性的优势产业发展，促进地区分工格局形成，进一步促进企业的专业化分工，进而提高企业的劳动生产率。同时，加强地区之间各领域的全面合作，吸引地区之外的企业集聚，以大项目带动产生集聚效应，保证地区各创新主体参与地区经济发展潜力开发的积极性和创造性，加快推动经济潜力转化为经济实力的进程。

四、创新载体促进经济发展潜力开发的机理

1. 内部创新载体促进经济潜力开发

（1）解决资源供给与环境污染问题，提高经济潜力开发的环境承载力水平。资源与环境承载能力指资源与环境系统通过自我维持、自我调节以满足人类生存和发展所能支撑的最大经济社会发展负荷和人口数量，具体表示为一个区域经济发展所消耗的物质资源以及排放的污染物必须限定在资源储量及环境容纳的阈限值以内（吕萍、陈欢欢，2017）。因此，我国地区应在一定的资源与环境承载能力的容许范围内开发经济发展潜力，保持资源永续利用和生态环境良好，不断提高人民的生活质量。内部创新载体一方面在扩大能源与资源供给的同时，也能改善生态环境状况，从而推动地区可持续发展；另一方面，内部创新载体可以通过提高资源的利用效率的方式增加资源供给的规模，培养民众加强环境保护意识，自觉参与到治理环境污染的潮流中来，使民众从繁重的体力劳动中解脱出来，有更多的休闲时间和学习时间，使生活质量更加丰富，从而提高整个社会的文明程度。所以说，区域创新载体的营建突显了经济效益、社会效益和生态效益，以及三者之间的协调发展，推动地区可持续发展水平的提高。

（2）培育创新型社会文化，激发劳动者的创新精神。盖文启（2002）认为，区域经济的发展依赖于区域环境的建设，尤其是区域创新的文化环境、制度环境等软环境已成为区域发展获得竞争优势的关键。社会文化作为一种隐含经验类知识，深刻影响着地区的创新活动，决定着创新能力的大小，进而影响着经济发展潜力开发程度。守旧的社会文化和不良的习惯将会限制社会创新和开拓精神，进而影响经济发展潜力释放。与此相反，良好的社会文化氛围有利于创新主体进行技术创新与制度创新。

如图4-7所示的社会文化对地区经济发展潜力的作用机理。地区先进文化通过社会主义核心价值观、企业家精神的培育与塑造为技术创新主体提供强大的精神动力，激发民众自觉的创新行动，从而形成社会企业创新的良好氛围和合力。政府的制度创新本质是人为降低生产的交易成本，通过减少个人收益与社会效益之间的差异，激励个人和组织从事生产经营活动，促进劳动、资本与技术等生产要素发挥其功能，提高生产效率和实

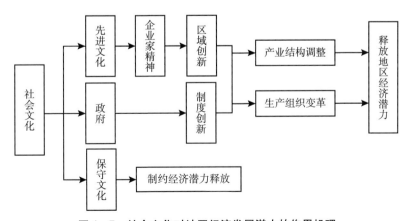

图4-7　社会文化对地区经济发展潜力的作用机理

现经济增长。区域创新体系中的企业技术创新与政府制度创新之间相互作用，促使技术创新突破地区不合理的制度制约，从而形成技术创新和制度创新的良性互动，两者共同作用，推动地区企业的生产组织变革，产业结构的优化升级（张梅，2008），进而加快地区经济潜力的开发。

2. 外部创新载体促进经济潜力开发

（1）加快转变思想观念，强化依靠市场的力量实现经济潜力开发。我国大部分地区经济潜力开发缓慢的重要根源在于计划经济体制影响根深蒂固，民众的思想观念相对保守，企业家精神缺失阻碍了企业的创新能力。因此，必须有效摒弃束缚先进生产力发展的陈腐观念，打破精神枷锁，实现"走出去"与"引进来"的发展思路，大力强化市场经济观念，强化在市场中求生存、谋发展、创效益的观念，强化依靠市场的力量实现资源优化配置，努力提高产品质量、企业效益和地区综合竞争力，积极拓展国内外要素市场，以便充分释放地区经济发展潜力。

（2）优化外贸进出口结构，形成经济增长的扩展机制。地区通过区域创新重新组合生产要素的方式实现降低企业生产产品的成本，在提高产品质量的同时加快开发新产品，塑造企业自主创新能力和核心竞争力，形成产品进出口贸易的比较优势，改善外贸进出口结构，促进地区经济发展潜力开发。在国际金融危机爆发之后，区域创新改善外贸进出口结构的作用机理形成了经济增长的扩展机制。

总之，区域创新主体为地区经济潜力的开发提供了新知识和技术源，创新客体提高劳动生产率及科技成果转化率，提升经济发展能力；创新载体为地区经济潜力的开发提供必要的创新氛围，促使经济发展潜力在良好的创新环境下不断开发。

第三节 区域创新促进地区经济发展潜力开发作用的实证分析

一、计量模型构建与面板数据模型

1. 计量模型构建

通过对地区经济发展潜力影响因素作用机理的定性分析，地区经济发展潜力内部与外部因素对经济发展潜力的影响随着我国东部、中部、东北、西部四个地区经济潜力的强弱程度而各有差异，本书还需要在定性分析的基础上进行定量研究，分别判断四个地区经济发展潜力主要影响因素的作用程度，验证四个地区经济潜力影响因素的差异性，为后续研究四个地区经济发展潜力开发的专用路径选择提供科学依据（吕萍，2013）。本书采用柯布—道格拉斯生产函数（李子奈，2006）：

$$Y_t = AK_t^{\alpha}L_t^{\beta}\varepsilon_t \tag{4-1}$$

式（4-1）中，Y_t——产出量；A——技术；K_t——资本；L_t——劳动力；α——资本产出弹性；β——劳动力产出弹性；ε_t——随机扰动项。

在不存在规模经济的前提下，$\alpha + \beta = 1$，为了讨论影响因素对经济发展潜力 EP_t 的作用，生产函数公式（4-1）变形为

$$EP_t = AK_t^{\alpha}L_t^{\beta}\varepsilon_t \tag{4-2}$$

式（4-2）中，EP_t——地区在某时期的经济总潜力，其他符号表示含义均与式（4-1）相同。为了探讨区域创新（RIS）对地方经济发展潜力的影响作用，生产函数（4-2）进一步变形为

$$EP_t = A_t K_t^{\alpha}L_t^{\beta}RIS_t^{\gamma}\varepsilon_t \tag{4-3}$$

式（4-3）中，EP_t——地区经济发展潜力；K——全社会固定资产投资；L_t——从业人员数；RIS_t——区域创新能力；γ——区域创新能力的产出弹性。

考虑不存在规模经济的前提下，$\alpha + \beta + \gamma = 1$。对式（4-3）左右取对数，则形成公式（4-4）：

$$\ln(EP_t) = \ln(A_t) + \alpha\ln(K_t) + \beta\ln(L_t) + \gamma\ln(RIS_t) + \varepsilon_t \tag{4-4}$$

2. 面板数据模型简介

面板数据（panel data）模型是指在时间序列上选取多个截面，并在多个截面上同时选取样本观测值所构成的样本，它可以构造和检验比以往单独使用横截面数据或时间序列数据更为真实的行为方程，已经成为计量经济学理论方法的重要发展之一（高铁梅，2009）。从理论上讲，一般线性面板数据模型可以表示为

$$y_{it} = \alpha_i + x_{it}\beta_i + u_{it}(i = 1, 2, \cdots, N, t = 1, 2, \cdots, T) \tag{4-5}$$

式（4-5）中，y_{it}——在横截面 i 在时间 t 上的取值；

α_i——模型的截距项或常数项，$x_{it} = (x_{1it}, x_{2it}, \cdots, x_{pit})$，表示 $1 \times k$ 阶解释变量；

$\beta_i = (b_{it}, b_{it}, \cdots, b_{it})'$，表示 $k \times 1$ 阶系数向量；

u_i——随机误差项，即 $E(u_{it}) = 0$；

N——面板数据模型中有 N 个体；

T——时间序列的最大长度。

公式（4-5）可变形如下常用三种情形，如表4-1所示。

表 4-1　　　　　　　　　　面板数据模型分类

模型名称	模型表达式	假设条件		备注
		个体影响	结构变化	
不变参数模型	$y_i = \alpha + x_{it}\beta + \mu_i$ ($i = 1, 2, \cdots, N$)	无	无	该模型可以简单地视为是横截面数据堆积的模型，参数利用普通最小二乘法估计参数。
固定影响模型	$y_i = \alpha_i + x_{it}\beta + \mu_i$ ($i = 1, 2, \cdots, N$)	存在	无	该模型解释变量的结构参数在不同截面上是相同的，截距项不同。
变系数模型	$y_i = \alpha_i + x_{it}\beta_i + \mu_i$ ($i = 1, 2, \cdots, N$)	存在	存在	在允许个体影响由变化的截距项来说明的同时还允许系数向量依个体成员的不同而改变，用以描述个体成员之间的结构改变。

二、区域创新影响经济发展潜力的比较分析

1. 面板数据模型分析过程

由于本书主要以区域创新为研究对象考察影响经济发展潜力开发的因素，假设公式（4-4）解释变量中的固定资产投资、从业人员数与区域创新能力对被解释变量经济发展潜力的影响程度与地区内部的个体无关，即对于每个个体成员方程的截距项和系数向量均相同，因此，本书采用面板数据模型中的不变参数模型进行分析，即在地区内部的每个成员方程表达式中，截距项和系数向量均相同。区域创新体系作为一个网络系统，其直接目的就是提高地区科技创新能力，加快地区经济的快速发展，区域创新是在创新主体的协调合作、借助于内外部创新载体的作用下，通过资本、人才、技术、知识和信息等创新客体共同实现的创新功能，因此，为了体现研究问题的实质性和计算的简便性，本书仅以区域创新能力指标表明创新主体、创新客体与创新载体三者对经济发展潜力开发的共同影响程度。以第三章获取的东部、中部、西部与东北四个地区各省（区、市）的经济

发展潜力大小作为不变系数模型的被解释变量，以全社会固定资产投资、从业人员数与区域创新能力作为解释变量运用 EViews 8.0 软件进行面板数据回归。其中，全社会固定资产投资与从业人员数两项指标数据主要来源于《中国统计年鉴》，由于在 2010 年以后的《中国统计年鉴》不对 31 个省（区、市）的此项指标进行统计，因此，本书仅以 2001～2010 年期间的数据进行分析，区域创新能力数据主要来源于比较有权威的中国科技发展战略研究小组主编的《中国区域创新能力报告》（2001～2010 年，历年）。区域解释变量系数估计值如表 4 - 2 所示。

表 4 - 2　四个地区经济发展潜力面板数据模型回归估计及检验结果

地方 项目	全国	东部	中部	西部	东北
C	5. 3978 ** （54. 4722）	5. 9336 ** （48. 1680）	6. 3597 ** （16. 5942）	6. 3265 ** （16. 5235）	5. 7790 ** （14. 3274）
LOG（K?）	0. 1718 ** （11. 7054）	0. 2121 ** （10. 8625）	0. 2183 ** （9. 6620）	0. 1642 ** （5. 4300）	0. 1874 ** （7. 4587）
LOG（L?）	- 0. 1720 ** （- 11. 7326）	- 0. 2478 ** （- 12. 8846）	- 0. 1467 ** （- 4. 3395）	- 0. 1127 ** （- 4. 0054）	0. 0959 （0. 9353）
LOG（RIS?）	0. 8049 ** （23. 2261）	0. 6898 ** （18. 2966）	0. 4391 ** （3. 2845）	0. 4470 ** （3. 1122）	0. 4281 ** （2. 9006）
观测值个数	310	100	60	120	30
横截面个数	31	10	6	12	3
Adjusted R^2	0. 8287	0. 9021	0. 7992	0. 4329	0. 7913
F - statistic	499. 2181	304. 9769	79. 2879	31. 2814	37. 6456
Prob（F - statistic）	0. 0000	0. 0000	0. 0000	0. 0000	0. 0000

说明：括号内为 t 统计量，* 表示 10% 的水平显著，** 表示 5% 的水平显著；? 代表 31 个省（区、市）。

2. 结果分析

通过面板数据模型可知，如表 4 - 2 所示，我国区域创新能力每增加 1 个百分点，可以促进经济发展潜力增长 0. 8049 个百分点；大于固定投资增长 1 个百分点促进经济潜力增长 0. 1718 个百分点，劳动力数量增加 1 个百分点，致使经济发展潜力减少 0. 1720 个百分点，上述指标均在 5% 的水平上显著,凸显出开发经济发展潜力不仅需要增加投资,减少劳动力数量的前提下提高劳动力质量,而且区域创新是经济发展潜力开发的重要手段,四个地区的固定资产投资、劳动力数量与区域创新能力对经济发展潜力的影响大小呈现出空间的差异性。

(1)投资对四个地区的经济发展潜力的增长均具有正面促进作用。针对四个地区而言,投资每增加 1 个百分点,中部经济发展潜力增加最大达到 0.2183 个百分点,西部经济发展潜力增加最小达到 0.1642 个百分点,东部与东北分别居于第二位和第三位,研究结果表明:东部地区凭借优越的区位条件、优惠的经济政策、良好的投资环境吸引了大量的国内外资金,中央对东部沿海地区财政性投资增加,也诱导内地资金集聚于东部,解决了经济发展中的资金瓶颈问题。与此相比,虽然西部大开发取得了较大的成效,但是由于西部地处偏僻,交通运输业的"瓶颈"效应与区位条件的封闭性相结合,导致地区投资环境欠佳;在国家扶持性投资有限的条件下,民间资本与地区外资金不能弥补经济发展所需资金的缺口,导致投资促进经济发展潜力增加较小。需要指出的是,基础设施投资允许多元化融资,拓宽投融资渠道,鼓励社会资本参与建设和运营管理,发行市政债券,形成以政府投入为引导、民营社会资本为主体、其他资金为补充的多元化融资格局。

(2)劳动力数量对四个地区的经济发展潜力的增长均具有负面制约作用。劳动力数量每增加 1 个百分点,经济发展潜力均呈现减少态势(除东北地区没有通过显著性检验外)。其中,东部地区劳动力数量每增加 1 个百分点,经济发展潜力将减少 0.2478 个百分点,劳动力数量充足有利于发展劳动密集型产业,然而东部地区自然资源相对缺乏,比较适宜发展资本密集型产业甚至于技术密集型产业,冗余的劳动力数量只能阻碍经济发展潜力的增加。这意味着地区若想培育并释放经济发展潜力,在适度增加人口数量的前提下,提高劳动者素质、增加劳动技能势在必行。同时,由于东北地区气候寒冷,居民消费支出成本相对较高,工资收入偏低,造成大量人才外流、经济发展缓慢这种恶性循环的局面。东北地区重工业企业较多,近年来效益下滑,由于企业转制,使资源型企业一些骨干力量被南方发达地区高薪聘用,形成了"孔雀东南飞"现象。据不完全统计,近 20 年,黑龙江省人才外流几十万人。黑龙江省每年通过升学考出的学生近万人左右,而回到本省的不足 1/3,同时本省高等院校每年毕业的博士生、硕士生与本科生大部分也选择了到省外就业。在职人员中,副高职以上的专业技术人员外流北上广深地区现象比较普遍，名牌院校的优秀毕业生又很难引进，严重影响地区的创新发展，制约了经济发展潜力的开发。

（3）区域创新是影响地区经济发展潜力的决定因素。区域创新对经济发展潜力的增长均具有重要的促进作用。区域创新能力每增加 1 个百分点，可以促进经济发展潜力开发的强弱程度分别为，东部地区（0.6898）＞西部地区（0.4470）＞中部地区（0.4391）＞东北地区（0.4281），研究结果表明：东部地区区域创新对经济发展潜力开发影响最大，西部地区次之，东北地区末位。由图 4－8 所示，2000～2014 年，我国四个地区（除东北地区外）的区域创新能力排位比较平稳，东部地区居于第一位，东北地区次之（2010 年之后，位居第三位），中部地区列居第三（2010 年之后，位居第二位），西部地区排在末位。地区创新能力最终表现在对经济增长的贡献上，反过来，经济发展水平也决定了有能力进行新一轮的地区创新。特别是，创新已成为十八届五中全会提出的"新发展理念"之首，各地区注重加大对科技的投入和充分利用各种科技资源，强调利用国内外的科技资源为本地区的经济发展服务。由于东部沿海地区拥有良好的创新环境，企业创新能力突出，主要表现为企业注重研发经费的投入，拥有丰富的优秀科研人员，重视技术转化能力，成为本地创新的较大驱动力，致使经济发展潜力较大。虽然西部地区区域创新能力较弱，但是区域创新能力对经济发展潜力的影响程度位居于我国四个地区的第二位，表明西部地区应该加大培育其创新能力，促进经济发展潜力的挖掘与释放。

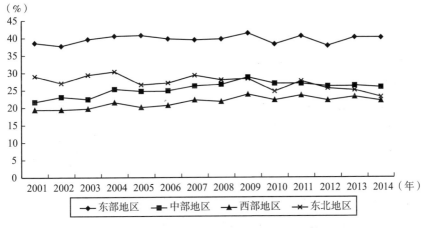

图 4－8　我国四个地区区域创新能力比较

资料来源：中国科技发展战略研究小组主编的《中国区域创新能力报告》（2001～2014年，历年）。

三、区域创新与地区经济发展潜力和经济实力的关系分析

在第三章地区经济发展潜力与经济实力关系分析的基础上，本章将探讨我国区域创新与经济发展潜力之间存在的对应关系，本章通过格兰杰检验判断三者之间的关系和关系程度大小，根据运用格兰杰因果检验条件，即仅有变量为平稳序列才能进行格兰杰因果检验，否则，将会产生伪回归现象，因此，本章首先对三者进行单位根检验以判断数据的平稳性（潘红宇，2006），单位根检验结果如表4-3所示。

表4-3   单位根检验表

变量	ADF 值	1% 临界值	5% 临界值	10% 临界值	有单位根的概率	结论
DEP	-4.3507	-4.4206	-3.2598	-2.7711	0.0110	平稳
$DGDP$	-4.0346	-4.5826	-3.3210	-2.8014	0.0198	平稳
$DRIS$	-9.5850	-4.2971	-3.21270	-2.7477	0.0000	平稳

说明：DEP、$DGDP$ 和 $DRIS$ 分别为三者的差分。

通过 ADF 检验，本研究可以认为三个时间序列是基本平稳的。本研究对三者进行两两的格兰杰因果关系检验，明确两者之间是否具有格兰杰因果关系，如表4-4所示。

表4-4   格兰杰因果关系检验

原假设 H0	F 统计量	相伴概率
DEP 不是引起 $DGDP$ 变化的原因	1.3619	0.2958
$DGDP$ 不是 DEP 引起变化的原因	1.5762	0.2648
DEP 不是引起 $DRIS$ 变化的原因	6.5841	0.0503
$DRIS$ 不是引起 DEP 变化的原因	2.6770	0.1627
$DRIS$ 不是引起 $DGDP$ 变化的原因	0.8090	0.4096
$DGDP$ 不是引起 $DRIS$ 变化的原因	7.5622	0.0403

通过表4-4的检验结果可见，经济发展潜力有 0.70 的可能性是影响经济发展实力提升的原因，与此相比，经济发展实力有 0.74 的可能性是挖掘与释放经济发展潜力的原因；经济发展潜力和区域创新能力也存在因果关系，经济发展潜力有 0.95 的概率是促进区域创新的原因，而区域创

新有 0.84 的概率是引起经济发展潜力变化的原因；同样，经济发展实力
与区域创新能力也存在因果关系，区域创新有 0.60 的可能性是促进经济
发展实力提高的原因，经济发展实力有 0.96 的可能性是引起区域创新能
力变动的原因，三者的格兰杰因果关系如图 4 - 9 所示。

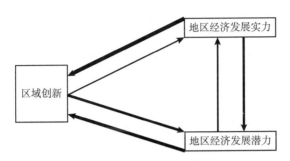

图 4 - 9　地区经济发展潜力与区域创新和经济实力的因果关系

说明：箭线的粗细表示两者互为原因的强弱；越粗表明对指向因素的原因越强，反之，越弱。

　　综上所述，一方面，经济发展潜力与经济发展实力均促进了区域创新
能力的提升，同时区域创新又对经济发展潜力开发具有较强的推动性；另
一方面，经济发展潜力中的内源型经济潜力与外源型经济潜力的变化是引
起经济发展实力变化的主要原因。本书可以得出结论，我国经济在要素驱
动与投资驱动转向创新驱动的新常态下，区域创新在地区经济发展潜力转
化为经济发展实力的过程中起到助推器的作用。

第四节　本　章　小　结

　　本章主要是进行区域创新促进地区经济发展潜力开发的理论研究与实
证分析。首先分析了影响经济发展潜力开发的内部因素与外部因素。其
次，深入研究了区域创新体系中的创新主体、创新客体与创新载体对地区
经济发展潜力开发的作用机理。最后，运用面板数据模型探究了区域创新
促进地区经济发展潜力开发的实证分析，构建地区经济发展潜力与区域创
新和经济发展实力三者之间的格兰杰因果检验。通过分析得出，经济发展
潜力是引起经济发展实力变化的主要原因，同时区域创新又对经济发展潜
力开发具有较强的推动作用，因此，区域创新在地区经济发展潜力转化为
经济发展实力的过程中具有较大的促进作用，为后续系统探讨区域创新促
进经济发展潜力开发路径选择奠定坚实基础。

第五章　国外地区经济发展潜力
开发路径比较与借鉴

　　研究我国地区经济发展潜力的开发需要借鉴国外地区经济发展潜力开发成功理论和经验，本书通过分析美国、意大利、日本等发达国家，印度与巴西等发展中国家开发地区经济发展潜力的成功经验，以及汲取深刻教训，为我国地区经济潜力开发提供借鉴启示，起到"他山之石，可以攻玉"的效果，从而加快释放四个地区经济发展潜力，促进区域实现协调发展。

第一节　发达国家地区经济发展潜力开发路径

　　一般来说，发达国家借助于政府相对雄厚的经济财力，实施了广泛的区域经济政策。其目标是开发欠发达地区的经济发展潜力，促进区域经济平衡发展。本书主要以美国、意大利与日本等典型发达国家的情形进行探讨。

一、美国经济潜力开发路径分析

　　（1）政府颁布和实施扶持地区经济潜力开发的各项法律。美国是一个人少地多的国家，农业规模的扩张是早期美国西部开发的基本方式，为了促进农业地区经济社会的快速发展，美国政府相继出台了一系列促进后进地区的重要法令，如表5-1所示，这些政策的颁布有力地保障了后进地区的援助重点与目标，保证了在西部经济发展中农牧业的重要地位，以及后进地区经济发展潜力有效开发。

表 5 - 1	美国开发后进地区的部分法令
时间（年）	法令
1933	《麻梭浅滩与田纳西流域开发法》
1961	《地区再开发法》
1962	《加速公共工程法》《人力训练与发展法》
1964	《经济机会均等法》
1965	《公共工程与经济开发法》《阿巴契亚地区开发法》
1972	《农村发展法》

资料来源：本书编写组：《他山之石：国外欠发达地区开发启示》，中国林业出版社 2000 年版。

（2）以高新技术产业基地为增长极，带动周边地区经济快速发展。在 19 世纪中叶以前，美国西部经济发展主要以农业为主，致使农业比重、就业结构以及收入水平占据较大份额。第二次世界大战以后，由于大量军事工业转为民用工业，宇航、新材料技术、原子能、微电子技术等高新技术产业在美国西部和南部地区快速发展，其中包括著名的佛罗里达"硅滩"、加州"硅谷"、亚特兰大的计算机工业等高技术工业科研生产基地，通过充分利用较好的人文环境，借助便捷的交通设施，推动了生物技术与光电通信等技术的较快发展，为西部和南部产业优化升级奠定了基础，并以此高新科技产业基地为增长极，带动了周边地区经济快速发展。

（3）加大教育投资力度，积极开发人力资源。美国政府为提高劳动者素质，积极向欠发达地区投入大量教育经费，主要用于职业技术培训计划，以及下岗失业人员的再就业工程培训等项目。其中，20 世纪 60 年代，西南部地区获得了联邦政府 45% 的教育资金；每年的教育资金尤其是高等教育投资比例较大，达到了州政府财政支出的 85%，为设立新的高新技术研究中心提供了保障（肖慈方，2003）。另外，政府通过发放各种补贴费用（如人员迁移以及住房等补贴）吸引大量优秀精英，有效地加快转移劳动力，并为其提供职业技能培训等条件。

（4）注重农业现代化与城镇化协调发展。美国城镇化发展与经济结构的变化具有高度的关联性，17 世纪后期至 18 世纪，城市经济活动主要依靠贸易，周围地区的经济活动主要是农业；1910 年，美国已用汽车引擎代替了蒸汽机和畜力，基本实现了农业现代化，提高了农业劳动生产率，从而保障了城镇发展所需要的粮食、加工原材料和大量剩余劳动力。农业劳动生产率的提高使农业人口迅速减少，由 1880 年的 49% 下降到 1910 年的

32.5%，有效地促进了城镇化的提高。至 20 世纪中期，服务业在城市经济的作用开始显现，到 2000 年，服务业就业人口已占总就业人口的 74.5%。同时，美国包括人口在内的生产要素在国内可以自由流动，为城市提供了多层次的劳动力，促进了美国的城市化，繁荣了城市的经济和文化。缩小城乡发展差距的主要途径：美国法律法规规定：高中毕业生只要综合成绩进入本校排名前 10%，各州境内的名牌大学必须录取，从而确保黑人等少数种族，特别是中低收入家庭的子女有机会享受优质的高等教育。各州在消费税向城郊和农村地区倾斜，在较为发达的州消费税为 9.25%，而在相对落后的内陆州，消费税率仅为 6%；通过法律手段，保证城乡服务均等化，通过适时立法监管，美国在制度设置方面为缩小城乡差别打下基础，如郊区和乡村的教育、医疗、保险、养老、通信等服务标准同城市完全一样。在城市住房方面，由于城市中心过于拥挤，美国政府长期以来一直实施有利于郊区发展的住宅政策。美国注重基础设施建设，全国铁路由 1870 年的 5.3 万英里增加到 1900 年近 20 万英里①，市内出现了地铁、高架铁路与有轨电车等，形成全国发达的运输网络，同时建立比较完整的电话系统，这些因素加强了城市间、城乡间的联系，推动了城镇化发展进程。

二、日本经济潜力开发路径分析

（1）建立较完善的法律制度促进欠发达地区经济潜力开发。日本在开发地区经济潜力过程中与美国有相似之处，即立法先行，颁布一系列比较规范和稳定的开发法规和计划，确保地区经济发展潜力的有效释放。从 20 世纪 50 年代起，日本先后颁布了一系列开发后进地区经济潜力的法律，比如《北海道开发法》《冲绳振兴开发特别措施法》《过疏地区振兴特别措施法》等法律，通过上述法律制度的建立与实施，为日本有效开发后进地区经济发展潜力奠定了制度基础。

（2）政府加大投资力度支持经济潜力开发。日本政府采取灵活多样的投资方式支持欠发达地区潜力开发。一是加大财政转移支付力度。日本通过建立大规模的转移支付制度用以扶持欠发达地区潜力开发，同时用转移支付占中央财政收入的比重表明政府对欠发达地区潜力开发的扶持力度。二是实施高投入政策。国家和地方按事业计划拨出专款，采取无偿扶持为

---

① 本书编写组：《他山之石：国外欠发达地区开发启示》，中国林业出版社 2000 年版。

主、辅以低息长期贷款方式，或设立欠发达地区发展基金，提供中长期低息贷款，并动员民间资本参与开发方式支持地区经济潜力释放。三是加大公共基础设施投资额度。日本财政投资和公共部门投资加大对欠发达地区的交通通信、科技文化等基础设施倾斜力度，改善招商引资环境，以便提升欠发达地区的内生发展动力和竞争力。比如，国家开发北海道的公共投资由 1951 年的仅有 70 亿日元到 1995 年高达 9450 亿日元，在 44 年期间中，公共投资上升了 135 倍（张舒，2002）。

（3）建立交通基础与信息通信设施系统。日本政府将基础设施的建设作为开发经济发展潜力的重要任务，高速公路不断向偏远且经济发展潜力强的地区延伸，并且加强与东京等大城市的经济联系，跨地区的干线道路和高速公路与城市间的干线和支线的道路建设分别由中央政府与地方政府承担。随着日本地区经济发展潜力开发对信息通信服务的需要日益增长，在 21 世纪初，日本政府出台并实施了《形成高度信息通信网络社会基本法》，保障了信息通信技术研究开发的有效性。

三、意大利经济潜力开发路径分析

（1）政府以立法形式确保财力支持南方欠发达地区开发。意大利政府通过加大资金投入吸引企业等经济主体到南方参与经济建设，先后出台一系列法律保障资金投入，比如，南方银行的创办基金来源于每年国民收入的 10%，并呈现逐年增加趋势，中央政府投资南方与购买南方产品也有相应的要求，其中对南方地区投资的金额必须达到投资总额的 40%，且购买南方产品或服务的金额不少于总采购总额 30%，尤其是 1985 年，政府在南方促进会成立后规定，到 1994 年共 9 年中拨款 120 万亿里拉用于南方开发建设。

（2）注重基础设施和公用设施建设。意大利的公路建设投资实行分级负责，即国家与地区政府出资分别修建相应的国家级高速公路与地区级公路。意大利政府认为，南方地区经济落后于北方地区的基本原因是拥有较差的自然环境，为此，政府在南方除土地改革的费用以外，其余投资主要用于基础设施建设，其中，在公路、铁道和旅游设施与水利工程方面的基础设施投资分别占总投资的 18%、14% 和 60% 以上。由于政府对搬迁住房建设提供 70% 的补贴，促使偏远山区的大量农民转移到相对集中的城镇，从而逐渐提高了公路、输电网络、供水工程等基础设施的利用率。到 20 世纪 50 年代初，现代化的交通和电网在各大城镇相继建成。同时，伴随水利设施建设的加快，农业灌溉面积已占到耕地面积的20%。此外，学校、医院等公用设施多数由国家投资修建，为地区经济发展潜力开发创造了基础条件。

（3）加强普及和职业教育，提高全民素质和劳动者生产技能。意大利国家法律规定：意大利公民应实行8年的必须教育或普及教育（如我国的小学和初中）。国家对就业前和职业教育做出相应的规定，例如，特伦托省规定：农村青少年和小农场主必须在相关的院校中通过3年的就业前职业教育，否则，各级政府将不提供相应的资助给该农户的任何生产经营；博尔扎诺省规定：任何经营水果种植的农场主和公司的管理人员，必须经过3年以上的相关职业培训等。

（4）地区经济潜力开发应以"保护生态环境，实行可持续发展"为基本前提。由于意大利非常重视山区的环境保护和综合治理，将灾害治理、环境保护和林业发展纳入各级财政优先予以保证，特别是营造生态防护林。促使山区及丘陵区的国有林、私有林保存良好，促进了生态旅游业发展较快。由于森林有利于防止水土流失和防治各种自然灾害，意大利立法明确规定：严格限制木材采伐和森林开发，通过从国外大量进口木材（约80%以上）以减少消耗国内森林资源；对按规定允许采伐的木材，仅征收2%~4%的税收，并将大部分木材销售的利润用于林业生产与环境保护，促使森林覆盖率保持较高水平。

第二节　发展中国家地区经济发展潜力开发路径

一、印度经济潜力开发路径分析

（1）重视对欠发达地区经济潜力开发的财政金融援助。印度政府主要通过财政委员会、计划委员会等中央政府各部门采取税收分成、赠款和贷款等方式为各邦建设提供资金援助。比如，印度政府在金融信贷方面主要采取的措施为：积极发展农村信贷。其中，一些化肥厂和水利工程建设费用仍依赖于外国的贷款；对粮食作物生产实行"作物保险"，制定了《自然灾害法》。

（2）成立援助地区潜力开发的专门机构。印度政府为了加快发展欠发达地区工业，建立了专门工作组，并提出政府应向欠发达地区提供运输补贴、税收优惠等财政金融支持工业发展的一些建议。1980 年，印度政府又成立了国家欠发达地区发展委员会，其主要任务是审查和鉴定欠发达地区发展的成效情况，并向各级政府提出了如下建议：一是中央和各邦政府应制定专门的欠发达地区发展规划，为支持此类地区发展，应给予地方计划与执行机构相应的配套资金；二是各邦应规范财政金融纪律，欠发达地区的项目基金应专款专用，不能挪作他用；三是政府应鼓励支持在某些地区中心（尤其是工业落后地区中心）配置工业，并成立工业发展的管理机构，提供相应的基础设施和公共服务；四是为了吸引人才参与到欠发达地区经济建设，政府应通过各种途径解决其后顾之忧，如帮助解决住房、子女求学等实际困难。

（3）科技发展成为经济发展潜力开发的战略选择。作为发展中国家，印度政府面对复杂多变的国内外发展环境，意识到实现经济起飞的关键力量主要是通过发展科技导向型经济，制定"科技立国"发展战略，为大规模发展高新技术产业提供了政策保障，印度国防工业的快速发展为科技企业提供了必要的技术力量，"硅谷"发展模式得到了政府与民间机构的大力支持，历经 15 年的快速发展，印度"硅谷"由最初的班加罗尔的软件开发与出口中心发展成为世界第二大软件业出口国。

二、巴西经济潜力开发路径分析

（1）加强人力资源培养与开发。开发欠发达地区经济潜力的重要环节是提高劳动者素质。巴西政府的教育开支重点向中等与高等教育倾斜，比如，巴西政府投资 7 亿美元成立了东北部教育基金，主要用于培养一批专职教师，购买了相应的教科书，从而降低欠发达地区的文盲率，启动"远距离教学计划"——通过电视卫星向偏远地区播放教学节目。巴西虽然教育重视普通教育，但是由于轻视中等职业技术教育，致使低收入阶段的子女接受高中等教育、职业技术教育的机会降低，无法帮助他们摆脱贫困。

（2）制定明确的地区援助目标。巴西依据各地区的实际发展条件，制定了分类的开发计划用于指导地区经济发展，比如，在西北部、中西部地区，农林等资源比较丰富，通过依靠合理开发与有效利用农业、林业等资源及其加工业加快发展，提高人民生活水平；与此相比，东北部提高低收入民众的收入水平主要是通过为其提供就业机会，并规范收入分配制度等途径。为支持开发内陆落后地区，巴西于 1964 年设立了地区性开发特别协调部，其中包括 4 个开发管理局，主要任务是对亚马孙地区和中西部 3

个落后地区的开发提供援助。比如，为加快北部亚马孙地区和中西部落后地区发展，1960 年，巴西政府将首都由经济繁荣的里约热内卢迁移至经济落后的巴西利亚，同时修建由巴西利亚通往落后的东北部和北部地区的公路；经过几十年的努力，巴西利亚已发展成为有近 200 万人口，10 个卫星城的政治文化和商业中心。通过上述分析可知，国家各地区的援助目标不仅有所侧重，而且都是综合性的，较少是单一目标，并且主要通过提供就业机会、增加居民收入水平、提高生活环境质量，促进经济增长等途径扶持受援助地区的快速发展。

（3）中央政府加大向欠发达地区的投资倾斜力度。尽管人力资本和技术创新在促进经济发展中具有重要的作用，但是物质资本仍然是经济开发重要的条件之一，因此，政府实施适当的"输血"政策对于欠发达地区经济潜力的开发，特别是在地区的潜力开发初期仍然不可或缺，比如，应大力投资支持交通、通信等基础设施建设。20 世纪 70 年代前期，巴西为开发落后地区加大了修筑公路的力度，相继建设了南北走向的巴西利亚—贝伦公路和康巴亚—桑塔伦公路，以及东西走向横贯全国的北部亚马孙公路（全长总计 5404 公里）等，巴西政府设立的"全国一体化"的基金（来源于全国所得税的 30%）（肖慈方，2003）。另外，巴西政府实行财政返还政策，主要做法是根据各州工资标准确定税收，然后按税收贡献的多少向各地返还相应的资金，保障了大城市有充足的资金投资于基础设施和社会公共事业建设，但是，一些中小城市的投资不足，同时也拉大了地区之间、城乡之间的发展差距。

（4）实行特殊的开发政策鼓励民间力量参与地区经济发展潜力开发。地区开发经济潜力仅靠政府的作用是有限的，还应注重调动地方各级组织的积极性。巴西实行特殊的开发政策用以鼓励社会各方投资开发落后地区。巴西玛瑙斯自由贸易区于 1967 年建立在北部地区，此区域实行如下政策：一是实行进出口自由贸易。规定进口一些商品可免除工业产品的进口税，此类商品包括消费商品、加工商品，发展农牧渔业所用的物资、工业和服务业设备以及为再出口而用做储备的物资等商品。二是为了吸引到本区投资建厂的国外企业，实行财政鼓励和免征各类税收的政策。到 20 世纪 80 年代中期，自由贸易区年产值达到 100 亿美元①，发展成为全国电气、电子手表、光学仪器、摩托车等工业中心，表明贸易区的政策实施收

到了较好的成效，政府为了加快开发亚马孙地区的经济发展潜力，又将玛瑙斯自由贸易区的优惠措施推广到整个亚马孙地区。

第三节　国外地区经济发展潜力开发教训

通过上述梳理发达国家与发展中国家开发地区经济发展潜力的成效可知，通过高度关注培育地区发展的内生动力和重视营造稳定发展的外部环境等途径开发地区经济发展潜力，并且通过长时间不懈的发展，缩小了地区间的差距，解决区域平衡发展的问题。但与此同时，也应清醒地认识到，国外地区经济发展潜力开发的教训也是深刻的。

一、单靠"输血"政策，忽视发展的"造血"潜力

一般而言，各级政府援助资金首先用于增强失业人员再就业的能力，避免产生社会的不稳定因素。意大利颁布了一系列法律保障南方开发的效果，规定中央政府对南方地区投资的金额必须达到投资总额的40%，且购买南方产品或服务的金额不少于总采购总额30%，南方借助这些投资建立几个大型重化工厂，其发展结果是，在短期内确实较快改变了南方的某些工业指标，但并未增加足够的就业机会用以缓解失业问题。同时，国家仅关注这些新建的工厂提供产品生产与销售等方面和优惠政策，忽视了对该地区中小企业与外来企业的发展支持，由于缺乏劳动力、资金和原料的支持，制约了中小企业与外来企业的快速发展，外来企业又因缺乏大批中小企业的产品配套，导致外业企业对地区开发的参与度不积极。产生此类问题表明，意大利仅依靠政府的"输血"政策，忽视自我发展"造血"能力，致使南方大型企业陷入困境，不但未能加快地区开发，而且成为国家财政的一个沉重包袱[①]。国外开发经济潜力的经验表明，单靠外援和优惠政策，忽视本地区自我发展的"造血"潜力，这样呈现出的繁荣是脆弱的、也是短暂不可持续的。

二、仅强调发展重工业，导致产业结构比较单一

地区经济发展潜力开发初期都有一个从初级产品向精深加工产品的转

---

① 本书编写组：《他山之石：国外欠发达地区开发启示》，中国林业出版社2000年版。

化与提高的过程。日本地区产业开发的经验表明，若要增加居民的就业机会、促进经济潜力转化经济实力的能力，地区应形成一个相对完整的地区产业链，仅有几个大企业（工厂）将会限制其经济发展潜力的开发。同时，苏联西伯利亚具有资源丰富的特点，拥有较大的经济发展潜力，一旦全面、有效地开发，本地的财富将会不断涌现出来，西伯利亚注重了产品的深加工，但"原字号"产品仍源源不断的生产出来，供应国内并出口。长期以来，西伯利亚仅强调发展重工业，且重工业中的采掘工业部门在整个经济结构中所占比例相当大，尤其是耗能、耗水量大的工业（包括电力燃料动力工业、冶炼业、化学工业和石化工业、森林采伐及木材加工业、其他采掘业）更为发达；忽视农业与轻工业发展，不可避免地会产生民众生活所需的粮食、肉类、蔬菜等食品以及日用品的严重短缺，同时阻碍了加工工业和基础设施建设的较快发展，导致与专业化生产部门的发展不相协调，造成工业布局不尽合理，技术也有待提高，国民经济比例失调，限制了经济发展潜力有序释放。

三、忽视市场"无形手"与政府"有形手"的共同作用

印度开发地区尤其是城镇化建设几乎完全由市场调节，政府的作用相当有限。由于印度农村贫困致使大量乡村人口迁移进入城镇，加上城乡人口自由流动导致大城市规模不断扩张，而中小城市发展比较缓慢。由于大部分进城的农民技能不高，仅能在城市非正规经济部门就业，但是基础设施与公共服务不能满足日愈增加的城市人口，导致城市出现了失业率增高、交通拥挤、住房短缺、环境恶化等一系列"城市病"问题，上述现象表明了印度城镇化发展仅依靠市场调节，不能通过有效发挥政府"有形手"的行政手段约束乡村人口不断地加速涌入城市，不能改善城市经济和社会环境（杜平，2001）。与此同时，政府"有形手"的行政干预也会失灵。20 世纪 30 ~ 80 年代，巴西工业发展迅速，城镇化得到了快速发展。巴西从落后的传统乡村社会过渡到先进的现代城市社会，进而逐渐摆脱了二元社会经济结构。由于土地是农民的"命根子"，无地或少地的农民将会影响社会稳定，巴西政府试图通过土地制度改革等政策安置无地和少地的农民，从而改善土地占有不均的状况。

20 世纪 50 年代初，政府提出限制大庄园占有土地的规模及将土地资料逐渐向小地产集中的政策；之后的 60 年代初，政府实行农村土地制度改革，宣布一律征收庄园的闲置土地，但军政府放弃地产分割的目标，加

剧了地权的集中。1985 年，巴西政府以有偿方式征收大地产阶级的土地，并以较低的价格分配给无地和少地的农民。通过政府"有形手"的行政干预，巴西约有 32.5 万农户在 1979～1993 年期间获得到土地（新玉言，2013）。土地改革取得了一定的成绩，但尚未从根本上改变巴西土地所有制结构。因此，政府必须以尊重市场规律为条件才能有效发挥行政干预，同时市场机制的建立必须以政府干预为先行条件，即，政府干预启动市场机制→市场机制的建立和发展又需借助于适当的政府干预→市场机制的完善更有效地发挥政府干预的作用→政府干预与市场机制有机地结合起来①，地区应保证市场在资源配置中作用的前提下，重视政府有形手的调控作用。从而不断优化开发过程，实现开发效果最优化目标。

四、粗放无序开发，忽视生态承载的能力

生态环境保护不仅是改善人居环境，提高人民生活质量的基础，更是经济实现可持续发展的关键，国外一部分地区开发经济发展潜力时，采取了一种"先开发、再保护"的破坏生态环境的开发模式。由于当时美国民众的环境保护意识薄弱，自然环境在西部大规模的开发过程中遭受了严重污染。田纳西河流域的田纳西和肯塔基地区居民主要是来自阿巴拉契亚山的移民，他们通过采伐木材、开垦耕种方式谋生，尤其是美国内战之后，森林资源遭到过度的采伐，导致流域地区内的水土流失严重，植被遭到毁灭性地破坏，同时不断出现的洪灾严重地侵蚀土壤，活山火频繁的活动降低了现存的灌木数量。20 世纪 30 年代初，由于人为灾害与自然灾害的时常发生影响了居民的生产经营与日常生活，致使田纳西河流域内 7 个州的居民人均收入还不足 1/2 的全国平均水平，大多数的家庭年收入不及 100 美元，特别是流域内高原各县半数以上家庭，在 30 年代经济危机过程中，不得不依靠政府和私人机构的救济生活，更有甚者是，一个县靠救济生活的家庭竟达全县家庭总数的 87%。由于美国西部开发早期的掠夺式开发造成的生态环境严重破坏，政府深刻吸取了教训，颁布一系列法律加强生态资源合理开发利用与保护。可见，脆弱的生态环境会严重影响地区开发。由于一些企业在开发巴西的亚马孙流域过程中，由于没有综合考虑，忽视经济发展与生态保护的协调发展，采取了仅追求短期效益的开发方式——将亚马孙森林开辟为面积庞大的畜牧场，最终导致企业的短期行为破坏了

---

① 本书编写组：《他山之石：国外欠发达地区开发启示》，中国林业出版社 2000 年版。

当地的森林资源和环境植被，水土流失严重，河流泛滥成灾等灾害，引发了严重的生态问题（韩正忠，2000）。另外，20 世纪 50 年代，苏联为了增加粮食产量，在哈萨克、乌拉尔和西伯利亚等地区通过破坏性采伐森林、草地共计 6000 万公顷土地，通过这种方式虽然收获了占全苏联 2/5 的粮食产量，但是自然环境却遭受了严重的破坏，1963 年，风暴席卷垦荒区，仅哈萨克斯坦的新开垦的土地受灾面积就达 2000 万公顷，占垦区总面积的 80%①。上述以破坏生态环境而获得经济不持续发展的教训，应引起我国地区开发经济发展潜力高度重视。

第四节　国外地区经济发展潜力开发路径对我国的启示

纵观各国经济发展潜力开发的经验与教训的经历，无论是发达国家还是发展中国家，尽管国家间的资源禀赋、历史文化、体制机制等有很大差异，但是，国外地区经济发展潜力开发的经验值得我国各地区的借鉴。

一、重视技术创新，推动产业结构优化升级

产业结构优化升级对经济发展潜力较大的地区具有重要影响，技术创新是促进产业结构调整的关键手段和中心环节。美国在西部大开发过程中，通过在西部发展军工企业以调整产业布局的方式来开发地区经济发展潜力。美国在第二次世界大战之后又积极将军事工业转化为民用工业，建成"硅谷""硅滩"等高新技术产业基地，通过大力发展高新技术促进产业升级来推动西部大开发。德国鲁尔区采取吸引高科技企业，以及引进新技术改造传统企业提供其竞争力的方式，实现产业结构优化升级，最终使鲁尔区由传统的工业中心转变为传统与现代相结合的多元化发展区域（赵爽，2015）。以色列加大农业研究与开发投入力度，采用高技术武装农业，积极开发荒漠农业技术，成功研发了自动播种机、喷滴和灌滴、自动调温暖房等先进技术（刘辉，2007）。通过不懈努力，以色列农业发展水平已位居世界先进行列。通过上述分析，我国开发地区经济潜力时应注重通过技术创新调整和优化产业结构，建立一批具有较强自主创新能力和竞争力的企业集团，带动和促进产业技术水平的提升；积极构建科技创新体系，

---

① 本书编写组：《他山之石：国外欠发达地区开发启示》，中国林业出版社 2000 年版。

通过各类创新主体，企业、高校、科研机构、政府等部门交流合作，引进所需的人才、资金、信息、技术等要素，从而打破单纯依赖地区自然资源的发展模式，提高企业发展的质量和效益。通过开展多种形式的经济技术交流与合作，充分发挥高新技术产业开发区的辐射带动作用。

二、采取重点开发，促进"潜力极"有效释放

诸多市场经济国家在开发潜力地区一般采取不是"全面开花"，而是选择"重点开发区"的方式，首先选取重点地区先开发，然后选择"次优地区"陆续开发。美国西部开发选择的重点地区是西雅图—波特兰及旧金山—洛杉矶地区；日本的开发重点是由西向东、向北逐渐进行；意大利重点开发的是罗马以南地区（中国林业出版社编辑部，2000）。我国为实现地区经济协调发展应选择一些经济发展潜力较强的地区，即"潜力极"进行扶持，在这些地区经济发展水平提高并成为地区经济发展的"增长极"之后，通过辐射及渗透作用扩散到其他地区，从而促进整个地区的经济发展。

我国为实现地区经济的协调发展，中央提出西部开发、东北振兴、中部崛起以及东部率先发展的地区发展战略，并且决定在资金、人才及技术等方面加大对欠发达地区或发达地区局部区域的政策倾斜力度。但是这种资金、人才和技术的投入不能采取"遍地开花"的方式，必须选择一些核心地区进行开发；换言之，选择一些经济发展潜力较强的地区，即"潜力极"进行扶持。

三、加大扶持力度，引导民间力量参与

政府应充分发挥政府动员和协调资源的能力开发落后地区。美国在西部大开发的过程中，通过政府的转移支付，以及实行不同地区分类别的税收制度增加落后地区的开发资金，东部和北部应缴纳给政府较高的税收，与此相比，南部和西部需缴纳较低的税收，并且多收纳的税金主要用于南部和西部的经济建设，比如：政府为了加快交通和铁路沿线的城镇发展，铁路公司在修建西部铁路等交通基础设施时将会获得贷款和土地授予等优惠政策。巴西政府规定企业可以免缴纳一部分税收，而且免除部分的税收必须用于落后地区的开发建设，其中，玛瑙斯自由贸易区的私人企业可以免缴税收十年（吕萍，2015）。开发经济潜力的援助主体一般是中央政府，加大财政转移支付力度，确定一个量化标准，发挥收入再分配的作用；但

仅靠中央政府的作用毕竟是有限的，应注重调动地方各级组织的积极性，并鼓励民间资本和外资参与。我国设立专项援助基金用于改善地区基础设施建设和人力资源等途径开发地区经济发展潜力，地区基础设施与产业项目建设不能完全依靠政府财政进行大规模建设。应设立产业转型升级基金。借鉴国外已有产业基金发展模式，建立产业转型升级基金，采取以国家出资、地方政府和企业按一定比例出资，其余由社会民间资本的筹资方式，专门用于对重大产业项目优先给予贷款贴息或贷款支持，用于扶持一批能够充分吸纳就业、资源综合利用和培育壮大产业项目的建设投资及贷款贴息。另外，加强金融信贷支持，鼓励动员社会各方面的力量共同参与开发和建设，大力推进投融资体制改革，允许多元化融资，拓宽投融资渠道，鼓励社会资本参与建设和运营管理，发行市政债券，形成以政府投入为引导、民营社会资本为主体，其他资金为补充的多元化融资格局。对供气、给排水、污水处理、垃圾处理等凡是有现金流的新建项目，采用PPP、BOT、ROT、股权合作等市场化模式运作；对有存量项目，要通过TOT、委托运营、股权出让、融资租赁等方式，积极引入民间资本，同时加快推进事业改企业和产权制度改革（吕萍，2015）。通过上述措施有助于缓解这些地区发展的瓶颈问题，促进经济潜力有效释放。

四、注重绿色发展，实现经济与生态共赢

以色列政府在保护生态环境的前提下发展地区经济，是实行生态可持续发展的典范。由于以色列国土面积的70%被沙漠侵占，以色列实施的一系列科学发展政策扶持落后地区的荒漠化问题。开发沙漠时注重生态环境保护，通过制定相关的自然资源保护、水资源控制等方面的法律法规，实行北水南调工程、废水再资源化、人工降雨采集等方式，达到科学管理与充分利用水资源的目的。作为资源型大国，我国在开发经济发展潜力过程中必须注重绿色发展，坚持把资源节约和环境保护作为重点任务。一是提高资源循环利用率，调整优化能源消费结构。坚持开发与节约并举，实施能源多元化战略。将能源密度低的初级加工产业向高产高效的高能源密度工业转换，改变"资源—产品—污染排放"的直线、单向流动传统的经济增长模式，建立循环经济的发展模式，提高资源利用效率。改善能源结构，降低不可再生能源（如煤炭、石油）的消耗量。二是加大节能减排力度。树立绿色发展理念，加强生态文明建设，完善节能减排评价考核机制和奖惩制度，加快建立节能减排市场机制。严格实施固定资产投资项目的

节能评估和审查制度，制定和分解淘汰落后产能的目标任务，对焦炭行业和小煤矿进行清理、整顿和改造，突出抓好工业、建筑、交通、公共机构等领域节能，坚持标准，严格准入，防止高耗能、高排放产业向中西部转移。三是推广使用清洁能源。加强应对气候变化能力建设，有关部门应以资源、环保、能耗和技术为重点，推进资源节约和综合利用，加大清洁生产推行力度，在一些重要领域开展清洁生产示范（吕萍，2016）。

五、培育文化理念，大力宣扬敬业精神

美国政府在西进运动过程中，通过各种渠道大力宣扬拓荒者的"西部牛仔精神"，激励美国人应以探索、建设西部为骄傲。巴西政府建立"开发落后地区宣传奖"（并设有相应的奖章和奖金）用以调动更多民众关注并投身于开发落后地区，此奖项的参加评选条件主要应反映开发落后地区的各种文学作品和科研论文（陈耀，2000）。我国应以改革创新精神和法治思维来破解转型发展中各种体制机制束缚，引导各级政府破除"等靠要"依赖思想，转变为"闯改创"积极意识，为加快转型提供优质服务。政府应通过新闻媒体、艺术作品展览等途径进行大力宣扬一种"以到欠发达地区创新创业为荣、以开发欠发达地区为荣"的价值理念，运用文化理念引导民众投身于建设落后地区且经济潜力较大的地区。依托政府公共行动逐渐培育生态文化理念，增强民众的生态素养和法制观念，把绿色GDP纳入政府官员的考核体系，实行政府相关责任人自然资源资产离任审计，积极开展生态文化传播教育，向公众传递生态、环保、健康、文明的信息与意识（吕萍，2015）。建设专门的教育基地，大力倡导生态文化、弘扬不怕困难、勇于拼搏、甘于奉献的井冈山精神、大庆精神、北大荒精神，激励民众积极投入经济发展潜力开发的潮流中。

六、扩大对外开放，促进国内外的交流与合作

在经济发展国际化程度不断提高的背景下，由于地区自身能够用于经济开发的各种资源是有限的，无论是资金、技术、人才等生产要素，还是管理经验和方法需要从地区外寻求更多的资源供给。一个地区实现经济发展潜力的有效开发必须借助国际与国内"两种资源"与"两种市场"，实施于"走出去"与"引进来"等对外开放战略。对于发展中国家的地区开发而言，除了应引进国内相对发达地区的生产要素以外，更要大力吸引国际的投资、人才与技术，并扩大对国际市场的开放。巴西政府通过在相

对闭塞的亚马孙地区建立巨大的内陆自由贸易区，有效地开发落后地区的经济潜力，为世界欠发达地区的开发起到了较好的示范作用。对外开放在我国地区经济潜力开发中具有突出的重要性。

一是建设经贸大通道加快促进国家之间合作提档升级，既能缩短运输时间，降低运输成本，又可以促进跨境物流业发展。二是推动沿线地区产业转型升级和承接外向型产业转移。坚持"出口抓加工""进口抓落地"，积极打造跨境产业链，建设境内外产业联动、上下游产业衔接的跨境产业投资合作基地。加强进出口产业园区建设，推动境内外加工园区按照产业分工、产品配套组织生产，将境外园区生产的初级工业产品或半成品进行深度加工，再把这些产品销往国内、国际市场，形成跨境产业配套体系、产业链分工合作体系。三是优化对外经贸布局，助推开发开放水平实现新跨越，构建开放型经济新体制，打造外向型经济发展新平台（吕萍，2014）。

综上所述，我国地区经济发展潜力的开发需要研究与借鉴国外地区经济发展潜力开发成功理论和经验，但绝不能完全照搬，我国必须结合各地区经济社会发展的实际情况，因地制宜，根据现实发展制定出能够促使经济发展潜力最大程度转化为经济发展实力的开发路径。

第五节　本 章 小 结

释放地区经济发展潜力不仅需"练好内功"，还应积极"借助外力"，其中包括借鉴国外在开发地区经济潜力的成功经验。本章梳理了国外发达地区（美国、意大利与日本）与欠发达地区（印度与巴西）经济发展潜力开发经验与教训可知，无论是发达国家还是发展中国家，都应在注重生态环境的前提下，高度重视地区经济潜力的开发，并且通过长时间不懈的发展，有效地缩小地区间的差距，促进了区域协调发展。同时应注意到，由于国家间的资源禀赋、历史文化、体制机制等有很大差异，我国必须结合各地区经济社会发展的实际情况制定出相应的开发路径，即在区域创新视角下，能够使地区经济发展潜力最大限度地转化为经济发展实力的开发路径，从而促进我国区域经济实现协调发展。

第六章 区域创新促进地区经济发展潜力开发路径的选择

经济发展潜力若长期得不到充分利用，则有可能会随着内部条件和外部环境的变化而弱化甚至丧失，因此，如何在明确地区经济发展潜力大小的前提下，加快开发经济发展潜力尤为重要。本书通过研读第五章的美国、日本、意大利等发达国家，以及印度与巴西等发展中国家开发地区经济发展潜力的成功经验可知，一个地区若想顺利开发经济发展潜力，一方面，需要充分利用与有效开发地区自身的"内功"；另一方面，还要创造机会积极借助于地区"外力"开发经济发展潜力。因此，本章主要以区域创新为突破口，根据经济发展潜力强弱与区域创新能力的大小，阐述区域创新促进经济发展潜力开发的通用路径与专用路径。同时，经济发展潜力的开发单靠其自身的资金投入与技术创新等手段达到经济潜力释放几乎是难以持久，其经济潜力开发的通用路径应注重由内生路径转变为内生路径与外生路径协同并重，依托自身优势资源，加快输出劳动力，形成专业化的地方竞争优势，融入地区经济一体化的分工网络。

第一节 地区经济发展潜力开发路径的总体框架

一、地区经济发展潜力开发通用路径的耗散结构分析

（1）地区必须树立对外开放的思想，确保开发经济发展潜力保持良好的开放性。开放是耗散结构形成与发展的基本条件，只有地区保持与其他地区进行交换物质和能量，不断消耗自身的正熵流或引进外界的负熵流，才能促进地区经济发展潜力的有效释放。由于任何地区的资源不可能完全满足自身的经济建设，同时生产提供的产品和服务也不可能完全在本地区

内消费,地区开发经济发展潜力需要加大对外开放的广度和深度,通过引进其他地区资源、先进的信息技术、优秀人才和管理经验,经过生产加工向外界输出产品或服务,减少系统的总熵(唐恢一,2004)。地区开发经济发展潜力应全方位、多层次的开展地区合作,充分利用国内外"两个市场"和"两种资源",合理配置、有效分配生产要素的流向。同时也应意识到,开放系统既可以从外界吸纳负熵流,提高系统结构的有序化程度;又可能从外界引入导致系统无序化的正熵流,对系统造成干扰和破坏作用,因此,并不是任何系统开放都必然能达到有序。我国大部分地区(中西部地区)吸引国外先进技术和管理经验进行经济建设,趋向于选择劳动密集型和资本密集型的技术促进经济发展潜力的释放;若认为引进的技术越先进越有利于经济发展潜力的开发,而不考虑地区发展的实际情况,盲目地引用和采用尖端技术,忽视科学技术对廉价劳动力的替代作用,以及对生态环境的破坏程度,其可能产生的结果是经济结构并未得到有效调整,而且具有资源禀赋优势的劳动力也未得到充分发挥,反而被大量排挤,致使地区失业人员增多、人民生活水平下降、生态环境污染严重,制约经济发展潜力的释放,导致地区经济发展走向无序。

(2)远离平衡性是系统优化的有序之源,经济发展潜力开发必须通过非平衡态达到动态平衡。平衡状态是指孤立系统(系统与外界无能量与物质交换)的一种静止、单一的混乱无序状态,而耗散结构是开放系统与外界环境进行物质、能量与信息交换而形成的一种动态稳定的有序结构,要达到这种稳定状态,必须消除系统的无序,使其处于非平衡状态(李士勇,2006)。地区经济发展潜力开发需要明确经济潜力强区即"潜力极",通过地区开展良性竞争优胜劣汰,有效释放经济发展潜力保持经济社会发展的有序状态。基于耗散结构论的观点考察,通过释放"潜力极"转化"增长极"的过程实质上就是地区经济系统跃迁到新经济系统所形成"耗散结构"的雏形,"潜力极"作为地区未来经济发展的主要集聚地,与周围环境形成了非平衡状态条件下的非线性作用关系,通过有效开发"潜力极"促使系统形成远离平衡的态势,达到以点带轴、以轴带面的经济发展潜力开发路径。

(3)地区构建区域创新系统,通过非线性机制开发经济发展潜力。系统各要素之间的相互作用既存在限制性增长的饱和效应,即负反馈,又存在促进增长的倍增效应,即正反馈,比如,地区开发经济发展潜力需要加大教育科研经费投入,从而促进劳动力素质与科研转化率的提高,进一步增加了地区经济发展潜力。一方面,地区创新主体中的企业、高校与科研机构通过创新能够产生一种高效变换的非线性机制，促使系统与外界环境进行物质、能量和信息交换的过程中，以较少的生产要素投入获得较大的经济效益。尽管技术创新是促进产业结构调整的关键路径，但是地区优化产业结构不能盲目被动地接受外来技术，必须重视在技术引进、消化、吸收的基础上实现再创新，加快培育自主创新能力，把握结构调整的方向与进程，形成良性的自我发展能力，否则，必将形成"技术引进→技术落后→技术再引进→技术再落后"的恶性循环怪圈，最终限制了地区经济发展潜力的释放。另一方面，系统各要素之间的相互作用有可能产生消极效应，使系统倒退到无序状态，地区若一味地仅关注开发经济发展潜力，不注重资源合理开发与生态环境的保护，必将最终限制地区经济发展潜力的释放。

（4）突出涨落导致的有序的思想，地区开发经济发展潜力应该通过涨落实现。涨落是指系统中某个变量和行为对宏观平均量产生的偏离，它使系统离开原来的状态或轨道，仅有当系统处于不稳定的临界状态时，涨落会引起系统从不稳定状态跨越到一个新的有序状态，涨落中的随机选择决定了系统的发展方向。中央政府对地区经济发展潜力随机选择过程起着重要的作用，决定了地区经济发展潜力有效释放成功与否的关键，中央政府提出的"西部大开发、新一轮东北老工业基地振兴、中部崛起、东部地区率先发展"等扶持政策，以及先后出台若干国家级区域发展规划，并且各级政府制定相关的配套政策通过"非线性"机制产生协同效应，能够将系统"微涨落"引发有利于耗散结构分支的"巨涨落"，从而促进地区经济发展潜力释放。综上所述，运用耗散结构理论开发地区经济发展潜力的途径如图6-1所示。

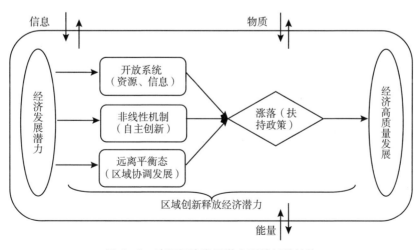

图6-1 地区经济发展潜力释放耗散结构

二、地区经济发展潜力开发通用路径与专用路径的关系

"通用路径"是指地区开发经济发展潜力所选取的开发路径,无论是经济潜力强区或弱区都比较适用,即所谓"通用路径"无处不在、无时不有;本书的"专用路径"主要是针对经济发展潜力强弱与区域创新大小而选择的特殊开发路径,具体表现为:每个地区都有自身的经济发展潜力与区域创新能力,在经济发展的不同过程和同一过程的不同阶段都呈现出各自的特殊性。通用路径与专用路径的辩证关系表现为经济发展潜力开发的普遍性和特殊性,即共性和个性、一般和个别、绝对和相对的关系,它们既有区别,又有联系,密不可分。

(1) 经济发展潜力开发的通用路径是专用路径的基础与保障。经济发展潜力开发的通用路径是指任何地区开发经济潜力所选取的开发路径,包括内源型经济潜力与外源型经济潜力的开发。一个地区只有在借鉴其他地区成功开发经济发展潜力通用路径,甚至吸取教训的基础上,才能根据自身的生产要素状况、各种资源的存贮量和环境的承载能力水平,以及与国内外的经济交流合作情况,量体裁衣地制定适合本地区的经济发展潜力开发的专用路径。否则,制定的专用路径只能是空中楼阁,没有科学性、针对性或可操作性。因此说,经济发展潜力开发的通用路径是专用路径的基础与保障。

(2) 经济发展潜力开发的专用路径是通用路径的补充与完善。本书的经济潜力开发的专用路径主要是针对各个地区经济发展潜力强弱与区域创新能力而选择的开发路径,如果一个地区为了开发经济发展潜力不假思索地依据自身经济发展的特点而盲目效仿其他地区通用的开发路径,那么该地区经济发展潜力不可能被充分合理的挖掘与释放出来,甚至会造成资源环境得不到合理开发与有效利用,导致经济不可持续发展。只有因地制宜地根据自身经济发展潜力的强弱与方向,以及区域创新能力的大小选择经济发展潜力开发的专用路径,才能保证经济发展潜力开发路径的通畅,经济发展潜力才能合理的充分开发与利用,因此说,经济发展潜力开发专用路径是通用路径的补充与完善。

(3) 经济发展潜力开发专用路径与通用路径的相互关系。如图 6 - 2 所示,一方面,倘若开发经济发展潜力仅采取效仿其他地区开发的通用路径,而不根据地区经济发展潜力的强弱以及区域创新能力的大小选择经济发展潜力开发的专用路径,其结果只能是经济发展潜力开发的路径过于泛化,缺少针对性,开发的效果不会太理想;另一方面,倘若开发地区经济

潜力仅采取专用路径，而不借鉴一些经济发展潜力开发效果较好地区的经验甚至于汲取深刻教训，其结果将会导致地区走诸多弯路，致使经济潜力开发的专用路径也会成为"无本之木，无源之水"。因此，地区经济发展潜力开发的通用路径与专用路径两者相互依赖、相辅相成，缺一不可。

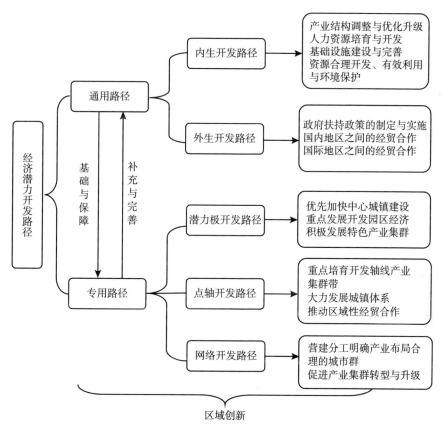

图6－2　地区经济发展潜力开发路径总框架

综上所述，地区若想有效开发自身的经济发展潜力，只有在借鉴其他地区经济潜力成功开发的通用路径基础上，因地制宜地根据自身经济发展潜力的强弱与方向，以及区域创新能力的大小选择经济发展潜力开发的专用路径，才能有效保证经济潜力开发路径的通畅，经济潜力才能合理的充分开发与利用。一般而言，对于具有较强经济潜力的地区，应充分挖掘其经济发展潜力；对于经济潜力较弱或经济潜力非常弱小的地区，应在保护环境中适度开发，使其更好地承担生态屏障的保护功能；对于欠发达地区的扶持应与我国中西部开发有机地结合起来，促进"输血式"扶贫转变为

"造血式"发展的内生动力。

第二节　地区经济发展潜力开发的通用路径

一、地区经济发展潜力开发的通用内生路径

2013 年以来，石油与煤炭等资源呈现"量价齐跌"的低迷态势，我国经济下行压力较大，尤其是以资源为主的地区，经济增长下行压力与产能过剩并存的现象亟须加快形成经济增长的内生动力。根据经济发展内源型经济潜力由生产要素潜力、基础保障水平、资源开发与利用—环境承载水平等内容构成，以及影响内源型经济潜力开发的自然资源、资本、人力资源和技术进步等诸多因素，在区域创新促进经济发展潜力开发机理的基础上，本书明确了经济发展潜力开发的通用内生路径，如图 6 – 3 所示。

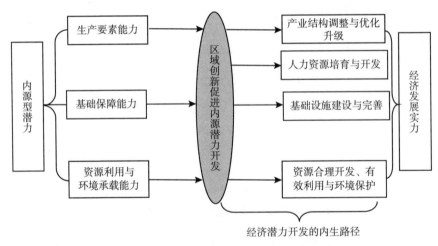

图 6 – 3　地区内源型经济潜力开发路径示意

（1）产业结构调整与优化升级。地区内部生产要素的供给和市场需求状况，以及外部环境的变化决定了产业结构调整与优化升级，发达国家经济发展的经验表明：创新是产业结构优化升级的主要原因。熊彼特认为，技术创新是导入一种新的生产函数，可以较大程度地提高潜在的产出水平，而产业结构升级的过程就是伴随着技术进步和生产社会化程度的提高，不断提高产业结构作为资源转换器的效能和效益的过程（王元地，朱

兆琛，于晴，2007）。

　　根据施振荣运用"微笑曲线"对现代加工制造业价值链形象的描述和概括表明，企业只有逐渐向经济附加值高的区域发展，才能取得较好的经营效益。所以说，企业处于经济附加值较低区域，通过不断开展创新活动向"微笑曲线"上游或下游逐步升级，才能提高产品附加值及扩大利润空间；产业结构只有在产业链上的不同位置和不同产业之间的调整，才能提升产业在国内外的竞争力。如图 6 - 4 "微笑曲线"所示，"嘴角"方向即价值链左右两端分别代表着研发、产品设计和品牌营销、物流管理、金融服务等产业，是高附加值和高盈利率部分，上下"嘴唇"即价值链中段代表的加工、组装、制造等产业，附加值和盈利率相对较低（于蕾，2006）。因此，在地区开发经济发展潜力进程中，产业结构调整应立足于提高区域创新能力，通过系统内各创新主体的互动，持续地产生激励创新的动力，形成连锁反应机制，加快创新扩散。一是用高新技术或先进适用技术改造和提升传统产业，加快产业结构调整，实现产业结构的合理化和高级化，逐步提升产业的国际竞争力。二是有选择性地发展高新技术产业和新能源、节能环保等战略性新兴产业，促进资源采掘加工业逐渐向上游的研发、产品设计或下游的金融服务与物流业等现代服务业方向拓展，推动产业结构优化升级，积极培育新的经济增长点，充分发挥竞争优势。三是发展"互联网 +"，催生新兴业态。利用"互联网 +"改变企业的生产方式、经营的商业模式、针对客户需求开展个性化服务，推动产业升级改造。积极推进与淘宝、京东等知名电子商务平台合作，鼓励商贸流通企业打造线上线下平台，实现商贸物流业提档升级，支持龙头企业建立电子商务平台（B2B、B2C），实施"买全国、卖向全国""买全球、卖向全球"的经营模式，例如小米手机便成为线上线下活动结合、多渠道营销相结合的成功案例。

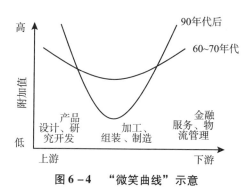

图 6 - 4　"微笑曲线"示意

（2）人力资源培育与开发。各国经济发展的实践证明：人力资源是第一生产力，一个国家（地区）的物质资本作用比较重要，在资本原始积累阶段，经过一段时期尤其是经济发展进入起飞阶段后，人力资本的作用则日益凸显，尤其对经济发展潜力开发提供了巨大作用的各种创新创业型人才。人力资源培育与开发是人们为了提高潜在和现实劳动者的行为能力所做的各种努力，既包括培训成年人的劳动能力，也包括对儿童和青少年的各种教育，人力资源开发的结果是扩大人力资本规模并提高其质量。我国应依据人力资源具有成本较低、素质不高以及地区间科技教育基础条件差异大等特点，强化人力资源的培育与开发力度。因此，地区应重点培养企业高级的管理型人才和创新创业型人才，及引进一批高层次专业化的技能型人才和农村实用型人才。围绕地区开发经济发展潜力的需要因地制宜地在培养现有优秀人才的基础上，着重引进地区实施经济建设、社会进步与环境改善的急需各类人才，制定促进各类人才创新的激励机制，尤其是制定高新技术人才的培养和引进政策（张建平，2009）。一是增加教育经费投入金额，加大人力资本投资力度。提高教育投资是培养优秀人才的基础，地区可以通过各种培训形式提高人力资本。二是营造良好的体制和环境引进国内外的人才和智力。制定吸引人才的优惠政策，设立海外高新技术人才创业基金，有效扶持其在国内从事高新技术研究及产业化提供必要资金。三是政府有关部门应严格监督执行相关的人力资源政策和措施，深化分配制度改革，完善人力资源开发的激励机制，真正发挥制度的效应。

（3）基础设施建设与完善。基础设施的建设与完善不仅影响地区招商引资环境的交通、能源、通信等生产性的基础设施的改善，而且涉及增强地区内部发展能力的科学教育、文化卫生等社会性的基础设施的建设。侯全和李思明（Hou & Li，2011）指出，基础设施改善决定了城市—区域发展的方向，便利的交通条件联系着工业化的发展空间格局。因此，一个地区能否为企业的发展创造较好的投资环境、能否为各类人才发展提供良好的人文环境，是地区经济发展潜力开发的核心内容之一。地方政府的财政支出大部分投向基础设施建设，通过改善人民群众的生活质量调动其开发经济发展潜力的积极性和创造力。我国基础设施投资水平存在区域性差异，致使城市综合承载能力呈现区域差距较大的现象。东部大部分地区经济实力较强，但自然资源不是很充足，因此应该"超前"① 发展高技术含量的基础设施，以便吸引区域外的资金和资源，更好地提高本地区的生活质量。就中部地区而言，由于经济实力比东部差，但资源条件较好，因而应实行"同步型"的基础设施发展模式，先集中力量大力发展生产性基础设施，以释放经济发展潜力，随后建设生活性基础设施，改善人们的生活条件。对于西部地区而言，虽然其自然资源丰富，但基础设施建设比较薄弱，经济实力也较弱，应充分利用中央政府的优惠政策，借鉴东部、中部经验，加大引资力度，努力实施基础设施的"随后—同步型"发展模式（董利民，2011）。因此，各地区应全面提升基础设施信息系统的发展水平，一方面，在继续扩大交通基础设施建设规模的同时积极发展、应用高新技术，保证交通运输快捷与安全，提高运输效率，加快智能交通的研究开发和推广应用，广泛吸收国内外先进的科学技术，采用先进适用的装备，全面提升基础设施建设和发展水平；另一方面，构建以中心城镇为核心的多种运输方式互相衔接、协调发展的交通运输综合体系，为地区之间生产要素的自由流动创造有利条件和开拓通道。

（4）资源合理开发有效利用与环境保护。地区经济发展潜力的开发首先应着力解决经济社会发展与环境保护、资源节约、生态建设的矛盾，促进经济与环境协调发展。积极有序淘汰落后产能，推进循环经济示范试点和示范项目建设，突出表现在资源合理开采等环节，推动资源高效和循环利用，提高"三废"处置合格率，缓解资源约束和环境压力。基于循环经济的理念不断进行"资源—产品—再生资源"的资源合理和持续利用，经济生产活动对自然环境的影响尽可能降低至最低程度。也就是说，经济发展潜力的开发应以最少的资源消耗和最小的环境污染为代价，获得较大的经济产出以及最小的废物排放，同时防止"先污染、后治理"或"边污染、边治理"的情形发生，采取源头预防、事中控制、事后集中治理，实现经济发展、社会进步与环境改善的协调发展格局（冯之浚，2004）。各地区应加大扶持建立"循环经济"示范园区或示范企业，引导龙头企业按照循环经济的生产路径开展生产流程，通过改造工艺技术提高产品质量，同时在"循环经济"示范园区内构建产业共生网络，促进园区集群产业链

---

① "超前型"发展模式特点是基础设施的发展超前于工业高速发展阶段到来之时；"同步型"发展模式是指基础设施的发展大致上与直接生产部门的发展同步；"随后—同步"型发展模式是指生产部门投资先行，基础设施投资随后紧跟，形成经济高速增长与基础设施迅速发展的亦步亦趋态势。

上、中、下游间的合理延伸,探索生态型的产业集群发展路径,加快经济发展潜力培育与开发。

二、地区经济发展潜力开发的通用外生路径

根据经济发展外源型潜力由对内开放潜力、政府扶持程度和对外开放潜力等内容构成,以及影响外源型经济发展潜力开发的区域经济政策、国内外地区之间的经济与贸易合作等诸多因素,在区域创新促进经济潜力开发机理的基础上,本书明确了经济发展潜力开发的通用外生路径,如图6-5所示。

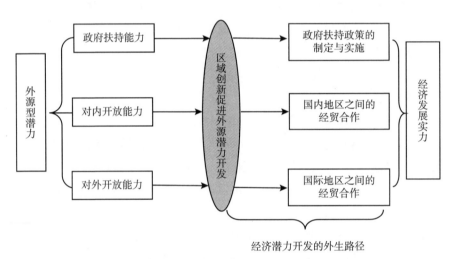

图 6-5　地区外源型经济潜力开发路径示意

(1)政府扶持政策制定与实施。政府是地区经济发展的主要调节者,其调节主要是通过制定各项经济社会发展所需要的政策来实现,特别是制定促进经济发展潜力开发的援助政策,并且区域援助应有一个相对稳定和连续的政策。政府在加大财政支持力度的同时,应该从产业政策、财政政策、金融政策、投资政策、人才政策、土地政策、就业政策、贸易政策等几大方面着手制定相关配套政策体系。比如,加大人力资源开发力度需要制定配套的人才培养、引进、借智相关优惠政策;促进传统产业与战略性新兴产业的发展需要制定配套的产业结构调整与优化升级相关政策,加快资源合理开发与利用需要制定配套的资源开发与利用相关政策;促进对外开放需要制定配套的对内与对外开放相关政策。其中,符合循环经济发展的地区进行生产经营活动开发经济发展潜力时,各级政府应给予相应的投

资补贴和优惠政策支持。需要注意的是，政府的相关政策和促进地区发展的各项措施应当有配套的法律法规作为保障，"授之以鱼，不如授之以渔"，否则，再多的援助政策也仅能起到"输血式"效果。各级政府应积极创建有利于经济发展潜力开发的政策环境，如投资营商环境，由发展型政策转化为服务型政府，为加快经济社会发展提供政策保障，地区在充分利用政府扶持政策的框架下加快经济发展潜力的开发。

（2）国内外地区间经贸交流与合作。本书的区域性经贸合作包括两方面内容，其一是国内地区之间的经贸合作；其二是地区与国外地区的经济贸易交流与合作。经济发展潜力开发路径应注重由内生开发转变为内外力量的协同并重。一是根据地区各种优势资源和生产要素，积极开展区域间经贸交流与合作，加快生产要素的自由流动，促进地区内资金、人才、技术等生产要素的优化配置，同时吸引区域外资金、先进技术和高级人才，形成区域的竞争优势，促进地区经济潜力的开发。对于与经济发达、劳动力成本高昂、资源贫乏省（区、市）之间的合作，应该发展劳动密集型产品的贸易；对于与资源丰富、但劳动力、技术缺乏省份之间的合作应该发挥劳动力资源丰富、中心城市技术人员密集的优势，在这些省份内部之间发展劳务和技术的合作；对于一些以重工业为主导产业的省份之间的合作，应该开展通过用劳动密集型产品交换资本密集型的重工业产品，以发挥自身劳动力丰富的"人口红利"优势等措施。二是实施"走出去"与"引进来"战略，改善投资环境以加大招商引资力度，同时鼓励外资投向高端制造业、高技术产业、现代服务业、现代农业、节能环保等领域，积极稳妥地扩大金融等服务领域的对外开放；稳定发展地区的进出口贸易，鼓励传统优势产品、高附加值产品出口，推动外贸出口快速增长。在引进国外先进科学技术与管理经验的基础上，地区应按照"引进、消化、模仿创新与自主创新"的有效途径，这一点对于地区开发经济发展潜力尤为重要。

第三节　地区经济发展潜力开发的专用路径

阿伯拉莫维茨（Abramovitz，1989）提出，只有后发地区与先发地区之间存在着较大的技术水平差距，并且后发地区具有较强的消化和吸收现代技术的社会能力条件下，后发地区才能将潜在经济优势转变为现实经济优势。社会能力与技术差距之间存在四种不同的组合：即，"技术差距大＋社会能力强""技术差距大＋社会能力弱""技术差距小＋社会能力强""技术差距小＋社会能力低"。按照上述的思路，本书认为：从理论而言，地区经济发展潜力与区域创新能力可以形成"四象限"开发路径组合，即："较高经济发展潜力＋较强区域创新能力""较弱经济发展潜力＋较弱区域创新能力""较高经济发展潜力＋较弱区域创新能力"以及"较弱经济发展潜力＋较强区域创新能力"，如图 6 - 6 所示的四个区域。

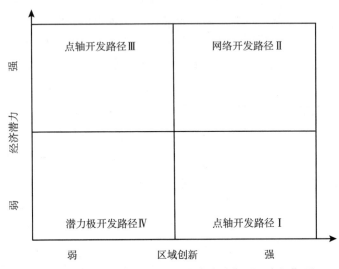

图 6 - 6　地区经济发展潜力开发专用路径"四象限"图

　　根据区域开发理论以及地区经济潜力与区域创新能力的四种匹配关系，本书可以采用"四象限"法明确地区经济发展潜力开发的专用路径。在第 II 象限内，即在经济潜力与区域创新能力的"双高"区域，由于地区具有较高的经济发展潜力，并且在较强的区域创新能力下，也就是经济发展潜力与区域创新能力匹配较好，地区宜采取经济发展潜力网络开发的专用路径；与此相对，在第 IV 象限内，即在地区经济潜力与区域创新能力的"双低"区域，由于拥有较弱的经济潜力，并且区域创新能力也较弱，宜采取潜力极开发的专用路径；与上述两个象限相比，在第 I 与第 III 象限内，地区经济潜力与区域创新能力匹配不一致，宜采取经济潜力点轴开发的专用路径。根据经济潜力开发专用路径的选择，本书将对专用路径进行具体化分析，如表 6 - 1 所示。

表 6 - 1　　　　　　　　　　地区经济发展潜力开发专用路径

	潜力极开发路径	点轴开发路径	网络开发路径
适用条件	经济发展潜力较弱 + 区域创新能力较弱	经济发展潜力较高 + 区域创新能力较弱、经济发展潜力较弱 + 区域创新能力较强	经济发展潜力较高 + 区域创新能力较强
专用路径	(1) 优先加快中心城镇建设 (2) 重点发展工业园区或开发园区经济 (3) 积极发展特色产业集群	(1) 重点培育开发轴线产业集群带 (2) 大力发展城镇体系 (3) 推动区域性经贸交流合作	(1) 营建分工明确产业布局合理的城市群 (2) 促进产业集群转型与升级

一、经济发展潜力弱区的潜力极开发路径

1. 适用区域

此区域主要是适合"较弱经济发展潜力 + 较弱区域创新能力"的组合，即在图 6 - 6 第Ⅳ象限内。一般而言，经济潜力弱区往往拥有广阔的地域与比较丰富的自然资源，但是地理区位条件较差、交通基础设施欠缺、信息技术基础薄弱，导致地区经济潜力开发程度较低。因此，在物质资本较为匮乏，并且基础设施又需要巨额社会资本投资的情况下，要促进这类地区的经济发展，关键是突出"潜力极"集中开发，对"潜力极"区域进行集中投资、集聚发展与重点建设。

2. 基本思路

经济潜力弱区的潜力开发不能采取"遍地开花"的方式，必须有重点地选择一些经济发展的核心地区，在经济发展潜力弱区中选择经济潜力相对较强的省（区、市）为"潜力极"，在区域创新能力相对较强的省份为"创新极"，其中"潜力极"既是地理空间上产业集聚的城镇，又是经济空间上具有创新能力的企业或者产业集群，与"增长极"的特性相似，"潜力极"对其周边有两个方面的影响。一方面是极化作用。"潜力极"以其较强的经济发展潜力和技术创新能力，将周边区域的自然资源与社会经济条件吸引过来。另一方面为扩散作用。"潜力极"在其自身及周围地区共同努力作用下形成聚集力，产业"洼地效应"，促进经济潜力的有效释放，这些"潜力极"的经济发展水平提高后，成为该地区发展的"增长极"，通过投资和经济技术等方面对周围地区给予支持，吸引剩余劳动

力，提供初级产品市场，通过辐射及渗透作用扩散到周围其他地区，促进整个地区的经济发展。换言之，经济潜力弱区的开发路径一般选择一些具有较强经济潜力的省（区、市）作为"潜力极"进行扶持，待这些地区经济发展水平提高后，"潜力极"成为经济发展的"增长极"，通过辐射及渗透作用扩散到其他地区，促进地区的整体经济发展。

3. 开发路径

对于经济发展潜力较弱，传统产业比重较大，自然资源比较丰富、科学技术条件较差的地区，应注重聚集效应发展的不平衡性，实施空间集中化的"潜力极"开发战略，强化经济中心的"极化"效应，抓住作为极核的主导产业和中心城镇，实施集中开发建设。选择符合地域情况、有市场优势的主导产业和经济发展潜力与区域创新能力相对较好的城市（镇），打造地区经济"潜力极"，优先发展中心城镇，重点发展园区经济，积极发展特色产业集群，充分发挥省份各级中心城市的带动作用，重点加强"潜力极"的极点开发。

（1）优先加快中心城市（镇）建设。中心城市（镇）是指在一定的地域范围内，拥有较强的集聚力、辐射力与综合服务能力，并且在吸引人力资源、完备的基础设施、招商引资方面具有一般城市的优势。任何地区均有一个或若干个中心城市在经济、社会、文化与科技等领域处于核心地位，并且具有较强的经济聚集能力，通过"极化效应"吸引周围地区的自然资源、资本与劳动力等生产要素；反过来，也以信息、产成品、技术政策等供给扩散到其周边地区，从而带动地区经济的整体发展（陈金祥，2010）。加强生产要素向中心城市的流动和聚集，通过区域创新调整与优化产业结构，不断地增加城市综合发展的功能，提高城市持续的集聚与辐射能力，同时有效引导生产功能向周围具有基础较好、区位条件较好，发展潜力较大的城镇集聚，开发区域经济的"次级潜力极"，加强小城市与大中城市之间的经济社会联系，使其成为大中城市产业转移的吸纳地。经济潜力弱区若想获得较快发展，必须重点开发不同等级的中心城市，通过培育发展若干个主导经济部门，逐渐壮大城市发展的规模与实力来提升中心城市的竞争力，进而加强城市辐射效应扩大与其他地区之间的经济与贸易联系，推动地区经济潜力开发。

（2）积极发展特色产业集群。产业集群是以主导产业为核心，为实现生产要素的有效集中和资源的优化配置，上下关联产业聚集在特定的地域范围内，形成有序竞争与积极合作的企业网络（李姗姗，2011）。园区经济的规划与建设为培育发展一批产业集群提供了较好的平台，因此，在经济发展潜力弱区应结合优势资源和区位条件，实现大项目带动与企业联合的有机结合，引导园区经济向产业集群方向发展，加快发展传统特色主导产业集群。同时，提高地区自身的创新能力，通过科技进步对集群内产业的工艺流程、产业功能和链条升级进行创新，实现从单向技术突破向集成创新的转变，从以模仿创新为主向以自主创新为主的方向转变，为产业集群发展注入活力，培育技术创新既是产业集群创新的关键点，更是产业集群可持续发展的原动力。

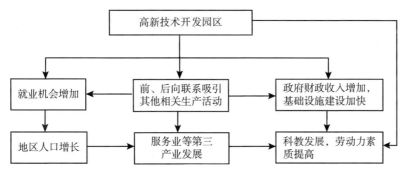

图 6 – 7　高新技术开发园区作为潜力极的示意

（3）重点发展园区经济。园区经济是一个国家或地区根据经济社会发展的要求，集聚大量相关企业、以产业链耦合为基础，吸纳人力与财力等生产要素集中投入、优化整合，使其形成功能布局合理、结构层次优化、产业特色鲜明的集聚区的发展路径，主要包括经济开发区、高新技术产业区、工业园区等区域（向世聪，2010）。如图 6 – 7 所示，高新技术开发园区通过区内外产业间的联系形成新的制造业生产，同时加快工业化发展，工业化的发展增加了就业岗位，促进了城镇化的快速发展，加快了地区生产性服务业与生活性服务业的发展；增加区内外的财政收入以加快基础设施建设。高新技术园区的发展将促使地区容易产生新兴产业和新的经济增长点，吸引区域外流动的资金、技术和优秀人才等生产要素，随着对外贸易与吸引 FDI 的增多，以及国际高新技术企业和科研机构的入驻，一些创新客体与创新载体较好、创新能力较强的高新技术开发园区成为经济潜力弱区开发的首选，通过创新国内外贸易利用方式和资金结构，加大园区建设工程技术研究中心和科技中介服务机构，加快发展高技术产业和高附加值产业，提高引进、消化吸收、再创新能力，鼓励有能力的园区建设具有循环经济特色的新型生态工业园区，充分发挥对区域发展的示范和带动作用。

二、经济发展潜力中等区的点轴开发路径

1. 适用区域

此区域主要适合于"较高经济发展潜力 + 较弱区域创新能力"以及"较弱经济发展潜力 + 较强区域创新能力"两种组合情况，即是图 6 – 5 第 I 与第 III 两个象限内。经济潜力点轴开发有多种方案，第一种方案是以经济发展潜力较强的省份作为"潜力极"，区域创新能力相对较强的省份作为"创新极"，第二种方案是经济发展潜力与区域创新能力均较强的省份既是"潜力极"又是"创新极"的双重身份。一般而言，经济发展潜力较强的省份不一定区域创新能力越强，需要培育"创新极"释放经济潜力，与此相比，区域创新能力较强的区域很有可能经济发展潜力较强；本书主要以第 III 象限为例研究经济潜力中等区的点轴开发路径。

2. 开发思路

经济潜力中等区的点轴系统中的"点"指的是各类区域的中心城市（镇），也是区域的集聚点，或是"潜力极"；点轴系统中的"轴"指的是连接各"潜力极"或是"创新极"的线状基础束，是一定方向上联结若干不同级别的中心城市（镇）形成的产业带。经济潜力中等区的点轴开发在重视"点"的创新作用的同时，又要强调"点"与"点"之间的"轴线"。发展轴线一般指具有较好线状基础设施、附近有较强的区域创新能力和"潜力极"经济地带的开发，轴线主要是指交通运输、能源主干线，以及区域创新轴线。一般情况下，地区应选择若干资源较好、经济潜力较大的重要交通、通信、能源主干线地带作为一级发展轴，并且在各发展轴上应确定重点发展的中心城市（镇），确定其经济发展的方向和功能；然后逐渐确定中心城市（镇）和发展轴的等级体系，集中力量重点开发较高等级的中心城市和发展轴，随着地区经济发展潜力的逐渐开发，开发重点逐步梯度转移扩散到二级或三级次等级发展轴和中心城市（镇）。

3. 开发路径

（1）重点培育开发轴线产业集群带。根据经济发展潜力点轴开发路径，在重点轴线上应积极培育产业集群带。由于一级发展轴线的特点是经济基础条件较好，基础设施齐全，创新能力较强，并且能够吸纳沿线地区的各种较好的生产要素，该发展轴是经济潜力核心的产业带区，重点选择

发展劳动密集型产业与资源密集型产业，甚至有选择地培育资本密集型产业与技术密集型产业，加快优化产业结构，促进轴线经济发展，在此基础上，发展轴线利用扩散效应向轴线两侧的经济带进行辐射，呈现出"轴状"经济带发展转向为网状经济带，加强产业带上城市之间的经济与贸易交流与合作，不断培育并开发经济发展潜力。次级发展轴上的经济基础水平相对较低，并且创新能力较弱，应该引导城市点状集中发挥资源优势，大力发展劳动密集型产业与资源密集型产业等优势产业，提高资源合理开发与综合利用，提高产业结构层次，促进次级点状经济"潜力极"逐渐发展转向一级"轴状"经济带。总之，在经济发展潜力中等区的各等级轴线上，依据轴线上拥有较好的资源状况、劳动力基础与公共交通基础设施条件等因素，重点发展地区的主导产业或产业群，利用地区"创新极"促进产业结构调整，同时培育新兴战略性产业，通过实施"以创新点促进潜力极""以潜力极带动创新点"的开发路径挖掘并释放经济发展潜力。

（2）大力发展城镇体系，推进城镇化建设。2008 年世界金融危机爆发以来，我国把城镇化作为扩大内需的最大潜力，城镇化是指以乡镇企业和小城镇为依托，实现农村人口由第一产业向第二、第三产业的转换过程，居住地由农村区域向城镇区域（主要为农村小城镇）迁移的空间聚集过程，表现在农民生活水平的提高、生活质量的改善和整体科技文化素质的增强（吕萍，2016）。由于发展轴线和产业带主要是依托于各级中心城市培育并发展壮大，确切地说，是重点培育开发轴线上的产业集群带，产业集群带是支撑城镇化质量提升的核心。该地区应主要集中精力重点发展较高等级的中心城镇，因此，在经济发展潜力中等区应选择资源条件较好，经济潜力较强的中心城镇，通过大城市或城市群适度扩张规模，在此基础上，以大城市为龙头，依靠集群扩张和产业辐射，培育发展次级中心城市和兼顾周边中心城市的发展，促进城市之间生产要素的自由流动，在地区"创新极"的作用下，逐渐推进城市群一体化发展的进程，加快经济发展潜力开发的速度。

（3）推动区域性经贸合作。"区域性经贸合作"有两层含义：其一是指经济发展潜力中等区内部的协调发展，其二是指以经济发展潜力中等区视为一个整体与其他地区之间进行合作与交流。随着经济发展的国际化，区域经济一体化进程的加快，积极推动市场开放和生产要素的流动，促进区域内资金、人才、技术等生产要素的优化配置，同时吸引区域外资金、先进技术和高级人才，促进地区经济潜力的开发。一般来说，经济欠发达地区通过发展轴增强与经济发达地区进行区域性经贸合作，有选择性地接受发达地区产业扩散和转移，加强对外开放的深度与广度，利用国际与国内"两个市场"和"两种资源"，优化资源配置，促进本地区出口加工型产业和对外贸易发展。

三、经济发展潜力强区的网络开发路径

1. 适用区域

此区域主要适合"较高经济发展潜力+较强区域创新能力"的组合，即是图 6-5 第 Ⅱ 象限内。经济潜力强区通常拥有完善的交通基础设施、较好地投资环境，并且高校与科研机构密集，致使科技资源雄厚、科技环境优越、企业有能力承担科技创新的主体。因此，此区域主要采用网络开发路径，此种路径是指经济潜力强区中"潜力极"之间、"创新极"之间以及"潜力极"与"创新极"之间纵横连接交织形成的点、线、面的统一体。注重"创新极"促进"潜力极"集中开发，经济潜力释放促进经济发展的同时，加快了创新的投入力度，区域创新能力不断增强，不断进行新一轮的地区经济潜力网络开发，形成了"经济潜力释放→经济发展实力提升→基础区域创新能力增强→新一轮经济潜力的培育与开发"的良性循环，也就是说，经济发展潜力较高的地区借助于较强的区域创新能力利于加快地区经济潜力的开发速度。

2. 开发思路

经济潜力强区与区域创新强区表明其具有"双高"的省份较多，能够形成空间的网络开发结构，开发思路主要明确"双高"省份内城市之间的分工协作关系，充分发挥各城市的优势，建立具有特色的产业结构；通过强化区域网络的负载能力和延伸已有"点轴"系统，以提高地区各"潜力极"与地区之间生产要素交流的广度与深度，促进地域经济一体化。通过开发网络外延，加强与区外其他经济网络的联系，或将地区的经济技术优势向四周扩散。

3. 开发路径

（1）营建分工明确、产业布局合理的城市群。经济发展潜力强区在网络开发基础上，使具有经济发展潜力与区域创新能力较强的相邻城市之间由比较发达的交通网、信息网与产业带相连形成既竞争又合作的城市群，众多的城市群构成了更大的城市经济发展网络，各个城市在有序的竞争中积极展开合作，合作性的竞争是城市群获得竞争优势的关键，在此网络中

充分利用分散的资源、人才、资金等生产要素组织成具有分工合作的协调发展系统。在此基础上，依据城市的资源优势及特色产业，形成分工明确与产业布局合理的城市群，促进城市之间产业内部科学合理的分工体系。鼓励和推动城市之间优势企业与配套企业建立互相联系的利益共同体，通过建设多极化、多层次的城市经济网络，大力推动网络内企业间的分工协作和支持性的上下游相关企业的发展，从而通过企业内部分工的外部化和社会化，降低企业的交通费用，促进经济发展潜力的开发。

（2）促进产业集群转型与升级。产业集群的培育与发展壮大，尤其是转型升级过程既是经济发展潜力强区阶段性成长的过程，也是经济发展潜力强区极化发展的持续动力（陈金祥，2010）。因此，经济发展潜力强区应充分利用优势特色，提高专业化协作水平，加强公共服务平台建设，增强自主创新能力，加快实施品牌战略，利用该区域创新能力强的特点发展基于循环经济的产业集聚，推进经济发展潜力强区产业集群的创新与升级；利用以企业为主体、政府引导、产学研紧密结合的区域创新体系，能够解决传统制造业集群创新能力较弱的问题，推广应用先进制造技术，加快高新技术改造传统产业步伐，加快传统集群由委托加工向自主设计加工、自主品牌生产转变，发展一批具有国际领先、同行业具有较强竞争力的创新型产业集群。大力发展生产性服务业，重点发展科技服务业、金融保险业、现代物流业与信息服务业等服务业，进而为集群企业生产提供优质服务，提高民众的生活水平。同时，鼓励集群企业加大对资源循环利用技术和清洁生产技术的研究开发与推广应用，发展节能减排、降耗的高新技术产业，加快发展新能源、新材料、生物、信息、节能环保与现代装备等战略性新兴产业。

第四节　地区经济发展潜力专用路径选择的聚类分析

为了进一步研究我国各地区开发经济发展潜力应选择的专用路径，本书根据各地区的经济发展潜力与区域创新的强弱分布，以及同一地区各省份两项指标的程度，对 31 个省（区、市）的经济发展潜力与区域创新进行聚类分析，明确各地区中不同省份经济发展潜力应选择的开发路径。

一、聚类分析简介

聚类分析（cluster analysis）是研究"物以类聚"的一种多元统计方

法。基本思路是根据一批样品的若干观测指标，寻找出一些能够度量样品或指标之间相似程度的统计量，将一些相似度较大的样品（或指标）聚合为一类，另一些彼此间相似度较大的样品（或指标）又聚合为另一类，依据关系密切程度可以聚合到大小分类单位的程度直到将所有样品（或指标）聚合完毕，形成一个由小到大的分类系统，可以用一张谱系图表示（何晓群，2005）。

聚类分析方法分系统聚类法、动态聚类法、模糊聚类法、有序聚类法等，其中，系统聚类法是比较常用的一种聚类分析方法，其聚类步骤流程图如6-8所示。依据聚类分析的思路，本书将我国31个省（区、市）的经济发展潜力与区域创新两项观测指标的强弱程度，将一些经济发展潜力与区域创新均较强的省份聚合为一类，将上述两项指标发展均较弱的省份聚合为另一类，直到将31个省（区、市）都聚合完毕。

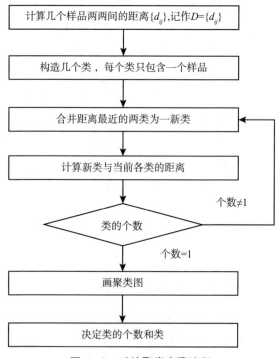

图6-8　系统聚类步骤流程

二、聚类分析结果

本书选择SPSS23.0软件采用平均欧氏距离定义样本间的距离，采用系统聚类法进行聚类分析，其我国各省份经济发展潜力与区域创新聚类谱系图，依据结果将 31 个省（区、市）的经济发展潜力与区域创新发展程度分为四类，如表 6 - 2 所示。

表 6 - 2　　我国各省（区、市）经济发展潜力与区域创新聚类结果

类别	个数	省份	适用的专用路径
第一类	2	江苏、广东	网络开发
第二类	4	北京、上海、浙江、山东	
第三类	12	天津、河北、内蒙古、辽宁、安徽、福建、河南、湖北、湖南、重庆、四川、陕西	点轴开发、潜力极开发
第四类	13	山西、吉林、黑龙江、江西、广西、海南、贵州、云南、西藏、甘肃、青海、宁夏、新疆	

1. 第一、二类地区应采取"优中选优"的原则，适宜选择网络开发路径

第一、二类地区表示经济发展潜力与区域创新均较强的"双高"地区，我国 6 个东部省份属于此类区域，其中，江苏与广东两省的经济发展潜力与区域创新两项指标分别位居前两位，尤其是江苏省区域创新能力至2008 年以来连续 8 年位居全国第一，2016 年科技进步贡献率达 61%。此类地区应采取"优中选优"的原则，适用选择网络开发路径。围绕北京、上海与广州等区域性中心城市的京津冀、长三角与珠三角等城市群的空间网络城镇体系，通过创新资源加快产业转型升级，在地区生态承载力的阈值内，积极吸引人才聚集，发展高端制造业和现代服务业，同时缓解交通和环境压力。

2. 第三、四类地区应采取"弱中选优"的原则，适宜选择潜力极开发和点轴开发路径

第三、四类地区表示经济发展潜力与区域创新发展（与第一、二类地区相比）相对较弱的地区，主要包括我国中部、东北、西部与部分东部省份（天津、河北、福建与海南四省市），此类地区应采取"弱中选优"的原则，适合选择潜力极开发和点轴开发路径，必须选择一些经济发展潜力相对较强的地区，即"潜力极"进行扶持，或者选择若干个"潜力极"形成轴带进行开发。

通过聚类分析可知，中部地区安徽、河南、湖南、湖北等省份的经济发展潜力与区域创新属于第三类地区，发展状况相对较好，且具有资源禀

赋优势、生态环境较好、区位优势相对较好，近年来劳动力出现回流现象，可以借助承接东部地区的产业转移的机遇，发展"点轴"开发或"潜力极"开发路径，就是中部地区加快崛起的"领头雁"。特别是，中部地区的安徽和江西两省的经济发展潜力开发可以借助与周边的江苏、浙江等东部省份相邻良好的区位条件，吸引东部发达省份的优秀人才、技术等生产要素流动到安徽和江西省份，必将激发并释放安徽和江西等省份较大的经济发展潜力。东北地区辽宁省属于第三类地区，经济发展潜力与区域创新相对发展较好。由于在 2003 ~ 2009 年期间，东北地区依靠资源开发短暂实现了经济的高增长，且在 2012 年以后经济增速大幅下滑，人口出现净流出现象，经济下行压力较大。此类地区应以辽宁省为潜力极，优先发展辽中南经济带，增强沈阳经济区的整体竞争力，根据国家主体功能区的战略布局，优化区域发展空间格局，辐射带动周边地区发展[①]。西部地区的陕西、重庆、四川和内蒙古等省（区、市）应充分利用后发优势，着力培育经济基础好、资源环境承载能力强、发展潜力大的重点经济区（安晓明，2015），此类地区应以潜力极开发和点轴开发路径，优先培育成渝地区、北部湾经济区等经济区，辐射带动周边地区发展，同时，对于经济发展潜力较弱的生态功能区，应限制其发展，使其更好地承担生态屏障功能。西部地区将不断完善交通、水利、能源基础设施建设，强化地质灾害防治，推进重点生态功能区建设，构筑国家生态安全屏障。同时借助"陆上丝绸之路"的建设，西北地区应向中亚、欧洲的陆路开放（任泽平，2015）。

第五节　本章小结

研究我国地区经济发展潜力的价值不仅在于测试经济潜力的大小，更为关键的问题是如何将经济发展潜力挖掘并释放为经济发展实力。因此，本章基于耗散结构理论探讨经济发展潜力开发的通用路径框架，并且对经济发展潜力开发通用路径的内生路径与外生路径进行了详细的阐述。在此基础上，根据地区经济发展潜力的强弱以及区域创新能力的大小提出专用路径的"四象限"法，即经济发展潜力弱区的"潜力极"开发路径、经

---

① 国务院办公厅：《国务院关于编制全国主体功能区规划的意见》，http：//www. gov. cn/zwgk/2007 – 07/31/content_702099. htm。

济发展潜力中等区的"点轴开发"路径、经济发展潜力强区的"网络开发"路径，依据经济发展潜力强弱与区域创新能力的聚类分析选择我国地区经济潜力开发的专用路径，其中，北京、上海与广州等区域性中心城市的京津冀、长三角与珠三角等城市群的空间网络城镇体系，应采取"优中选优"的原则，适用选择网络开发路径，其他地区应采取"弱中选优"的原则，适宜选择潜力极开发和点轴开发路径。并且指出，只有经济发展潜力开发的通用路径与专用路径形成有机结合，才能确保经济发展潜力的有效释放。

第七章 区域创新促进地区经济发展潜力开发路径的系统动力学优化分析

本章结合经济发展新常态，通过跨越传统分块的区域发展格局，特别是通过"互联网＋"对传统产业的优化升级，加快推进"一带一路"倡议和长江经济带发展，打通东部、中部、西部与东北区域连接的通道，加强区域内外交流与合作，加快区域协同创新促使地区经济发展潜力开发路径优化。构建经济发展潜力开发的系统动力学模型，为后续"十三五"时期的经济发展潜力开发路径优化提供依据。

第一节 地区经济发展潜力开发路径的系统动力学分析

一、系统动力学模型简介

系统动力学（system dynamics，SD）由麻省理工学院的福瑞斯特（Jay W. Forrester）教授于1956年创立，是将系统动力学和信息反馈控制理论结合起来，以现实生活中的实际情况为前提，运用计算机对系统之间、系统内部之间的信息反馈关系进行仿真分析。通过设置不同的系统结构和参数，进行多次模拟实验，寻找到系统的最优参数，为现实中的系统运行提供决策依据。

系统动力学模型主要包括系统结构流图和构造方程两部分内容，两者相辅相成，融为一体。其中，流图反映了变量之间的因果关系和反馈回路，表现实际系统结构的特征。作为 SD 模型中重要内容的反馈系统，可以表达系统内部的不同物质和要素之间的因果关系，并实现信息的共享、交流和互动（王其藩，1995）。根据反馈特点，反馈过程包括正、负反馈两种过程。正反馈过程对系统本身具有正向的加强（不同物质和信息之间的沟通和交流）作用；负反馈过程对系统具有负向的减弱作用，通过对目标的自行寻求实现纠偏。构造方程通过数学表达式可以定量的表示系统变量之间的关系，数学表达式可以采用图形关系、函数关系等多种形式表示，方程构造可以设置不同的参数，通过系统的模拟运行情况进行量化分析，并根据不同运行结果的比较分析以便寻求最优的方案（钟永光、贾晓菁、李旭等，2009）。

二、地区经济发展潜力开发路径优化与系统动力学的关系

系统动力学以反馈控制理论为基础，强调从整体考虑系统内部要素的关系，在对系统进行模拟动态仿真过程中，借助对参数和策略因素的不同设置，观测到不同仿真方案中地区经济发展潜力开发的动态行为和变化趋势，使决策者可以模拟各种情景并采取不同的应对措施。地区在经济发展潜力开发过程中，应在地区生态承载力的范围内，既应注重地区内源型经济发展潜力的开发，亦应重视外源型经济发展潜力的开发。本书运用系统动力学对经济发展潜力开发系统进行模拟，从系统论的观点来看，分析目的是通过区域创新系统对隐性的地区经济发展潜力转化为地区现实的经济发展实力的系统关系进行模拟，在一定范围内能够得到整个现实系统之间及其内部的关系，明确影响地区经济发展潜力开发的关键因素，为有效开发地区经济发展潜力提供依据。

三、系统动力学模型分析步骤

运用系统动力学原理构建地区经济发展潜力开发计算模型与模拟的主要步骤分为以下五个方面（刘晓丽，2013），如图7-1所示。

（1）系统分析。系统分析是构建系统动力学模型的基础，其主要任务是分析问题与剖析要因，通过调查收集系统的相关情况和统计数据，明确系统应解决的基本问题和主要问题；明确系统的边界，确定内生与外生变量、输入量，确定系统行为的参考模式等。

（2）系统的层次和反馈结构分析。系统结构分析主要任务是处理系统信息，分析系统总体与局部的反馈机制，分析构成因素的相互关系，在系统因果关系分析的基础上构建流图，建立状态变量、速率变量、辅助变量和常量方程。

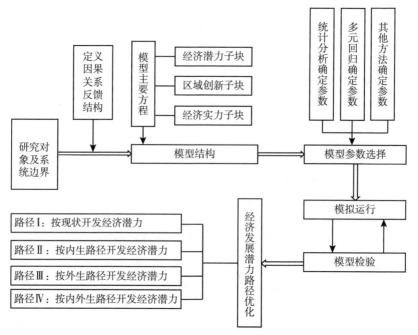

图7-1　地区经济发展潜力开发的系统动力学模型构建流程

（3）模型参数选择。在对模型进行系统动力学分析时，应对模型中的常数、表函数及状态变量方程的初始值赋值，模型参数的估计方法有通过调查获得的第一手资料、从多元回归分析等模型确定的参数值、或依据模型的参考行为特性估计的参数等。

（4）模型运行与模型检验。模型检验的目的是保证模型能够合理地描述真实世界的系统结构，并且判断建模中模型完成的任务是否实现。应对模型反复进行模拟调试，直到获得满意的仿真结果，同时也应不断地检验模型，一般来说，模型检验包括历史检验、模型运行检验、灵敏度分析等检验方法。

（5）模型模拟与政策分析。以系统动力学理论为指导，通过计算机仿真软件（Vensim软件）进行模型模拟和政策分析。深入剖析系统的问题，寻找解决问题的决策，根据既定研究目的设计不同的方案策略，从而提供制定战略与决策的依据。

第二节　地区经济发展潜力开发路径的
系统动力学模型构建

本书运用系统动力学模拟判断地区经济发展潜力开发路径优化的有效性，即在经济潜力开发路径选择的理论分析上，采用系统动力学方法对地区经济发展潜力开发路径的有效性进行仿真，通过系统动力学理论构建地区经济发展潜力开发路径的因果关系图和流图，确定经济潜力开发的主导回路。本书应用系统动力学方法的目的，一方面，主要是用于分析经济发展潜力、区域创新与经济发展实力三者之间的系统关系；另一方面，阐述经济发展潜力通过区域创新转化为经济实力的过程，为我国地区经济发展潜力开发路径的优化提供借鉴作用。

一、系统动力学模型子系统

本书基于系统动力学仿真我国地区经济发展潜力开发路径的目的是研究地区应选择哪些内生路径与外生路径，促使经济发展潜力通过区域创新最大限度地转化为经济发展实力，提高经济发展潜力开发的效率和能力，在经济发展潜力开发路径运行分析和评价的基础上，对其未来发展变化趋势做出预测。一般而言，系统动力学是研究基于系统内部诸多要素的关系，因此，在经济发展潜力开发路径的系统动力学仿真研究过程中，首先要确定系统的边界，地区经济潜力开发路径结构图如图7－2所示。

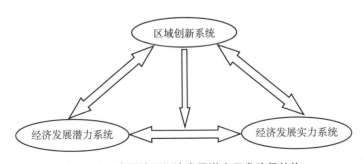

图7－2　我国地区经济发展潜力开发路径结构

（1）经济发展潜力子系统。经济发展潜力系统包括内源型经济潜力与外源型经济潜力两部分，相应经济发展潜力开发的通用路径包括内生路径与外生路径。创新是经济发展潜力培育与开发的主动力，因此，经济发展潜力的开发促使地区增加了创新需求的愿望，增强地区引进、消化、再创新或者是自主创新的意识，从而促进区域创新能力的提高。反过来，区域创新能力的提高又会进一步培育地区经济发展潜力，并加快经济潜力向经济发展实力转化的进程。

（2）区域创新子系统。区域创新系统是服务并提升区域经济的发展实力，其目的是带动地区科技发展促进经济健康持续发展；尤其是伴随"互联网＋"时代的来临，加快对传统产业的渗透与整合，利于形成新型业态，区域经济实力的发展又会为区域创新系统的建设和完善提供必要的信息基础设施、公共服务设施与资金等方面的条件，区域经济实力系统支持着区域创新系统的发展与演化。总之，区域创新通过技术形成产业化等方式用以增强区域经济发展实力的重要途径和过程，而区域经济发展实力增强是区域创新的主要目的和结果，区域创新是促进经济发展潜力转化为经济发展实力的桥梁与纽带。

（3）经济发展实力子系统。地区经济发展水平是地区经济发展潜力开发的重要影响因素，资金、劳动力、技术等生产要素与政府营造良好的投资环境等方面是任何一个地区经济发展潜力开发离不开的重要因素。地区发展水平越高，表明地区拥有较为充裕的资金、人才云集、拥有较高的信息技术，有利于提升区域创新能力，为开发经济潜力提供保障。毋庸置疑，地区经济发展水平越高，意味着经济发展潜力开发相对比较容易（吕萍，2013）。

二、经济发展潜力开发的因果关系反馈图分析

区域创新系统促进经济发展潜力的开发路径是由经济发展潜力子系统、区域创新子系统和经济发展实力子系统3个子系统构成。在系统整体结构分析的基础上，以经济发展潜力的开发路径及互动关系为主线，建立经济发展潜力开发路径的因果关系图，如图7－3所示，经济发展潜力子系统、区域创新子系统与经济发展实力子系统等三大子系统相互作用，形成多重反馈的因果关系结构。因果关系包含以下8个主要的反馈回路。

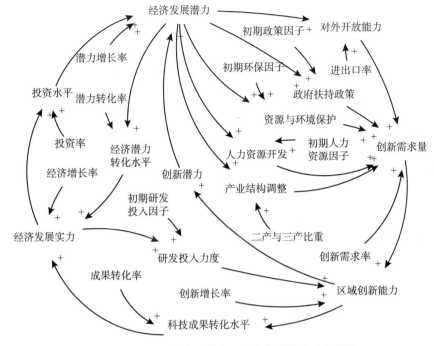

图7-3　地区经济发展潜力开发路径因果关系反馈图

（1）经济发展潜力→产业结构调整→创新需求→区域创新能力→科技成果转化水平→经济发展实力→投资水平→经济发展潜力。该反馈回路为正反馈回路，主要反映经济发展潜力通过产业结构调整的内生路径，在区域创新作用下转化为经济发展实力的互动关系，并且为培育经济发展潜力奠定基础。经济发展潜力开发需要加快产业结构优化升级，产业结构调整促进了区域创新能力尤其是企业创新能力的提高，科技成果转化水平提高将增加经济发展实力，经济发展水平的提高相应地增加了固定资产投资，尤其是加大了基础设施与公共服务的投资力度，意味着新一轮经济发展潜力增加。

（2）经济发展潜力→人力资源开发→创新需求→区域创新能力→科技成果转化水平→经济发展实力→投资水平→经济发展潜力。该反馈回路为正反馈回路，主要反映经济发展潜力通过人力资源开发的内生路径，在区域创新作用下转化为经济发展实力的互动关系，并且为培育经济发展潜力奠定基础。经济发展潜力开发需要加快人力资源培育、开发与充分利用，人力资源开发促进了区域创新能力尤其是高校与科研机构创新能力的提高，科技成果转化水平提高有利于加快技术形成产业化，将增加经济发展实力，经济发展水平的提高相应地增加了固定资产投资，特别是加大了民生方面的投资，意味着新一轮经济发展潜力增加。

（3）经济发展潜力→资源与环境保护→创新需求→区域创新能力→科技成果转化水平→经济发展实力→投资水平→经济发展潜力。该反馈回路为正反馈回路，主要反映经济发展潜力通过资源与环境开发与保护的内生路径，在区域创新作用下转化为经济发展实力的互动关系，并且为培育经济发展潜力奠定基础。在生态承载力一定的前提下，经济发展潜力开发路径需要加快资源开发利用与环境保护，资源开发与环境保护促进了区域创新能力尤其是各级政府创新能力（例如，简政放权、放管结合、优化服务环境等营造良好的创新环境）的提高，科技成果转化水平提高有利于加快技术形成产业化，将增加经济发展实力，经济发展水平的提高相应地增加了固定资产投资，意味着新一轮经济发展潜力增加。

（4）经济发展潜力→政府扶持政策→创新需求→区域创新能力→科技成果转化水平→经济发展实力→投资水平→经济发展潜力。该反馈回路为正反馈回路，主要反映经济发展潜力通过政府扶持政策的外生路径，在区域创新作用下转化为经济发展实力的互动关系，并且为培育经济发展潜力奠定基础。经济发展潜力开发需要政府制定并实施相关的扶持政策，政府扶持政策促进了区域创新能力尤其是各级政府创新环境的改善，科技成果转化水平提高将增加经济发展实力，经济发展水平的提高相应地增加了固定资产投资，意味着新一轮经济发展潜力增加。

（5）经济发展潜力→对外开放程度→创新需求→区域创新能力→科技成果转化水平→经济发展水平→投资水平→经济发展潜力。该反馈回路为正反馈回路，主要反映经济发展潜力通过对外开放的外生路径，在区域创新作用下转化为经济发展实力的互动关系，并且为培育经济发展潜力奠定基础。在国家"一带一路"倡议等发展规划背景下，经济发展潜力开发需要加快对外开放的广度与深度，通过对外开放引进国外先进的科技、资金与管理经验，促进了区域创新能力尤其是提高各级创新主体能力，科技成果转化水平提高有利于加快技术形成产业化，将增加经济发展实力，经济发展水平的提高相应地增加了固定资产投资，意味着新一轮经济发展潜力增加。

（6）经济发展潜力→产业结构调整→创新需求→区域创新能力→创新潜力→经济发展潜力。该反馈回路为正反馈回路，主要反映的是经济发展潜力与区域创新之间的互动关系，经济发展潜力开发需要加快调整优化产业结构，第一、第二、第三产业结构调整倒逼促进了区域创新能力尤其是企业创新能力的提高，意味着创新潜力的增加，进一步促进经济发展潜力的增加。

（7）区域创新能力→科技成果转化水平→经济发展实力→研发投入力度→区域创新能力。该反馈回路为正反馈回路，主要反映的是经济发展实力与区域创新之间的互动关系，经济发展实力强意味着研发投入增加，改善科研发展环境，提高了技术进步水平，促进区域创新能力增加，进一步加快了科技成果的转化能力，从而促进经济发展实力增强。

（8）经济发展潜力→潜力转化水平→经济发展实力→投资水平→经济发展潜力。该反馈回路为正反馈回路，主要反映的是经济发展潜力与经济发展实力之间的互动关系，在一定条件下（本书主要指区域创新），经济发展潜力通过开发转化为经济发展实力，经济发展水平的提高相应地增加了固定资产投资，尤其是加大了基础设施与公共服务等民生方面的投资力度，意味着新一轮经济发展潜力增加。

三、经济发展潜力开发系统流图分析

地区经济发展潜力开发的因果关系图仅描述了经济发展潜力、区域创新与经济发展实力等子系统发生变化的成因，并不能明确反馈回路中各变量发生变化的机制。由于流图既能清楚地反映系统要素之间的逻辑关系，又能明确系统中各种变量的性质，刻画系统的反馈与控制过程。为此，本书根据经济发展潜力开发的因果关系图，以及因果图转化为流图的步骤，建立地区经济发展潜力开发路径系统动力学的流图，如图 7 - 4 所示，包括：经济发展潜力、经济发展实力与区域创新 3 个状态变量；经济潜力增加、经济潜力减少、GDP 增长量与创新增长量 4 个速率变量；产业结构调整、人力资源开发等 10 个相关辅助变量，以及二产与三产比重、人力资源因子等 10 个相关常量。

四、系统动力学模型中变量说明

地区经济发展潜力开发路径的系统模型将地区经济发展潜力、经济发展实力与区域创新确定为系统动力学边界，模型的时间边界定为 2013 年至"十三五"的收官之年（2020 年），本模型运用 Vensim 软件进行模拟仿真。在模型仿真之前，首先应对图 7 - 4 系统流图中所有的常数、状态变量方面的初始值进行赋值，在此基础上，计算出速率与辅助变量的初始

值。地区经济发展潜力开发系统中的二产与三产比重、进出口增长率与投资率由相应的统计年鉴获得，有些参数数值获取较难，考虑到参数选取应结合仿真模型进行，其选取主要是通过实验法模拟来确定，在参数的变化区间内对其进行大致调试，当模型结果无显著变化时确定其参数值，其中，二产与三产比重、环保因子、进出口增长率、人力资源因子、创新需求率、研发投入因子、科技成果转化率、潜力转化率和投资率等作为常量，仅是为了简化研究实际问题的需要而设定。另外，系统模型中以地区经济发展背景为依据，结合经济发展潜力开发的文献资料及模型的运行特点，决定经济发展潜力转化率、科技成果转化率取值为表函数，并且运用Vensim 软件使用线性内插法获得。

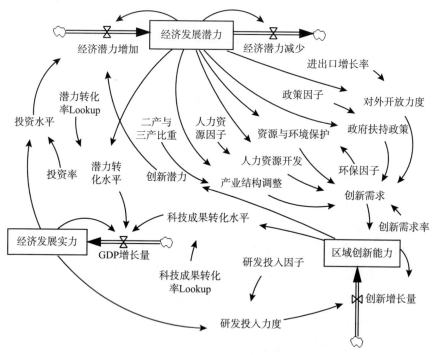

图 7-4　地区经济发展潜力开发路径系统动力学流图

系统动力学方程的建立：方程式是在流图的基础上对系统要素之间的关系定量描述的一组数据关系式，包括水平方程、速率方程、辅助方程、常量方程和初值方程等五种方程。本书在分析地区经济发展潜力系统结构以及子系统变量之间的相互关系，根据经济发展潜力开发路径的系统结构流图，借鉴已有的研究成果和相关统计资料基础上，构建了地区经济发潜力开发的系统动力学方程，本模型所涉及的各变量名称及方程如下：

（1）经济发展潜力 = INTEG（经济潜力增加 – 经济潜力减少，15000）

（2）产业结构调整 = 经济发展潜力 × 二产与三产比重

（3）创新潜力 = 区域创新能力 × 0.4

（4）创新需求 =（产业结构调整 + 对外开放力度 + 人力资源开发 + 资源与环境保护 + 政府扶持政策）× 需求率

（5）创新增长量 = 区域创新能力 × 0.6 + 研发投入力度 × 0.4

（6）对外开放力度 = 经济发展潜力 × 进出口增长率

（7）二产与三产比重 = 0.7

（8）环保因子 = 0.05

（9）进出口增长率 = 0.3

（10）经济发展实力 = INTEG（经济发展实力 + GDP 增长量，20000）

（11）经济潜力减少 = 经济发展潜力 × 0.6

（12）经济潜力增加 =（创新潜力 + 投资水平）× 0.6 + 经济发展潜力 × 0.4

（13）科技成果转化水平 = 科技转化率 LOOKUP（区域创新能力）

（14）科技成果转化率 = WITH LOOKUP（科技成果转化水平，

｛［（0.1，0）–（1，1）］，（0.12，0.08），（0.22，0.15），（0.39，0.3），（0.45，0.36），（0.55，0.45），（0.61，0.54），（0.70，0.62），（0.75，0.65），（0.86，0.7），（0.91，0.7），（0.99，0.7）｝

（15）区域创新能力 = INTEG（区域创新能力 + 创新增长量 – 创新需求，20000）

（16）创新需求率 = 0.4

（17）人力资源开发 = 经济发展潜力 × 人力资源因子

（18）人力资源因子 = 0.3

（19）FINAL TIME = 2016

（20）GDP 增长量 = 经济发展实力 × 0.5 + 科技成果转化水平 × 0.2 + 潜力转化水平 × 0.3

（21）潜力转化水平 = 潜力转化率 LOOKUP（经济发展潜力）

（22）潜力转化率 = WITH LOOKUP（潜力转化水平，

｛［（0，0）–（1，1）］，（0.05，0.09），（0.12，0.19），（0.25，0.27），（0.36，0.32），（0.47，0.41），（0.64，0.54），（0.68，0.60），（0.74，0.68），（0.82，0.73），（0.85，0.74），（0.91，0.75），（0.99，

0. 75）}

　（23）投资率 = 0.3

　（24）投资水平 = 经济发展实力 × 投资率

　（25）INITIAL TIME = 2013

　（26）研发投入力度 = 经济发展实力 × 研发投入因子

　（27）研发投入因子 = 0.2

　（28）资源与环境保护 = 经济发展潜力 × 环保因子

　（29）政策因子 = 0.1

　（30）政府扶持政策 = 经济发展潜力 × 政策因子

　（31）SAVEPER = TIME STEP

　（32）TIME STEP = 1

第三节　地区经济发展潜力开发路径的优化

本书主要基于影响地区经济发展潜力、区域创新与地区经济发展实力的因素入手优化控制地区经济发展潜力开发路径，依据目前制约经济发展潜力释放的主要问题，通过改变经济发展潜力的内生路径与外生路径等相关参数值，具体可以采用单参数方法控制，本书将从实证角度对经济发展潜力开发路径选择进行验证。由于地区经济发展潜力开发由二产与三产比重、人力资源因子、资源—环保因子、政策因子和进出口增长率等参数的不同影响，通过上述参数的调控与试验，利用参数的相互组合，分析在内生路径与外生路径对地区经济发展潜力开发的动态变化趋势，本书主要研究在初始条件、内生路径、外生路径以及内生和外生路径的四种不同情况。各地区可以根据自身的发展状况，构建经济发展潜力与区域创新统筹协调发展的动态监测系统，最终的目标是实现经济发展潜力通过区域创新最大限度地释放为经济发展实力的最佳路径和策略。

一、地区经济发展潜力开发内生路径的优化

（1）加快"互联网 +"与产业融合，实现产业转型升级。随着国家"互联网 +"行动计划的实施，科学技术改变了企业的生产方式与民众的生活消费模式。"互联网 +"通过对传统行业的渗透与融合，借助互联网的特性将突破传统产业升级的一般规律。一方面，技术创新优化了产业结

构，逐步形成了现代产业体系，现代服务业、先进制造业和现代农业；现代信息技术进行源头分析、监测、控制、预警；另一方面，技术创新能有效破解资源环境问题，运用有效应对大气污染问题。"互联网＋"与产业发展深度融合不断涌现了新业态、新模式，在农业方面，不断涌现出农业发展新型业态（智慧农业、农村淘宝），有力地推进了农业现代化进程；在工业方面，制造业由微笑曲线低端向两边延伸，促使我国由"制造大国"转变为"智造强国"；在服务业方面，"互联网＋"促进现代服务业蓬勃发展，不断涌现了新业态、新模式，实现向高端服务业的结构性升级①。

（2）大力发展混合所有制，深化国有企业改革。国有企业在技术、产品、人才等方面的雄厚实力不容忽视，必须通过改革激发其潜力，混合所有制是国有企业改革的重要路径。一是继续深化国有企业改革，加快推进国有大型企业的联合重组。鼓励和支持国内外优势企业包括民营企业参与地方国有企业重组，国有企业体量庞大、包袱沉重，导致民营资本难以进入，应鼓励、引导国有企业和民营企业相互合作成立混合所有制企业，支持民营经济以出资入股等方式参与国有企业体制改革。引进一定比例的外资与民间资本，鼓励国外大公司、非公有制经济参与国有企业重大资源开发和公共基础设施项目建设，放大国有资本功能；设置内部职工股，使混合所有制企业逐步成为资本所有者与劳动者的联合体，调动劳资双方的积极性，增强企业的凝聚力，提高企业的核心竞争力。二是推进国有企业与地方企业协同发展。在加快推进地区国有企业改革的同时，注意理顺国有企业和地方政府之间的关系，应通过股份制等产权多元化形式，支持中央企业与地方共建产业园区，培育产业集群，延长产业链条，扩大产业关联效应。三是完善国有资产管理体制。搞好省属国有企业改革试点工作，推动企业转机制、增效益，提高市场竞争力。支持和鼓励非公有制经济加快发展，推动国有企业完善现代企业制度，出台扶持小微企业发展政策意见，完善中小企业服务体系（吕萍，2014）。四是妥善解决国有企业改革历史遗留问题。推动协调地方各级政府、厂办大集体、主办国有企业等有关方面积极筹措资金，推进企业分离移交"三供一业"工作，完成企业办社会职能移交工作。当企业将所办社会事业移交政府时，因地方财力不支难以承受时，建议国家和相关部门给予财政支持，特别是重点支持厂办大

---

① 上海财经大学中国产业发展研究院：《"互联网＋"行动计划推动中国产业创新转型升级》，http://www.ck365.cn/news/9/41489.html。

集体改革、矿区医院、学校教育、社会保险和退休职工社会化管理等移交工作，帮助企业轻装上阵，集中精力于生产经营。对于企业兴办的供水、供电、供暖等后勤服务的优良资产，支持企业自行向自主经营、自负盈亏、面向社会提供服务的经营性实体转变；若这部分优良资产移交给地方政府时，国家和省级政府应依据资产评估标准，给予企业相应资金补偿。

（3）推进生态补偿机制，加强生态承载能力建设。开发地区经济发展潜力必须限定在资源储量及环境容纳的阈限值以内，应改变资源只开发不补偿的落后生产方式，构建生态补偿机制规避生态赤字。一是遵循"谁受益，谁补偿"的原则，争取国家和生态受益区承担生态补偿机制。资源有价理论是建立生态补偿机制的逻辑起点，按照生态资源净输出量标准，实施生态产品和服务的有效补偿，建立中央、各省级政府对生态补偿的财政转移支付制度，以政府购买生态产品的方式，引导生态承载力输入地区建立生态补偿基金。率先推行耕地、林地、湿地与水域的生态补偿机制试点，重点用于加强资源开发、衰退产业补偿，城市基础设施建设，实施生态环境治理工程补偿，提高公共服务和可持续发展能力；率先探索推动生态受益区建立横向生态补偿制度，将森林碳汇价值、生物多样性价值、水源涵养地价值转换成为生态输入地区的横向生态补偿的项目，建立矿产资源开发环境治理与生态恢复保证金制度，推动城市雾霾治理、高排放行业的生态补偿。二是遵循"谁污染，谁补偿"原则，构建污染企业生态补偿机制。应明确企业主体责任，把环境治理、生态修复、安全投入及企业退出转产等费用列入生产成本，改变只开发不补偿的生产发展方式，遵守经济、环保等相关法律规定，自觉做到清洁生产、达标排放，引导和规范企业矿山等各类实体经济合理开发资源、承担资源开发、环境治理与生态修复等生态补偿方面的责任与义务。三是构建生态承载力监测与预警系统。建立和完善法制化的监督机制，以生态保护修复、资源节约、发展循环经济为重点，严格执行国家生态建设的法律法规，强化环境监管能力建设，健全预警应急响应系统和环境执法监督体系，完善生态建设的社会监督管理体制。建设生态承载力模拟和决策支持系统，对生态环境、资源、社会、经济数据进行整合、模拟与预测，实现实时监测控制；强化工业污染源监控，严格加强企业排污监管，实行"黄色、橙色、红色"三级警戒标准，建立生态预警系统。建立和完善公众参与监督制度，确保公众的知情权、参与权和监督权。科学地制定生态赤字应急体系建设，通过提高防控灾害应急反应和防控处置能力，积极有效地控制灾害的发生或把灾害控制在最小程度（吕萍、栾美薇，2015）。

二、地区经济发展潜力开发外生路径的优化

（1）转变政府职能，建造良好的营商环境。我国体制性障碍仍旧突出，政府职能转变不到位体制问题一直制约着部分地区经济发展潜力的开发，企业创造活力不足，市场在资源配置中尚未起决定性作用。供给侧结构性改革应该更加倚重市场的力量，减少政府的行政干预，提高要素的使用效率，培育创新的发展环境等，这些措施理论上可以促进国家经济在中长期内发展，释放经济发展的潜力。应进一步清理行政审批事项，开辟重大产业项目审批"绿色通道"和"保姆式"服务，推动形成经济增长和生态优化协调共进的价值取向。争取国家在建立可持续发展准备金、调整矿产资源补偿费收入分成、对贫矿尾矿开发给予差异化扶持政策等方面给予倾斜。优化发展环境，抓好水利、铁路、集中连片供热等重要基础设施和重大产业项目的联合审批。进一步简政放权、提高政府服务效能，深化改革和制度建设，着力破除体制机制障碍。应继续推进简政放权，全面清理非行政许可审批事项，取消不必要的生产经营准入限制、行业管理规定，为企业发展创造公平环境。加大对投融资项目审批体制改革，在依法合规的前提下，尽量减少前置审批事项。进一步规范各种行政事业性收费，减轻企业负担。提高简政放权的"含金量"，清晰划分政府与市场的边界。对权与力事项逐项研究梳理，推行政府权力清单和责任清单制度，强化权力放管并重，提高行政效率，更好服务创新主体，激发社会创新创业活力（吕萍，2014）。同时应意识到，如果仅依靠市场调控或者依靠"强市场、弱计划"的宏观调控方式，供给侧结构性改革的目标很难实现。因此，市场在资源配置中起决定性作用的同时，地区必须高度重视政府"有形手"的计划调控作用。

（2）推进"一带一路"倡议实施，增强经济发展的外生助力。"一带一路"倡议实施是我国扩大对外开放的新举措，我国拥有优势的陆路基础设施，与处于"一带一路"沿线的中亚国家之间具有较大的边界贸易发展空间。一方面，有利于我国与沿线国家在技术、投资、贸易、能源、工业园区建设、基础设施建设等领域的深层次合作；另一方面，有利于推动我国沿海内陆沿边优势互补、良性互动，借助"一带一路"倡议转移传统产能，增强中西部地区自我发展能力与对外开放水平，促进中西部地区跨越式发展。我国"一带一路"的建设为西部大开发战略提供重要条件。东部

产业转移到西部地区，促进西部地区充分利用自由流动的资源、人力等要素，有效聚集的资本、技术能够促进西部地区的资源型产业结构优化升级，缓解就业人口压力，增加民众收入、形成经济发展新动能促进经济发展。同时东部通过"一带一路"倡议实施，利于"腾笼换鸟"，实现产业转型升级（孙久文，2016）。

（3）开展跨区域全方位合作，激发区域协调的内生动力。目前，我国经济已进入新常态，经济增长由高速转为中高速，下行压力与产能过剩并存，国家在西部开发、东北振兴、中部崛起和东部率先发展"四大板块"的基础上，实施"一带一路"倡议、京津冀协同发展、长江经济带三大战略，构建我国区域发展新棋局，这一新棋局涵盖中国所有区域，并且从以往的单独区域到现在的支撑带连接，意味着中国区域经济发展战略逐步走向整体性和全局性，通过三大支撑带的作用，中国各个板块的对外开放将进一步走向深入（白卫星，2016）。各地区在推动"一带一路"倡议的同时，亦应注重国内区域之间的对内经济贸易合作，其中，长江经济带贯通长三角城市群、长江中游城市群和成渝城市群，长江经济带横跨我国东中西三大区域，长江经济带建设的目的不仅仅是为了流通货物，更在于"引导产业由东向西梯度转移"，建设产业转移示范区。京津冀地区则需要打破行政分割，以协同创新为先导，构建京津冀区域分工新格局。通过构建产业分工格局，实现三地融合，联动发展，打造协同创新共同体（白卫星，2016）。同时，应在综合考虑资源禀赋、产业基础、发展水平以及合作现状等因素的基础上，通过积极推动跨区域合作与交流，促进生产要素合理流动，利益共享，风险共担，通过开展产业项目园区共建和人才交流培养，逐步形成区域间相互借鉴、优势互补、互利共赢、共谋发展的新格局，增强市场意识和竞争意识，激发内生活力和动力。尤其是国务院出台的《东北地区与东部地区部分省市对口合作工作方案》明确提出，鼓励支持东北地区与东部地区有关省市开展全方位合作，是推进东北振兴与国家"三大战略"对接融合的有效途径，更是发挥我国制度优势促进跨区域合作的创新举措，随着对口合作不断探索和推进，必将会为加快新一轮东北地区振兴进程，而且也为我国跨区域合作方面起到较好的示范作用。

第四节　本章小结

本章将地区经济发展潜力开发系统划分为经济发展潜力子系统、经济发展实力子系统和区域创新子系统三部分，比较分析各子系统的相互关系及反馈路径，探讨地区经济发展潜力开发与系统动力学的关系，构建地区经济发展潜力开发的系统动力学模型，促使经济发展潜力通过区域创新最大限度地转化为经济发展实力，提高经济发展潜力开发的效率和能力，在经济发展潜力开发路径运行分析和评价的基础上，对其未来发展变化趋势做出预测。在此基础上，基于内生与外生路径两个角度分析地区经济发展潜力开发的优化路径，为后续的东北地区经济潜力开发路径优化的系统动力学的实证仿真奠定基础。

第八章　东北地区经济发展潜力开发
路径优化仿真研究

　　地区经济发展潜力开发路径选择之后其运行的效果如何？能否将经济发展潜力真正地转化为经济发展实力？本书还需要进一步深入研究，一方面，研究能够保证经济发展潜力开发路径的有效性，否则，应该对开发路径进行优化调控；另一方面，在经济发展潜力开发路径有效性的基础上，判断哪些路径对于地区经济发展潜力开发起到主导作用，从而为制定保证开发路径运行的相关政策提供科学依据。由于地区经济潜力开发的通用路径之间具有可比性，专用路径主要以地区经济潜力与区域创新的强弱状况酌情考虑，本章主要在第六章和第七章分析经济发展潜力开发路径和系统动力学优化经济潜力开发路径的基础上，主要对东北地区经济发展潜力的通用路径优化进行仿真研究，通过分析经济发展潜力的动态变化趋势，结合区域创新的作用，探讨挖掘并释放东北地区经济潜力的核心路径，确定经济发展潜力开发路径优化的有效性，同时为保证其他地区经济发展潜力开发路径的运行发挥较好的借鉴作用。

第一节　东北地区经济发展潜力与区域创新现状

一、经济发展潜力分析

　　东北地区拥有较为丰富的自然资源，处于东北亚区域中心的独特地缘优势，较好的生态环境、较强的产业潜力，并拥有"吃苦耐劳"的实干精神，在国家出台一系列扶持政策的基础上，为经济发展奠定了坚实的物质基础和精神财富。东北地区是我国进入计划经济最早、退出计划经济最晚的地区，尽快破除传统计划经济体制下形成的思维模式与路径依赖，东北地区的辽宁具有东部发达省份发展的某些优势,吉林与黑龙江又拥有中西部省份经济社会发展的特点,因此,探讨东北地区经济发展潜力开发问题具有典型的代表性,为科学分析我国东部、中部与西部地区经济可持续发展的前景和方向提供依据。

自 2003 年国家做出实施东北地区等老工业基地振兴战略的重大决策以来,东北地区经济发展迈上新台阶,装备制造等优势产业竞争力显著提高,现代农业发展、资源枯竭城市转型、棚户区改造等取得重要进展。然而,2013 年以来,石油与煤炭等资源呈现"量价齐跌"的低迷态势,导致经济下行压力较大,经济增长下行与产能过剩并存的现象亟须加快形成经济增长的内生动力。2003～2014 年,东北三省的经济总量年由 12722 亿元增长到 57470 亿元,增长了 3.5 倍,年均增速保持在 14.6% 水平,高于同期全国平均水平。

2015 年,辽宁、吉林、黑龙江三省经济增速分别为 3.0%、6.5% 和 5.7%,处于全国后五位,东北地区增长 1.5%,与其他地区差距较大,差距暗示地区蕴藏较大经济发展潜力。李克强总理指出,东北是国家的老工业基地是"共和国的长子",工业、农业基础雄厚,各种资源、产业、人才、基础设施等条件都很优越,发展潜力巨大(转引自:王念慈,2016)。国家发展改革委秘书长李朴民(2015)指出,东北地区是我国经济发展中极具潜力的地区,发展空间很大。

本书通过第三章经济发展潜力的测度可知,东北地区经济发展潜力在我国四个地区由中上游(2000～2009 年位居第二位)下降至中下游水平(2013 年位居第三位),其中内源型经济潜力与外源型经济潜力也均居于第二位,在东北地区内部,辽宁省与经济发展潜力始终高于全国平均水平,吉林与黑龙江两省经济发展潜力均低于全国平均水平,并且 2009 年以前,吉林与黑龙江两省的经济发展潜力高低交替变化,2009 年后,吉林省经济发展潜力高于黑龙江省的情况,如图 8 - 1 所示。东北地区的具体经济发展潜力包括以下几个方面。

1. 内源型经济发展潜力分析

(1)投资与消费"两驾马车"的增长潜力。从 2003 年的国家实施东北老工业基地振兴至 2009 年,东北地区全社会固定资产投资额与社会消费品零售额均呈现大幅度提升。如表 8 - 1 所示,从投资来看,东北地区投资额由 2003 年 4211.6 亿元上升到 2009 年 25363.5 亿元,增幅由 13.5% 上升到 36.5%,其中,辽宁投资额增长最高,约 5 倍,吉林增长率

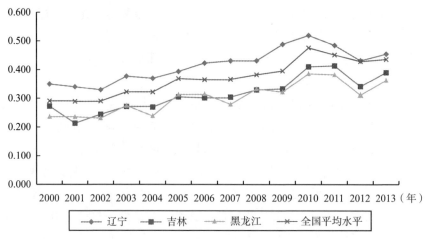

图 8-1 2000~2013 年东北三省与全国平均水平经济发展潜力变化情况

最快，约 30 个百分点。2009 年，东北地区全社会固定资产投资 25363.5 亿元，同比增长 31.5%，高出全国 1.4 个百分点。辽宁、吉林、黑龙江全社会固定资产投资分别为 13074.9 亿元、7259.5 亿元和 5029.1 亿元，增长 30.5%、41.5% 和 37.6%，2015 年东北三省投资率均比 2009 年下降，特别是辽宁省下降幅度最大达 58.3 个百分点，凸显经济增长动力由要素驱动、投资驱动向创新驱动的必要性。从消费来看，东北地区消费额由 2003 年 4817.6 亿元上升到 2009 年 12171.7 亿元，增幅由 10.8% 上升到 19.0%，其中，辽宁消费额增长最高，黑龙江增长率最快，达到 9.7 个百分点。2009 年，东北地区社会消费品零售总额 12171.7 亿元，同比增长 18.7%，高出全国 3.2 个百分点，占全国消费品零售总额的 9.7%，比上年提高 0.3 个百分点。2015 年，辽宁、吉林、黑龙江社会消费品零售总额分别为 12773.8 亿元、6646.5 亿元和 7640.2 亿元，增长 7.7%、9.3% 和 8.9%，均高于全国增长水平。研究结果表明：东北地区正处于工业化、城镇化与农业现代化加速时期，在确保国家粮食安全的前提下，推动新型城镇化发展，仍然需要一定量的投资用于农田水利基础设施上，保障生态环境以及与社会公共服务品等仍有较大的潜力可挖。因此，在加快供给侧结构性改革的前提下，东北地区应提高投资效率，促进地区积极应对经济增长的下行压力；随着城镇居民人均可支配收入与农村居民人均可支配收入稳定增长的同时，居民消费需求由基本的吃得饱、穿得暖的物质需求提升到吃得安全与营养、注重精神消费的转变，应适应居民消费结构升级换代，消费保持平稳将成为支撑东北地区经济增长的重要因素。

表8-1　　2003年、2009年与2015年东北三省投资额和消费额及增长情况

项目			辽宁	吉林	黑龙江	东北
2003年	投资额	数值（亿元）	2076.4	969	1166.2	4211.6
		增长（%）	16.2	11.5	12.9	13.5
	消费额	数值（亿元）	2330.8	1110.3	1376.5	4817.6
		增长（%）	12.3	10.1	10.1	10.8
2009年	投资额	数值（亿元）	13074.9	7259.5	5029.1	25363.5
		增长（%）	30.5	41.5	37.6	36.5
	消费额	数值（亿元）	5812.6	2957.3	3401.8	12171.7
		增长（%）	18.2	19	19.8	18.7
2015年	投资额	数值（亿元）	17640.4	12704.3	9884.3	—
		增长（%）	-27.8	12	3.1	—
	消费额	数值（亿元）	12773.8	6646.5	7640.2	—
		增长（%）	7.7	9.3	8.9	—

资料来源：中国经济信息网，笔者整理计算。

（2）资源发展潜力。东北拥有比较丰富的自然资源，石油、煤炭与木材等资源产量占全国的比重较大，鞍钢、本钢在国内钢铁行业处于前列，营口的镁质材料、菱镁制品国内市场占有率达到90%以上，出口量占国际市场交易量的55%左右。牡丹江地区的碳化硅、碳化硼材料、硅硼粉体材料占国际市场的40%，工业制成品占国际市场15%，国内市场80%，成为国际绿碳化硅粉体材料的最大出口基地（中国科技发展战略研究小组，2009）。黑龙江省已明确提出依托鸡西、鹤岗、牡丹江、七台河、双鸭山等城市石墨资源，其中，鹤岗石墨储量（6亿多吨）居亚洲首位，年产量（30万吨）占全国的1/3；七台河石墨资源储量丰富，初步探明储量4.86亿吨，均为大鳞片石墨，品位高，平均品位13%，最高可达40%，黑龙江省应推进石墨产业规模化、高端化发展，打造石墨新材料产业基地。同时，东北地区是我国科技存量较为丰富的区域，具备雄厚的科技实力和人力资源优势，教育事业发展水平和科技力量高于全国平均水平，拥有一批大专院校，科研院所技术开发中心，特别是集中一大批国家重点综合性大学和重点研究所、实验室，电子信息、生物工程、先进制造和新材料技术在全国均处于领先水平，东北地区长期的工业化生产造就了一大批具有良好素质的产业工人队伍。

表 8 - 2　　　　2003 年与 2014 年东北地区科技资源情况比较

项目	科技经费支出额（亿元）		发明专利申请授权量（项）		技术市场成交合同金额（亿元）	
	2003 年	2014 年	2003 年	2014 年	2003 年	2014 年
辽宁	83.0	435.2	644.0	3975.0	62.0	217.5
吉林	27.8	130.7	233.0	1434.0	8.7	28.6
黑龙江	32.7	161.3	229.0	2454.0	12.1	120.3
全国	1539.6	13015.6	37154.0	162680.0	1084.7	8577.2
东北	143.5	727.2	1106.0	7863.0	82.9	366.3
东北/全国（%）	9.3	5.6	3.0	4.8	7.6	4.3

资料来源：http://www.sts.org.cn，笔者整理。

　　由表 8 - 2 所示，从 2003 年与 2014 年东北地区科技资源情况比较看，科技经费支出额、发明专利申请授权量、技术市场成交合同金额 3 项指标均呈现出不同程度的增加，其中，辽宁省增长幅度较快，黑龙江省次之，吉林省较慢。在东北三省 3 项指标占全国的比重中，仅有发明专利申请授权量上升了 1.8 个百分点，科技经费支出额与技术市场成交合同金额两项指标分别呈现不同程度的下降。结果显示，在东北地区 3 项指标中增加的同时，其他地区相关指标也在增长，并且增加幅度要高于东北地区，由于东北地区长期处于计划经济体制的桎梏，科技创新环境建设相对滞后，导致科技资源的创新潜力没有得到充分发挥。

　　值得注意的是，在经济下行压力持续加大和转型发展需求迫切的背景下，传统的投资驱动发展模式难以为继，地区之间的分化趋势开始显现。从排名经济发展实力变化情况看，近年来，辽宁、吉林、黑龙江、内蒙古及山西排名变化幅度较大，甚至出现连年下滑的情况，传统的依靠要素驱动、投资驱动的方式已难以适应经济的高质量发展，对上述地区而言，发展新经济、培育新动能、寻找多元创新动力是当前面临的重要任务。

　　（3）产业发展潜力。东北地区的水土资源优势使其成为中国三大粮食主产区，粮食生产潜力最大的地区，粮食生产地位明显上升，在国家粮食安全战略中继续发挥重要作用。根据 2015 年《中国统计年鉴》数据可知，2014 年，粮食总产量 11528.9 万吨，占全国粮食总产量的约 1/5（19.0%），特别是黑龙江省粮食总产量 1248.4 亿斤，占全国粮食总产量的 1/10（10.3%）；增量 47.6 亿斤，约占全国增量的一半（46.2%），因此，东北地区为全国粮食安全做出了突出贡献，农产品及其加工制品的附加值为培育新兴的农业深加工产业奠定坚实的基础。东北地区是全国主要的重化工业基地，制造业产业发展基础雄厚，形成了以齐齐哈尔、哈尔滨、长春、沈阳与大连等城市为代表的装备制造业聚集地。金属制品、普通机械制造、专用设备制造、交通运输设备制造、仪器仪表等行业具有较大的生产能力，主导产品的技术水平和生产规模在全国机械工业中占有重要地位。重大装备制造业通过自主研发了一些涉及国防与军事等关键性技术，打破了国外对中国的技术封锁，其发展仍具有较大的拓展空间。东北地区的旅游资源十分丰富、种类多样、经济潜力较大，东北三省塑造了鲜明的"中国东北旅游"特色，打造"全新东北、精彩体验"的新形象，共同向世界推出"中国冰雪之旅"与生态旅游，旅游业的发展推动了相关产业的结构优化和升级，加快了东北地区经济结构调整的步伐。

产业园区集聚效应逐步显现。通过实地调研发现，黑龙江安达经济开发区积极加快产业项目建设。以黑龙江省产业项目建设三年攻坚战为契机，营造"突出抓项目，核心抓园区"的浓厚氛围，通过以商招商、环境招商，着力引进战略投资者，放大项目集聚效应，项目建设取得了良好的成效。截至2015年7月，开发区累计入驻企业119家，项目161个，园区投产项目累计达到64个，投产企业达到50家，"三上"企业40家。形成了以油气化工为主导，以乳肉食品、现代物流、机械制造等为优势特色产业的大产业格局，以安瑞佳化工、信维源化工、格兰德化工为代表的化工产业，以贝因美乳业、伊康乳业、清大乳业为代表的乳肉食品产业，以安瑞佳物流、正点物流、昊锐物流为代表的物流产业，以天翼锻压、劳力机械、天宏乳机为代表的机械制造产业都取得了长足发展。2014年，开发区实现产值158亿元，税收5.18亿元，园区安置就业8700人。安瑞佳化工、迪龙制药、豪运化工、泰纳科技被认定为高新技术企业。另外，肇东经济开发区被确定为哈大齐工业走廊5个重点示范园区之一。开发区下设立了综合产业园区和绿色食品产业园区，总规划面积100平方千米，目前已开发面积35平方千米，共有企业164家。产业园区以绿色食品产业发展为主，并形成粮食精深加工、畜产品精深加工、乳品饮品精深加工、饲料加工等五大产业链条，同时，综合产业园区也发展食品包装、汽车制造等配套服务产业，有力地保障了绿色食品产业升级发展，经过不懈的努力，肇东经济开发区获得"国家新型工业化产业示范基地""黑龙江省承接全国绿色食品产业基地"等称号。

（4）生态环境发展潜力。东北地区包含大小兴安岭和长白山区生态功能区，维系着东北、华北乃至东北亚的生态安全。2015年5月，国务院出台的《关于加快推进生态文明建设的意见》为资源型城市生态承载力提升提供行动纲领。东北地区既要坚守"青山绿水"，又要实现"强省富民"的转型目标，加快建设成"生态良好、产业优化、生活富裕"的生态地。

一是生物生产性面积较大。东北地区大小兴安岭和长白山区的森林面积占全国的一半，林木蓄积居全国之首；土壤肥沃、是世界三大黑土地分布区域之一。2014年，阜新耕地780万亩，农村人均占有耕地6.7亩，居辽宁第一位。长白山森林覆盖率达83%，人均森林蓄积量167立方米，相当于全国人均森林蓄积量的19倍。大兴安岭和伊春森林面积、活立木蓄积、林地面积分别达到1061.9万公顷、8.26亿立方米、1130.5万公顷。大庆湿地面积120万公顷，接近全国湿地总面积的1/20，草原面积68.9万公顷，占全市总面积的32.8%，居黑龙江首位。大兴安岭自然保护区面积179.1万公顷，自然保护区覆盖率（21.5%），高于全国（14.9%）6.6个百分点，初步形成类型齐全、布局合理的自然保护区网络，为野生动植物的生长以及生物多样性发展提供条件（吕萍、栾美薇，2015）。

二是城市总人口规模较小。2014年，黑龙江资源型城市人口约占全省的37.2%，城市人口密度小且增长压力小，半数以上城市人口出现负增长，其中伊春人口自然增长率为－5.6‰；城市每平方千米人口密度只有91人，其中七台河达39人/平方千米，致使人均资源占有量相对丰富，大兴安岭人均占有水量达29770立方米，是全国的13.4倍；人均拥有耕地与人均粮食产量分别达4.8亩与1609.2公斤，分别是全国（1.33亩、435.4公斤）的3.6倍、5倍，生产的粮食除满足自身消费外仍能供养比目前城市多1倍的人口。长白山境内有鸭绿江、松花江两大水系，平均水资源总量80.25亿立方米，水资源人均占有量是全国人均占有量的2.7倍。

三是生态环境治理取得新进展。东北地区已经开展PM2.5试点监测，尤其是加大了对资源型城市生态环境的治理力度。2014年阜新城市生活垃圾无害化处理率99.6%，用水普及率98.77%，燃气普及率76.7%，污水处理率53.2%。城市人均拥有道路面积6.6平方米，人均占有公园绿地面积12.39平方米，建城区绿化覆盖率42.9%。抚顺完成60个蓝天工程项目，拆除135台10吨以下燃煤锅炉，新开10条汽车尾气检测线，关停170户龚家地板城环保不达标企业，城市空气质量综合指数在辽宁省排名比上年前移 4 位，大庆新增城区绿化面积 837 公顷，绿化升级城区道路 119 条，建成区绿化覆盖率 45.4%，市区生活垃圾无害化处理率达到 91.4%，污水集中处理率达到 94.5%；农村造林 12.1 万亩，有林面积达到 400 万亩；综合治理滨洲湖等湖泊 6 个，淘汰黄标车 1.7 万辆、燃煤小锅炉 151 台，整治违法排污企业 66 家，淘汰 2005 年以前注册运营的"黄标车"2256 台，黑龙江省级生态县区增加到 6 个，生态乡镇增加到 54 个。大小兴安岭等重点生态功能区环境质量考核逐步规范，可吸入颗粒物、二氧化硫和二氧化氮年均浓度呈逐年下降趋势，环境空气质量 90% 以上达到二级标准；工业污染物排放、城市生活垃圾无害化处理率达到 90% 以上，部分环境指标接近或达到国家颁布的《生态市建设指标》要求。

（5）城镇化建设潜力。城镇化是我国现代化建设的历史任务，它不仅是非农人口聚集到城镇，非农产业向城镇集中，而且城镇的生产与生活方式不断向农村渗透过程，是扩大内需（投资与消费）的最大潜力。习近平总书记与李克强总理等高层曾在多个场合强调"城镇化是扩大内需的最大潜力""中国未来几十年最大的发展潜力在城镇化"，那么"最大潜力"能否转化成高质量的发展动力，应积极引导城镇化健康发展，防止"土地城镇化""房地产化"现象的发生。东北地区既是我国老工业基地，又是商品粮基地，城镇化建设也起步较早，长期高于全国平均水平 10 个百分点以上。但是进入 21 世纪以来，东北地区城镇化远落后于全国平均水平，尤其吉林、黑龙江年均增速仅相当于全国平均水平的 1/10 左右。东北地区城镇化建设的演变进展：

改革开放前，从 1949 年新中国成立以来，东北地区城镇化发展主要经历了四大时期，即城镇化快速发展时期、城镇化萎缩时期以及城镇化稳定增长时期与城镇化全面发展时期，在每一时期又分为不同的发展阶段，至 2003 年实施振兴东北老工业基地十年来，城镇化步入全面发展时期，如图 8 - 2 所示。由于各时期东北地区经济社会发展的指导思想、政策调整以及经济发展水平的差异，城镇化发展经历了一个比较曲折的过程。总体而言，东北地区城镇化是持续向前发展（吕萍，2014），尤其是 1978 年改革开放后的稳步增长时期，东北地区城镇化由 1979 年的 34.4% 增加到 2012 年的 58.8%，30 多年增长 24.4 个百分点。同时，东北地区经济发展影响了城镇化发展的进程，并且城镇化与不同时期国家及地方制定的体制与配套的政策息息相关。

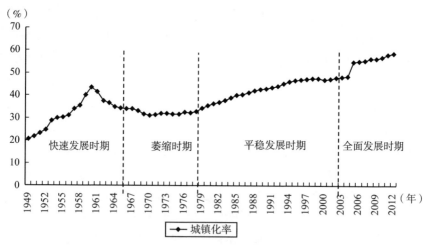

图8-2　1949～2012年东北地区城镇化率与经济增长情况

资料来源:《新中国六十年统计资料汇编(1949～2008)》,《中国统计年鉴》(2010～2013年,历年)。

第一,城镇化快速发展时期(1949～1965年)。"一五"时期不仅是全国城镇化水平迅速发展的时期,而且东北地区城镇化率持续攀升,如图8-2所示。1949年3月,中共七届二中全会明确指出,党的工作重心由乡村转移到了城市建设,开始进入城市引领乡村的时期。东北地区城镇人口比重迅速增加,城镇人口由1949年的777.1万人上升到1957年1767.6万人,城镇化率由20.7%上升到34.0%,尤其是1957年黑龙江省城镇人口占总人口的比重达到36.9%,高于同期东北地区2.9个百分点,且比黑龙江省1949年的比值(26.3%)增长了10.6个百分点(张文平,2011)。1953～1957年期间,东北地区是国家"一五"时期重点开发建设的地区,重工业城市快速发展,由于新建扩建项目的施工,加大了对土地与劳动力的需求,城镇建设出现了初步繁荣景象,东北地区的城镇化迈入了稳步发展的较好时期。但是,由于政府凭借高强度调动资源的积累方式,以牺牲农业与轻工业发展和城市建设投入为代价,优先快速发展重工业,致使经济结构失衡,初步形成二元经济结构,城镇化与工业化发展脱节。

"一五"时期后,由于受到国家宏观经济政策和国际关系的重大影响,东北地区城镇化建设进入了剧烈波动期。1958年的"大跃进"运动至1962年的五年期间,城市吸纳了从农业转移出来的大量劳动力,东北地区城镇人口由1958年1902.8万人,迅速增加到1960年的2512.8万人,猛增610万人,城镇化率也由1958年35.4%增加到1960年43.4%,如图

8－2 的波峰，比 1952 年的 24.6% 增长了 18.8 个百分点。这期间，大量转移到城镇的农业劳动力是由于工业冒进造成非常规的"虚假需求"，并不是由于农业劳动生产率提高和剩余农产品供给增长产生的对农业劳动力的需求，农民进城导致城市发展失去控制。

1961～1963 年期间，受"三年困难时期"的影响，加之中苏交恶，东北地区的经济建设逐渐恶化，尤其是"大跃进"中提出的"大炼钢铁"口号，进一步巩固了东北地区作为全国重要的重工业基地地位，工业发展继续壮大，城镇化水平也持续攀升。1963 年我国相继出台新的市镇设置标准，《关于调整建制镇、缩小城市郊区的指示》等提高镇设置标准，这些措施和规定出台缩小了建制镇数量，东北地区农业劳动力出现向农业回流的"逆向转移"，致使 1963 年城镇人口已到 2239.7 万人，比 1960 年减少了 273.1 万人。计划经济体制的提出限制了城市规模扩大，1965 年时城镇化水平降至34.4%，东北地区城镇化进程的波动与国民经济发展尤其是工业化的大起大落紧密联系，并且后者受制于政府强制力实行的集中控制的政治与经济政策。

第二，城镇化萎缩时期（1966～1978 年）。1966～1978 年期间，由于受到"文化大革命"的影响，东北地区像全国一样城镇发展总体上基本处于停滞状态。尤其是 1966～1978 年期间，东北地区城镇化出现了徘徊停滞期。1978 年东北地区城镇人口（2859.4 万人）比 1966 年（2300.6 万人）增加了 548.8 万人；城镇化率由 1966 年的 34% 下降为 1978 年的32.8%，下降了 1.2 个百分点。20 世纪 60～70 年代期间，尤其是 1966年，东北地区的经济建设遭受到"文化大革命"的严重冲击，导致经济建设处于无计划、无政府主义的状态，这期间，除了油城大庆的原油产量大幅度上升外，黑龙江省其他工业生产持续下滑，致使工业总产值下降，城镇化率由 1961 年的 41.4% 下滑至 1978 年的 32.8%，下降了约 8.6 个百分点。1966～1978 年期间，东北地区城市经济发展萎缩，由于知识青年上山下乡、干部下放、医务人员到农村插队落户，导致城镇人口数量急剧下降，东北地区城镇化面临长期停滞不前的局面，并出现了劳动力向农村回流的"逆城镇化"现象。由于高度集权的计划体制和城乡二元分割的制度，这一时期的城镇化具有政府自上而下强制安排的特点，突出表现为：通过实行严格的"准入限制"和"城市偏向"的制度（户籍管制、粮油定向供应、城镇就业统包等）将国家公民划分为城镇居民与农民两大利益团体，并且分离而治；由于在相关城镇化决策中，政府具有绝对的支配权利，导致私人主体尤其是农民在城镇化相关决策中基本上没有发言权。农业剩余产品大量外流，城乡差距日益扩大，城乡利益冲突不断激化。

第三，城镇化平稳增长时期（1979～2002年）。1979～2002年是东北地区经济社会取得了快速的发展。1979～1984年期间，国家实行了家庭联产承包责任制和以市场为取向的改革，农业劳动生产率的提高促进了农业生产的发展，大量农业剩余劳动力向非农产业与城市转移。一方面包括"上山下乡"的知识青年和下放干部返城，一批农村学生由于高考制度的恢复通过求学进入城市；另一方面，大量农民借助城乡集市贸易的加速发展进入城镇，乡镇企业发展也促进了小城镇的建设。

由于粮食统购统销制度的改革，政府允许农民自带口粮迁移到县城以下集镇落户，促进了农民进入城市就业与生活。1984年国家降低了城镇建制标准，促进了城镇数量迅猛上升。1992年以来，社会主义市场经济体制的改革与大中小城市和小城镇协调发展的新政策的建立，进一步推动了城镇化快速发展，鼓励和支持农民进城务工，国家鼓励发展非农产业发展，农业剩余劳动力进入了大规模转移的新阶段，建制镇的发展速度呈现明显加快的趋势。随着市场化改革的不断深入，城市就业和日用消费品供应日益纳入商品化轨道，福利保障制度也开始向社会化方向转轨，农民获得了城乡之间流动的更大自由。至2002年，东北地区城镇人口5126.3万人，比1979年3047.6万人增长了2078.7万人；东北地区城镇化水平2002年达到47.9%，比1979年34.4%的水平提高了13.5个百分点。改革开放以来，东北地区通过不断调整经济结构，政府进一步强化了城镇的发展、规模与用地管理，城镇化发展进入了有序稳定的发展时期。

第四，城镇化全面发展时期（2003年至今）。2003年末，国务院出台《关于实施东北地区等老工业基地振兴战略的若干意见》为振兴东北老工业基地指引了发展方向。随着振兴战略实施，东北地区加快了振兴发展步伐，尤其是2008年金融危机以来，辽宁实施了"辽宁沿海开放带""沈阳经济区"；吉林实施了"长吉图开发区"以及黑龙江省实施的"八大经济区"和"十大工程"发展战略。至2012年末，东北地区城镇人口10973.4万人，比2003年5165.7万人增长了5807.7万人，城镇化率达到58.8%，比2003年48.2%上升了10.6个百分点。其中，辽宁省城镇化水平2012年达到65.7%，比2003年47.2%提高了18.5个百分点；吉林省城镇化水平2012年达到53.7%，比2003年45.0%提高了8.7个百分点；黑龙江省的城镇化水平2012年达到56.9%，比2003年52.6%提高了4.3个百分点。2015年，辽宁、吉林、黑龙江三省城镇化率分别上升到

67.4%、55.3%、58.8%。与此同时，应清醒地认识到，虽然城镇化率持续提升，但是综合城镇化水平长期处于低质量阶段，一些城市出现人口膨胀、交通拥挤、环境污染、失业率居高的"城市病"问题。随着中共十八大提出的"四化"同步发展，中共十八届三中全会指出，要完善城镇化健康发展体制机制，走中国特色城镇化道路；2013年黑龙江省"两大平原"现代农业综合配套改革试验区与《黑龙江和内蒙古东北部地区沿边开发开放规划》以及《全国老工业基地调整改造规划（2013～2022年)》发展战略逐步落实，东北地区的经济发展必将跃上新台阶。随着新一轮东北振兴计划的全面开展，东北地区正处于新型城镇化发展的战略机遇期，应确保在继续保证国家粮食安全的前提下，加快转变经济发展方式，全面提升城市综合功能，助推新型城镇化建设，逐步缩小与经济发达省份的差距，加快全面建成小康社会，东北地区的城镇发展进入了全面发展时期。

通过梳理东北地区城镇化建设的历史进程发现，改革开放之前，东北地区实行的是高度集中的计划经济体制，广大农村和众多农民被游离于工业化的进程中之外，大量的剩余劳动力滞留在农村，城镇化的步伐较为缓慢。"大跃进"时期制定的重点发展第二产业和第三产业的经济政策，推动了城镇化的进程；"文化大革命"期间，实行的不以经济建设为中心的政策阻碍了城镇化的发展；改革开放以来，伴随着农村经济的快速发展、乡镇企业的崛起，大量农村剩余劳动力摆脱了土地和农业束缚，向城镇和非农产业转移，加快东北地区城镇化快速发展。可以说，城镇化发展是扩大内需的最大潜力，城市发展方针，经济政策、产业政策、土地政策、住房政策、社会保障政策、市政公用事业政策等对城镇化健康发展起到了较大的促进作用（吕萍，2014）。

2. 外源型经济发展潜力分析

（1）发挥地缘与区位优势，东北亚区域经济中心地位凸显。2009年以来，国务院加快了辽宁省东部沿海发展区、沈阳经济区和吉林省长吉图发展区。通过《辽宁沿海经济带发展规划》的制定与实施，辽宁沿海作为整体开发区域被纳入国家战略，规划以辽宁省"五点一线经济带"发展规划为核心，将原有规划的范围进一步扩大。辽宁沿海经济带地处环渤海地区重要位置和东北亚经济圈关键地带，资源禀赋优良，工业实力较强，交通体系发达①。同时，国务院正式批复《中国图们江区域合作开发规划纲

---

① 参见《辽宁沿海经济带发展规划（2009～2020)》。

要——以长吉图为开发开放先导区》。长吉图开发开放先导区的建设将对进一步振兴东北老工业基地、促进区域发展发挥重要作用，并将增强我国与东北亚各国的全方位合作，成为辐射和带动东北亚区域加快发展的重要引擎。而且国务院也将哈大齐工业走廊建设列为国家扶持的重点产业集聚区之一，哈大齐工业走廊由此上升至国家政策层面，进一步提升了走廊品牌。《国家"十二五"规划纲要》中明确提出，"重点推进辽宁沿海经济带和沈阳经济区、长吉图经济区、哈大齐和牡绥地区等区域发展"；《国家"十三五"规划纲要》中明确指出，应积极推动结构调整，加大支持力度，提升东北地区等老工业基地发展活力、内生动力和整体竞争力，为东北区域经济发展指明行动纲领。黑龙江省牡绥地区已被列入国家重点开发区域，其产业布局主要侧重：在传统优势产业方面，要求布局化学、木材加工、造纸、装备制造等产业；在战略性新兴产业方面，强调优先新能源、新材料、节能环保、生物、信息、绿色食品加工等产业；在现代服务业方面，注重发展旅游、金融、物流、文化等产业，加快把牡绥地区建设成为重要的国际贸易物流节点和对外合作加工贸易基地。

（2）国家政策扶持潜力。实施老工业基地振兴战略以来，东北地区经济社会取得了阶段性成果，经济持续快速发展，经济实力稳步增强；城乡居民收入稳步增加，人民生活水平不断提高；环境保护和节能减排效果明显；建立覆盖城乡居民的社会保障体系，保障人民基本生活，以上成绩主要归功于2003年以来振兴战略和振兴规划的制定与实施，2009年以来，国务院出台并批复了《辽宁沿海经济带发展规划》《沈阳经济区发展规划》《中国图们江区域合作开发规划纲要——以长吉图为开发开放先导区》国家区域发展战略，以及后来出台的《中国东北地区面向东北亚区域开放规划纲要》《东北地区旅游业发展规划》和《东北振兴"十二五"规划》，尤其是2014年以来，国家连续出台全面振兴东北老工业基地政策措施。2014年8月，《国务院关于近期支持东北振兴若干重大政策举措的意见》印发；2016年4月，《中共中央、国务院关于全面振兴东北地区等老工业基地的若干意见》发布；2016年8月份，国家发展和改革委员会印发《推进东北地区等老工业基地振兴三年滚动实施方案（2016－2018年）》；2016年11月份，国务院批复了《东北老工业基地振兴十三五规划》、出台《国务院关于深入推进实施新一轮东北振兴战略加快推动东北地区经济企稳向好若干重要举措的意见》等等。在一系列扶持政策支持下，东北老工业基地进一步加快了振兴步伐。在辽宁沿海经济带、沈阳经济区、长吉图经济

区、对俄沿边开发开放带与哈大齐工业走廊区域板块的相互协调配合作用
下，进一步推动了东北地区建设国内比较完善的现代化的产业体系。

东北地区具有资源型城市数量多、种类全的特点，属于资源密集型地
区，因此，资源型城市转型成为东北地区等老工业基地振兴的一项重要任
务。2007 年末，国家制定并实施《国务院关于促进资源型城市可持续发
展的若干意见》，在此基础上，2009 年国家设立中央预算内投资专项，用
于资源型城市转型迫切需要解决的问题，从而缓解接续替代产业发展滞
后、失业人员较多、生态环境污染严重等突出矛盾，对于拥有全国 1/3 资
源型城市的东北地区来说，可谓是"雪中送炭"。东北地区应积极研究建
立资源开发补偿和衰退产业援助两大机制，对于资源开采处于不同阶段的
资源型城市而言，应采取分类指导的原则大力培育接续替代产业，增加就
业岗位、改善生态环境，促进资源型城市实现可持续发展（王洛林、魏后
凯，2005）。2017 年 4 月，国家发改委、科技部、工信部、国土资源部、
国家开发银行等五部门联合下发《关于支持首批老工业城市和资源型城市
产业转型升级示范区建设的通知》，确定辽宁中部（沈阳—鞍山—抚顺）、
吉林中部（长春—吉林—松原）等城市（经济区）为首批产业转型升级
示范区，目的是加快建立创新驱动的产业转型升级内生动力机制，为其他
资源型城市加快产业转型升级起到较好的示范效应（顾阳，2017）。

（3）对外贸易发展潜力。2008 年爆发的"金融危机"致使我国对外
贸易遭到了前所未有的挑战，东北地区"外向型"经济同样遇到了危机。
一方面，2009 年以来，东北地区出口一直处于大幅下滑状态，形势比全国
更为严峻，东北三省出口 466.5 亿美元，下降 26.7%，降幅高出全国
10.7 个百分点。辽宁、吉林、黑龙江三省出口分别为 334.4 亿美元、31.3
亿美元和 100.8 亿美元，同比分别下降 20.5%、34.4% 和 40%。在"一
带一路"倡议的实施下，由 2015 年《中国统计年鉴》数据可知 2014 年，
辽宁、吉林、黑龙江三省进出口有所改善，分别为 1139.6 亿美元、263.8
亿美元和 389.0 亿美元，同比分别为 - 0.4%、2.1% 和 0.1%。传统大宗
商品出口普遍下降，钢材、成品油、农产品等支柱产业产品出口受到较大
冲击。黑龙江省受俄罗斯市场需求萎缩影响，对俄出口订单持续减少，对
黑龙江省出口造成严重影响。另一方面，2009 年，东北三省实际利用外商
直接投资 214.38 亿美元，同比增长 21.3%，高于全国平均状况（全国同
比下降 2.6%），占全国利用外商直接投资的比例由 2008 年的 19.0% 增至
23.7%。其中，辽宁省实际利用外商直接投资为 154.4 亿美元，增长

28.5%，位居全国第三位。辽宁与吉林引进省外资金2500亿元和1656亿元，同比分别增长30%和35.5%，东北地区对国内外资金的吸引力与投资规模显著增强。随着全球经济的逐渐回暖，以及国家出台的相关扶持政策，世界各国尤其是俄罗斯、日本、韩国等东北亚国家加快实施与东北地区经济与科技全方位的开放战略，目前，中俄合作的三大工程正在启动实施，一是中俄石油管道工程，二是黑瞎子岛保护开发工作，三是绥芬河中俄保税区，这三大工程有效促进东北地区对俄罗斯等国家的贸易将会"春暖花开"。

二、区域创新发展现状

中国科技发展战略研究小组主编的《中国区域创新能力报告》是以中国区域创新体系建设为主题的年度系列研究报告，报告选取知识创造能力、知识流动能力、企业的技术创新能力、创新环境、创新经济绩效等5个方面对区域创新能力进行评价。研究结果对于了解我国区域创新能力提供了较好的依据，本书主要以（2000～2013年）《中国区域创新能力报告》的研究结果分析东北地区的区域创新现状。

（1）东北地区区域创新位于全国中下游水平。《中国区域创新能力报告2013》表明，东北地区区域创新综合得分为25.01，位居全国第3位，如表8-3与图8-3所示，与区域创新综合得分居于首位的东部差距达到15.11，与第2位的中部差距达到1.35；其中，知识创造与创新环境两项指标能力最弱，排名均居于末位；企业创新与创新绩效两项指标均落后东部与中部地区，位于全国第3位，企业创新和创新绩效与东部差距较大，分别达到15.30和17.20；仅有知识获取能力较强处于全国第2位，但与东部差距较大为10.30。研究结果表明，东北地区知识获取与利用知识的能力较好，显示出其科技资源丰富；然而，企业应用新知识、推出新产品和新工艺的能力以及应用知识的环境欠佳，表明科技人才总量的增加和整体素质的提高是形成区域技术创新能力的关键。近几年来，由于东北地区人才成长环境不够宽松，人才的聚集、培养和使用的机制不灵活，使其科技人才大量外流，"孔雀东南飞"的现象仍较严重，不仅对原有科技资源存量的利用率不高，而且对外省人力资源的吸引力也不明显。

表 8 – 3　　　　　　　　　　2013 年我国四大区域创新能力

地区	综合得分		知识创造		知识获取		企业创新		创新环境		创新绩效	
	得分	排序	得分	排序	得分	排序	得分	排序	得分	排序	得分	排序
东部	40.12	1	35.53	1	37.02	1	46.12	1	35.80	1	43.79	1
中部	26.36	2	19.96	2	20.03	4	28.14	2	26.13	2	33.96	2
西部	23.12	4	19.52	3	21.37	3	20.92	4	23.08	3	29.91	4
东北	25.01	3	18.77	4	26.72	2	24.76	3	22.47	4	31.92	3

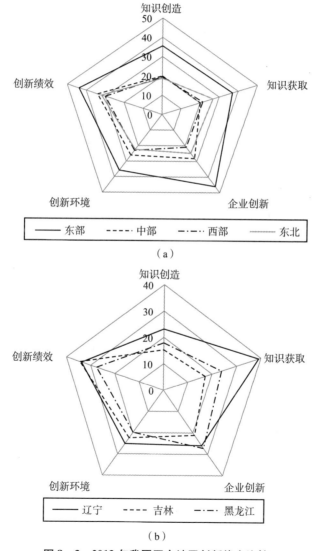

（a）

（b）

图 8 – 3　2013 年我国四个地区创新能力比较

资料来源：根据中国科技发展战略研究小组编《中国区域创新能力报告 2013》整理计算。

（2）东北地区内部区域创新差异较大。《中国区域创新能力报告2013》表明，如表8-4所示，辽宁、黑龙江与吉林三省的创新能力综合得分分别居于全国第11、19和23位三个梯度等级，与2013年综合得分相比，辽宁、黑龙江与吉林三省均分别下降了2位，知识创造能力在全国的排序分别为11位、22位和27位；知识获取能力分别位居6位、26位和13位；创新环境能力分别位居第15位、29位和24位。东北地区创新能力分省考察，辽宁创新能力较强，居于全国第11位，排名比较稳定，低于位于榜首的江苏30.39，低于全国平均水平2.22。

表8-4 　　　　　　　　　　2013年东北三省创新能力指标

项目	综合得分	排序	知识创造	排序	知识获取	排序	企业创新	排序	创新环境	排序	创新绩效	排序
辽宁	27.19	11	23.14	11	39.07	6	25.96	14	25.13	15	33.75	17
吉林	20.69	23	15.27	27	17.19	26	21.11	24	22.44	24	34.42	15
黑龙江	21.22	19	17.9	22	23.9	13	27.21	13	19.83	29	27.58	26
全国最高	57.58 江苏	1	69.68 北京	1	62.26 上海	1	72.23 江苏	1	49.38 广东	1	64.58 广东	1
全国平均	29.41	—	24.70	—	26.68	—	30.82	—	27.71	—	35.37	—

资料来源：根据中国科技发展战略研究小组编《中国区域创新能力报告2013》整理。

如图8-3所示，辽宁科技基础比较雄厚，高校和科研机构实力较强，与企业合作比较密切，企业的制造和生产能力较强，对技术需求较为强烈，同时也对外部技术具有较强的依赖性，致使辽宁创新绩效位居全国26位，低于全国平均水平（38.37）约7.26、低于广东省的1倍多。吉林与黑龙江的创新能力水平比较接近，均处于全国的中等偏下水平，分别位于全国第21位和第17位，低于全国平均水平（30.87）分别为6.5和3.2；低于江苏约1倍多，其中两省的知识创造能力均低于北京市2倍多，知识创造获取能力均低于上海市3倍多。相对来说，黑龙江知识创造能力较强，排名第8位，位于辽宁之前，发明专利数、国际论文以及增长率处于全国领先水平，由于创新环境欠佳，企业创新能力位于第21位，产学研联系不紧密，导致科技转化率较低，大部分科技成果仅停留在实验室里，致使创新绩效不高，低于广东省1倍多。

东北三省虽然在科技资源存量方面具有明显优势，但是由于长期受计划经济体制的束缚，科技创新环境建设的滞后，导致科技资源的创新潜力没有得到充分发挥，科技资源优势尚未转化为科技竞争优势和经济优势，使东北地区在知识创新、技术创新、科技竞争能力方面与其他发达地区相比，位次后移，差距扩大。东北地区区域创新位于全国中下游水平，东北三省创新能力大部分指标低于全国平均水平，呈现出"前有标兵，后有追兵"的紧张局面。总之，在 2003 年国家实施振兴东北老工业基地以来，东北地区已经具有了阿伯拉莫维茨后发优势论所述的拥有较强的吸收消化、再创新以及在模仿基础上进行自主创新的"社会能力"，主要表现为具有丰富的人力资源、科技资源、现代化的经营组织、先进的装备制造产业，这是东北地区经济发展的后发优势、实现经济高质量发展的必要条件。

第二节　东北地区经济发展潜力开发路径的系统动力学仿真

本书运用系统动力学模拟判断地区经济发展潜力开发路径的有效性，即在经济潜力开发路径选择的理论分析上，采用系统动力学方法对东北地区经济发展潜力开发路径的优化进行仿真，通过系统动力学理论构建地区经济发展潜力开发路径的因果关系图和流图，确定经济潜力开发的主导回路。本书应用系统动力学方法，一方面是用于分析东北地区的经济发展潜力、区域创新与经济发展实力三者之间的系统关系；另一方面，阐述东北地区的经济发展潜力通过区域创新转化为经济实力的过程，明确东北地区经济发展潜力开发的路径，从而为我国其他地区经济潜力开发路径的选择及其优化提供借鉴作用。

一、系统动力学模型构建

本书将对经济发展潜力开发路径和系统动力学仿真模型进行检验，其目的是验证所建立的模型是否较好地反映经济潜力开发的本质特征，本书主要采用运行检验方法对东北地区经济发展潜力开发路径有效性检验，分别选取 1、0.5 和 0.25 的不同步长进行仿真，观测模型中变量的仿真比较结果表明：地区经济发展潜力开发系统行为趋向平稳。由此可见，此模型可以有效表示东北地区经济发展潜力开发的仿真过程。

二、系统动力学模型的仿真模拟

本书依据所建立的因果关系及数学模型代入所设置的参数值与初始值，运用 Vensim 软件运行模拟东北地区 2013~2020 年经济发展潜力开发路径的运行状况，即在区域创新视角下，东北地区通过选择相应的内生路径和外生路径开发地区经济发展潜力，基本思路是通过调试经济发展潜力开发内生路径和外生路径变量的参数观察地区经济发展潜力、经济发展实力与区域创新能力三个观测变量的发展态势。

（1）地区经济发展潜力变化趋势。在经济发展潜力开发的前期，由于经济发展潜力增加与减少速度一致，经济发展潜力变化趋势不大。如图 8-4 所示，2013 年之后，经济潜力通过产业结构调整、人力资源开发和资源与环境保护等经济潜力开发的内生路径，以及政府扶持政策与对外开放程度等经济发展潜力开发外生路径的条件下，区域创新能力逐渐增强，经济发展潜力在区域创新作用下逐渐转化为经济实力，并且经济发展潜力培育的速度逐渐超过经济发展潜力开发的速度，经济发展潜力呈现增加态势，为后续研究经济潜力开发提供基础保障。

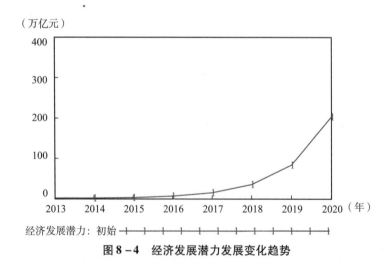

图 8-4　经济发展潜力发展变化趋势

（2）区域创新变化趋势。在地区经济发展潜力开发的前期，由于经济潜力较小，相应对创新的需求愿望较弱，导致地区创新意识不强。如图 8-5 所示，2013 年以后，随着经济发展潜力呈现增加趋势，地区需要增加创新能力用于开发经济发展潜力，因此，区域创新能力持续攀升，尤其是 2015～2016 年期间创新速度较快，区域创新能力提升不仅为经济发展潜力开发转化为经济实力创造有利条件，而且区域创新能力的提升同样也增加了地区未来的经济发展潜力。

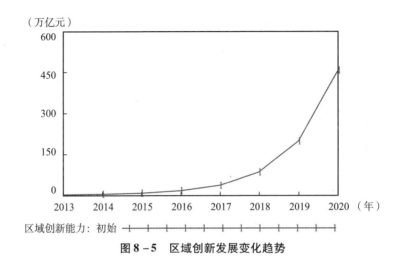

图 8-5　区域创新发展变化趋势

（3）经济发展实力变化趋势。根据经济发展实力是由经济发展潜力转化而来的假设，经济发展潜力与区域创新能力随时间变化不大，致使经济发展实力也变化不大，如图 8-6 所示。2013 年以后，在经济发展潜力增加的基础上，在内生路径与外生路径协调配合条件下，区域创新能力加快了经济发展潜力转化的速度，促进经济发展实力不断增加。经济发展实力的增加，一方面加大了科研投入力度，从而促进了区域创新能力的进一步提升；另一方面意味着地区拥有较多的资金，通过改善公共基础设施等投资环境和大项目带动作用，增加了经济发展潜力。

三、地区经济发展潜力开发路径优化的仿真结果分析

经济发展潜力开发的通用路径包括经济发展潜力开发的内生路径与外生路径，基于理论上分析经济潜力开发应选择以内生路径为主、外生路径为辅，两者相互协调配合，共同促进经济发展潜力开发，本书将从实证角度对经济发展潜力开发路径选择进行验证。由于东北地区经济发展潜力开发受二产与三产比重、人力资源因子、资源—环保因子、政策因子和进出

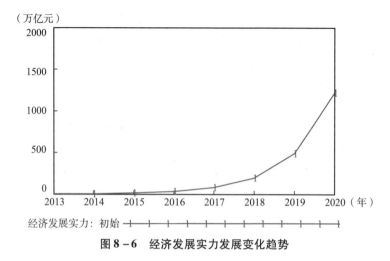

图 8 - 6　经济发展实力发展变化趋势

口增长率等参数影响，通过上述参数的调控与试验，利用参数的相互组合，分析在内生路径与外生路径对东北地区经济发展潜力开发的动态变化趋势，本书主要研究在初始条件、内生路径、外生路径以及内生和外生路径的四种不同情况，主要参数见表 8 - 5。

表 8 - 5　　　　　东北地区经济发展潜力开发路径优化的策略

初始	策略 Ⅰ（内生路径）	策略 Ⅱ（外生路径）	策略 Ⅲ（内生与外生路径）
二产与三产比重 = 0.7	二产与三产比重 = 0.9	二产与三产比重 = 0.7	二产与三产比重 = 0.9
人力资源因子 = 0.3	人力资源因子 = 0.8	人力资源因子 = 0.3	人力资源因子 = 0.8
资源—环保因子 = 0.05	资源—环保因子 = 0.2	资源—环保因子 = 0.05	资源—环保因子 = 0.2
政策因子 = 0.1	政策因子 = 0.1	政策因子 = 0.5	政策因子 = 0.5
进出口增长率 = 0.3	进出口增长率 = 0.3	进出口增长率 = 0.5	进出口增长率 = 0.5

（1）策略Ⅰ内生路径方案优化。策略Ⅰ主要是在初始状态下，如表 8 - 5 和图 8 - 7 所示，东北地区经济发展潜力主要通过调整产业结构、提

高人力资源素质以及改善生态环境等内生路径实现开发，促进培育并激发了地区强烈的创新需求意愿和创新机制，致使地区创新主体协调配合、创新客体有效配置和创新载体的优化完善，促进区域创新能力逐渐增强。一方面，人力资源素质不断提高，产业结构不断优化升级，生态环境得到明显改善，加快了经济发展潜力的转化效率，增加了经济发展实力；另一方面，经济发展实力的提高也有助于地区经济发展潜力的培育，为后续经济发展潜力开发创造物质条件，表明内生路径是经济发展潜力开发的主要选择方案之一。

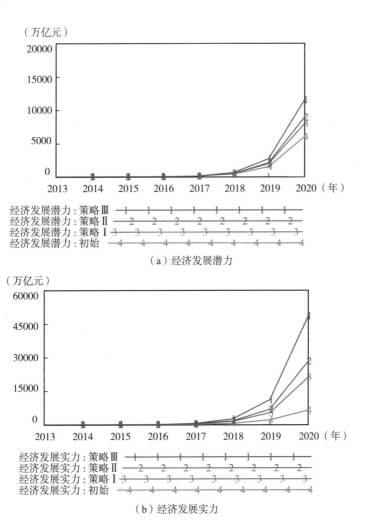

（a）经济发展潜力

（b）经济发展实力

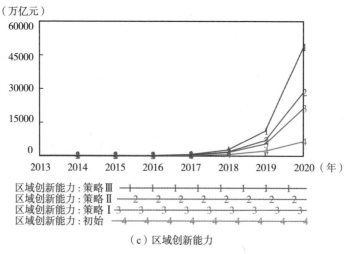

（c）区域创新能力

图8-7　经济发展潜力开发内生与外生路径策略指标变化

（2）策略Ⅱ外生路径方案优化。策略Ⅱ主要是在初始状态下，本书改变政策因子、进出口增长率等两个外生路径参数后，如表8-5和图8-7所示，东北地区经济发展潜力与经济发展实力均保持增加态势，激发了地区强烈的创新需求意愿和创新机制，表明在区域创新能力壮大条件下，外生路径释放地区经济潜力的方向与内生路径产生的方向一致。2003年实施东北老工业基地振兴政策以来，国务院又先后出台并批复了《辽宁沿海经济带发展规划》《沈阳经济区发展规划》《中国图们江区域合作开发规划纲要——以长吉图为开发开放先导区》3项国家级战略规划，《对俄沿边开发开放带规划》即将上升国家战略，"一带一路"倡议、"中国制造2025"规划以及新一轮东北振兴、《东北地区与东部地区部分省市对口合作工作方案》等重大机遇为东北地区振兴提供了行动纲领，上述政策为东北地区经济潜力开发提供了基础保障，同时，随着金融危机的不断回暖，东北地区的对外贸易尤其是对俄贸易逐渐增加。需要注意的是，在策略Ⅱ中，经济发展潜力开发转化为经济发展实力的效率较策略Ⅰ慢，表明外生路径开发的经济潜力效率弱于内生路径开发的经济潜力效率，但经济发展潜力开发的外生路径仍是主要选择方案之一。

（3）策略Ⅲ内生与外生路径方案优化。策略Ⅲ主要将策略Ⅰ与策略Ⅱ相结合，通过二产与三产比重、人力资源因子、资源—环保因子等内生路径与政策因子和进出口增长率等外生路径各相关参数的调控与试验，东北地区经济发展潜力的开发效率均比单独地采用内生路径或者外生路径开发潜力的效率高，如表8－3和图8－7所示，表明东北地区经济发展潜力开发应注重培育地区发展的内生动力和重视营造稳定发展的外部环境等内生路径与外生路径形成"双轮驱动"的相互协调发展，产生了"1＋1＞2"的良好效果，不仅从理论上考察，还是从实证上验证均是地区经济发展潜力转化为经济发展实力的最佳选择方案。

第三节　东北地区经济发展潜力开发路径运行的保障对策

东北地区要致力于经济发展潜力转化为经济发展实力，一方面要培育并提升东北地区经济发展潜力，使之有潜可挖；另一方面，应完善东北地区区域创新体系，使之有能力加速经济发展潜力的释放。

一、地区经济发展潜力的培育与提升

1. 内源型经济发展潜力培育

东北地区应抢抓国家推进供给侧结构性改革和"一带一路"倡议、"中国制造2025"规划以及东北新一轮振兴等重大机遇，促进投资与消费协调发展，深化国有企业改革，激发市场活力，积极应对经济下行压力，为"十三五"时期全面建成小康社会奠定坚实的基础（吕萍，2016）。东北地区当前的发展阶段和产业结构特点决定了未来一段时期，投资仍然是保增长、调结构的有力支撑。为此，继续把扩大投资作为应对危机保增长的重要举措，继续发挥投资对拉动经济和调整结构的重要作用。组织实施好中央投资项目建设，切实落实地方配套资金，加强项目监管。进一步优化投资结构，在基础设施、粮食产能工程和民生工程等重点领域谋划一批重大建设项目，并力争尽快组织实施。

东北地区应加快"非能源"产业发展，促使工业发展摆脱对能源工业的过度依赖。一是抓紧制定落实"中国制造2025"实施规划和实施意见，依托东北地区装备制造业技术基础的优势和条件，大力推动电力装备、航空航天设备、轨道交通设备、高档数控机床和机器人、汽车（含节能汽车、新能源汽车）、农机装备、新材料、生物医药、新一代信息技术等行业加快发展。二是健全淘汰落后标准，落实好企业兼并重组优惠政策，加快传统产业转型升级，在优胜劣汰、竞争合作中增强企业活力。三是加快

产业园区建设。创新园区管理体制与开发机制，完善园区道路、电力、排水、通信等基础设施建设，提升承载和辐射能力，加强宣传、推介，提升社会知名度和影响力。有效承接"京津冀""长三角"等发达地区产业转移，加快推进石墨等战略性新兴产业、绿色食品产业等园区建设（吕萍，2016）。由于东北地区是我国进入计划经济最早而退出计划经济最晚的地区，应尽快破除传统计划经济体制下形成的思维模式与路径依赖，引导各级政府破除"等靠要"依赖思想，转变为"闯改创"积极意识，应借鉴"先进园区东北行"活动，通过系统学习先进园区的成功经验和典型做法，加快形成东北地区以园区为核心载体的区域发展支撑体系，形成"园区—城市—城市群—更大区域"的递推式发展模式，通过以点带面引领带动老工业基地全面振兴（国家发展和改革委员会，2016）。

（1）积极培育产业潜力。借助农产品种植业、畜牧养殖业发达与装备制造业的优势，加快发展基础配套零部件和特殊原材料产业、大力发展农林畜产品精深加工业等产业，积极发展航空航天、电子信息、生物医药、新能源、新材料等战略性新兴产业，鼓励地方政府设立专项扶持资金，支持潜力型产业发展（国务院，2009）。东北地区应通过"制博会"重要平台加强与我国装备制造企业对外交流合作、提升研发能力、推动产业发展、促进转型升级起到了积极的作用。

黑龙江省应以"油头化尾""煤头电尾""煤头化尾""粮头食尾""农头工尾"为抓手，推动发展转型。东北地区属于典型的资源型地区，煤炭城市产业结构对资源依存度仍较高，接续替代产业总体规模小，大项目储备少、重点项目资金投入不足。为此，解决资源型城市尤其是煤炭城市脱困问题，既要解决输血的问题，更要解决增强煤炭城市造血功能——上产业项目。基于煤炭城市煤炭采掘的主导产业"量价齐跌"的态势将长期存在，从解决接续替代产业相对弱小的实际出发，实施投资拉动产业支撑战略，从五个方面大上接续替代产业的财源项目（吕萍，2016，2017）。

第一，加快发展煤化工产业。应以"煤头电尾""煤头化尾"为抓手，坚持煤炭资源开发和深加工并重，鼓励煤炭资源型城市与国有企业（如龙煤集团）共同发展以煤制烯烃、煤制芳烃为重点，构筑现代煤化工及精深加工产业链；发展以煤制化肥、煤制甲醇为重点，改造升级传统煤化工；加快推进现有电厂改造升级，按照国家要求，将来用洗中煤、煤矸石、煤泥等低质煤发电。国家和黑龙江省政府应在四煤城现代煤化工产业投资规模、产业布局、项目摆放等方面从宏观层面给予统筹考虑和资金支持，整合生产要素，避免项目重复建设，实现产业布局最优化和资源利用效率最大化。

第二，加快发展石墨加工产业。依托鸡西、鹤岗、七台河、双鸭山拥有石墨储量十几亿吨的资源优势，整合石墨资源，打造全国重要的石墨产业基地。发挥国家级石墨产业技术战略联盟在资金、技术和人才等生产要素的汇聚优势和品牌效应，积极开展企业与院校的科技合作，加强科技成果转化项目对接，着重开展石墨烯及其下游应用产品研究，提高产品附加值，延长产业链。优先发展石墨微粉、高纯石墨、球形石墨、特种石墨合金增碳剂、可膨胀石墨、柔性石墨、锂电池及金刚石等精深加工项目。

第三，加快发展绿色食品产业。资源型城市应利用现有的土地和林地资源，发展种植养殖业和林下经济等产业基地。一是建设有机鸭稻田基地，引进并推广"鸭稻共作"的生态农业模式，加快绿色有机稻米生产。二是建设果蔬种植基地，以草莓、辣椒、茄子、西红柿、白菜等绿色有机果蔬开发为核心，努力打造绿色有机果蔬生产示范基地。三是建设菌类种植基地，规模化培育木耳、香菇、平菇、滑子蘑等食用菌。四是建设蓝莓基地，通过绿色食品的生产、加工、销售、服务一体化，有效带动物流、旅游、饮食、民俗文化等相关产业的发展，建设四个产业基地实现安置转岗就业达数万人以上，促进城市增收。五是加快发展生物医药产业。支持珍宝岛药业、乌苏里江制药等现有医药企业向"专、精、特、新"方向发展，培育优势产品和品种，坚持种加销一体化、医药产业配套化，突出合作社、大户带动，重点发展刺五加、灵芝、五味子和川贝等中药系列产品，开发抗病毒、抗感染、心脑血管等一批新型"北药"产品，形成从中药材种植、提取、制剂生产、药品检验及销售配送等完整的医药产业链，提升"北药"精深加工水平。

第四，加快发展生态旅游产业。借鉴波兰维利奇卡盐矿的博物馆和德国鲁尔区工矿旅游的成功经验，鼓励富余煤矿职工兴办旅游产业，鼓励与引导有规模的旅行社开发工矿旅游资源。资源型城市应确立以界江界湖养生游、森林湿地生态游、历史文化红色游、矿山文化体验游、中俄边境跨国游等多元化产业格局，加强与国内百强旅行社和旅游企业合作对接，给予带动矿工实现转岗的旅游企业奖励扶持政策。加快重点景区和城市国际旅游配套设施建设，完善整体服务功能，借助携程、途牛等知名网站和传统媒体，加强线上线下宣传营销，壮大旅游产业规模。

第五，加快发展电子商务。针对煤炭城市富余人员和去产能的同时，通过发展电子商务等新业态，开辟转岗就业新路。一是开展电商培训。由政府出资聘请专家讲课，对中小企业法人、营销人员以及转岗职工进行电商应用技能培训，强化其电子商务意识和实际应用水平。二是出台激励政策引导参与电子商务发展。应重点扶持四煤城电商企业发展壮大，引导创业者和企业积极开展电子商务应用。鼓励形成规模、带动性强的电商企业吸纳转岗职工可获相应的奖励，以达到实施带资转岗的效果。三是发展"互联网＋"，催生新兴业态。利用"互联网＋资源"改变资源型企业（如煤炭企业）的生产方式、经营的商业模式、建立储配资源中心，针对客户需求开展个性化服务，推动资源型产业升级改造。积极推进与淘宝、京东等知名电子商务平台合作，加快搭建绿色农产品、对俄跨境电商、生态旅游等电子商务平台，鼓励商贸流通企业打造线上线下平台，实现商贸物流业提档升级，支持龙头企业建立电子商务平台（B2B、B2C），实施"买煤城、卖全省""买全省、卖全国""买东北亚、卖向全球"的经营模式。

第六，加快发展文化产业。一是培育特色文化品牌，提升文化产业竞争力。应借鉴枣庄充分挖掘并利用特色文化元素，形成以台儿庄古城，微山湖红荷湿地等文化旅游发展新格局的经验。针对城市文化发展背景，制定特色的文化产业发展战略，将历史人文特色纳入城市市貌，提高城市发展竞争力。四煤城可发展以煤炭为主题的工业文化游，展示煤炭形成、开采、被利用后废弃的情景，以警示世人有效利用资源、保护生态环境。二是推动文化产业与其他产业融合发展，提供产业转型助推力。应借鉴河南焦作将旅游景区和养生场所融合太极文化元素，助力经济转型升级的经验。加快文化产业与相关产业融合发展，延伸文化产业链条，转变资源型城市的经济发展模式。深化"文化＋旅游"融合，形成一批具有影响力的文化旅游品牌，伊春应结合森林文化与日月峡自然景观发展综合森林文化旅游。深化"文化＋制造"融合，在制造业研发、设计、生产等各个环节有机融入文化元素，为制造创造新优势。深化"文化＋科技"融合，建立文化资源大数据平台，应用前沿技术，推进资源型产业转型升级。三是加强区域文化合作，吸引文化产业发展的外援力。应借助"一带一路"倡议与国家支持资源型地区经济转型的战略部署，资源型城市应营造良好的文化氛围，积极参加俄罗斯、日本等国家与北京、深圳等省市的文化交流与合作，组织文化月、文化周等大型综合性活动，通过签订文化交流计划等方式推动相关文化产业项目的开发与实施，吸收吴越文化、岭南文化等优秀地域文化的优点，重塑适合市场经济发展的价值理念与意识形态，将资源型城市文化产品推向国内外市场。依托大庆国家级文化产业试验园区、鹤岗"'龙江三峡'中俄犹文化旅游集合区"等文化产业项目，吸引国内外资金、技术、高端专业人员参与资源型城市经济转型。

（2）提高中低收入阶层收入水平，释放居民的消费潜力，增加城乡居民收入是提高居民消费能力和购买力的关键，也是扩大内需的工作重点。东北地区中低收入阶层收入水平普通较低，要努力提高城乡居民特别是农民和城镇低收入者的收入，大幅度提高中低收入阶层收入水平。一是加大对低水平收入者的支持力度，除提供为低收入者创造就业与创业机会之外，还要加大提高社会保障的水平和覆盖面等各级政府转移支付水平。二是扩大中等收入者比重，积极解决实行教育公平，保护私有产权、维护社会公正等问题，从而将收入分配的"金字塔"型转变为"橄榄球"型。三是逐步完善高收入阶层个人所得税税制及其征管工作，一方面各级政府应该采取各种配套措施，在全面监控个人的各种收入的同时，完善个人所得税法，合理调整个人所得税税基和税率结构，提高工资薪金所得费用扣除标准，减轻中低收入者税收负担，加大对高收入者的税收调节力度。另一方面，建立健全比较完善的消费保障制度，积极营造良好的消费环境，进而调动群众的消费积极性。

2. 外源型经济发展潜力培育

在国家对东北老工业基地规划基础上，东北地区应进一步争取国家相关政策，并按照规划的初衷使之贯彻实施，健全体制机制；充分利用国内与国外"两个市场"与"两种资源"，加大对国内与国际的开放力度。一方面，加大与国内其他地区的经济交流与合作，将劳动力等资源要素低成本的优势最终转换为在国内市场上商品低价格的优势。进一步简政放权、提高政府服务效能，深化改革和制度建设，着力破除体制机制障碍。一是发展混合所有制经济，增强经济发展的活力。鼓励、引导国有企业和民营企业合作成立混合所有制企业，支持民营经济以出资入股等方式参与如龙煤集团体制改革，推动国有企业不断提高效益和效率。支持四煤城申请国家民营经济发展改革试点，鼓励国外大公司、非公有制经济参与煤城重大资源开发、接续替代产业和公共基础设施项目建设，培育壮大一批民营企业集团。二是加快简政放权、放管结合、转变政府职能。东北地区应继续推进简政放权，全面清理非行政许可审批事项，取消不必要的生产经营准入限制、行业管理规定，为企业发展创造公平环境。加大对投融资项目审批体制改革，在依法合规的前提下，尽量减少前置审批事项。进一步规范各种行政事业性收费，减轻企业负担。提高简政放权的"含金量"，清晰划分政府与市场的边界。对权力事项逐项研究梳理，推行政府权力清单和责任清单制度，强化权力放管并重，提高行政效率，更好地服务于创新主体，激发社会创新创业活力（吕萍，2016）。国家发展和改革委员会在总结"标杆企业东北行"和"先进园区东北行"活动经验的基础上，还将持续推出服务型政府、创新院所、金融机构等系列"东北行"活动，力争做成品牌、形成系列、打出声势，努力为推动东北地区加快振兴发展创造更加有利的思想基础和社会氛围。

对于经济发达、劳动力成本高昂、资源贫乏的区域，东北地区应该与这些地区发展劳动密集型产品的贸易；对于一些以重工业为主导产业的区域，东北地区通过用劳动密集型产品交换资本密集型的重工业产品，以发挥自身劳动力丰富等优势。另外，东北地区应充分利用所处东北亚地区的区位优势，积极开展以俄罗斯、乌克兰、日本、韩国为重点的对外经济贸易、科技交流与合作，比如，东北地区从日本引进高新技术或先进适用技术加快资源性产业结构调整，延长产业链；同时东北地区应充分利用俄罗斯丰富的石油、煤炭等自然资源，实现对俄罗斯资源的异地开发，到境外开展能源、原材料投资合作，争取俄罗斯资源的勘探权和开发权，不仅可以缓解东北地区资源紧张局面、解决就业问题、增加居民收入水平；而且通过资源的合理开发，改善东北地区的生态环境。就黑龙江省而言，积极回应国家"一带一路"倡议，加快"中蒙俄经济走廊——黑龙江陆海丝绸之路经济带"建设。一是优化进出口产品结构，加快促进传统贸易伙伴贸易额回升，积极拓展新兴市场，促进贸易伙伴多元化，优化出口产品结构，继续加大机电和高新技术产品出口，稳定劳动密集型产品出口，培育自主品牌和拳头产品，提高地产品市场占有率；积极引进技术含量高、发展前景好、服务业态新的企业和项目，促进老工业基地结构调整和优化升级。二是深入实施"走出去"战略，贯彻"一带一路"倡议。加强与俄罗斯远东开发战略互动对接，务实推进对韩国、蒙古国、日本、朝鲜合作，加快基础设施互联互通，吸引和承接国内外产业项目向黑龙江省转移，加快建设国家级承接产业转移示范区，带动产业结构调整和优化升级（吕萍，2016）。

二、区域创新体系的构建与完善

东北三省在国家东北振兴战略和科技部"振兴东北老工业基地科技行动"指导下，于2004年3月签署了《东北三省联合建立区域科技创新体系协议》，标志着东北三省共建区域创新体系的工作正式启动。2006 年 7 月，辽宁、吉林与黑龙江三省政府签署了中国首部区域性立法协作框架协议，从而解决科技研发中各自为战的弊端，有利于发挥科技在振兴东北老工业基地中的支撑作用。

（1）完善东北地区创新网络。区域创新网络是指区域内多元主体参与的、有多种创新资源流动的、开放的创新系统，是一种新的组合与运作方式，在一定的地理区域内以创新为功能指向、以横向互动为动力的区域创新系统。一是对东北三省地方政府进行职能创新，使之转变为服务型政府。二是增强企业的科技力量，充分发挥东北地区科研院所密集优势的基础上，可以引进外地的智力资源，与外地科研院所联合研发，不断开发新产品、新技术与新工艺等。黑龙江省通过《黑龙江省促进科技成果转化条例》突出了企业主体地位，体现了企业是科技成果转化主体的立法思路，对支持企业自主立项、加大科技研发投入和成果转化等方面做出明确规定。明确规定发挥企业在研究开发方向选择、项目实施和成果应用中的主导作用。对利用财政资金设立、市场导向明确的科技项目由企业牵头组织实施。三是在引进智力的基础上，积极培育本地区的科研力量，甚至可以与重点高校联合创办专科院校或科研机构。四是提高企业自主创新和科技成果转化能力。支持企业建立技术研究开发中心、企业研究院、工程研究等各类研究开发机构。为鼓励企业实施科技成果转化，规定能够承接研究开发机构、高等院校科技成果并实施转化的企业，政府可按照技术合同成交额或技术入股出资额的一定比例给予补助。为激励企业科研人员开展科技成果转化，规定国有企业应建立对科研人员的中长期激励机制。鼓励国有企业加大科技研发投入，规定将国有及国有控股企业研发投入、科技成果转化绩效列入企业负责人经营业绩考核范围；对其在科技研发等方面的投入，可在考核中视同利润。新条例为激励科技人员转化科技成果，给予研究开发机构、高等院校创造更加宽松的政策。条例还从资金、税收、金融、保险等多方面对科技成果转化给予支持保障。五是鼓励建立中介服务机构。在创新资源有限和创新能力较弱的前提下，东北地区应加强与其他地区创新主体合作，吸引国内外优秀的科研机构和人才，通过省际、区际资金、人才、技术等生产要素的流动弥补创新资源短缺的矛盾。东北区域创新运行网络既要实现省域内各创新主体之间的相互连接，又要实现与其他区际甚至于国家创新体系的有效连接，东北地区对内与长三角、泛珠三角和环渤海地区经济与科技对接与互动结成战略联盟，尤其是黑龙江省与北京中关村加强与上述三大区域的合作与交流，对外与东北亚等地区创新网络的对接与互动，逐步建设与完善东北区域创新体系。

（2）优化东北地区创新环境。区域创新环境是东北地区创新体系建设所迫切需要解决的最突出问题，一是完善地方政府的形象及其行为路径。政府对企业干预程度、工作作风、服务态度、办事效率、廉洁程度等是投资者极为关注的方面。二是建立法治环境。既要通过法律规范一切经济主体的行为，使政府依法行政，企业依法经营，保护企业合法经营的权益，又要强调公正执法、文明执法，在法律面前人人平等。三是营造政策环境。政策作为指导经济活动的有力工具，其功能在于引导投资者沿着正确的方向健康发展。建议应对各级政府加强对东北区域创新体系的基础设施建设，同时在国务院有关部门指导下，从调整产业结构、优化配置科技力量分布格局、定位城市功能、综合利用资源、改善生态环境等方面对东北老工业基地振兴做出整体规划设计，在此基础上，制定振兴东北老工业基地科技支撑行动方案。

（3）制定东北特色的区域创新体系发展规划。任何地区都具有自己独特的自然、经济、社会、文化与制度等环境背景，东北地区应根据区情因地制宜地建设东北区域创新体系的"四大创新群"和"六大重点产业"发展规划（赵其国，2005）。加速以企业为主体的技术创新体系建设，促进企业持续快速发展。东北地区按照合理分工、整体协调和开放运行的原则，对以沈阳、大连、长春和哈尔滨为中心的辽宁南部沿海创新群、辽宁中部创新群、吉林中南部创新群以及黑龙江南部创新群等四大创新群的建设进行整体规划。基于装备制造、石油化工、精品钢材、高新技术、现代农业、制药工业六大产业带的形成和技术创新的整体运行制定实施规划（中国科技发展战略研究小组，2009）。同时，充分利用东北地区独特的地缘优势，加快融入东北亚区域创新体系。

三、地区经济发展潜力开发的关键路径选择

在上述经济发展潜力培育以及区域创新能力提升的基础上，东北地区应弘扬工匠精神、抗联精神、北大荒精神、大庆精神、铁人精神等，有目的地选择经济发展潜力开发的关键通用路径与专用路径，促进经济发展潜力最大限度地转化为经济发展实力。

1. 地区经济发展潜力开发的通用路径选择

（1）促进产业结构优化升级，发展战略性新兴产业。加快实施东北老

工业基地振兴战略，东北地区应着力稳定优化一产、主攻调整二产、提升扩展三产，增强内需对经济的拉动作用，围绕经济结构调整和产业结构优化升级，加快促进经济发展方式转变。着力发展现代装备制造业、资源型城市发展接续产业和现代农业、高科技产业等方面给予重点支持，进一步扩大产业的拓展空间。构建现代农业体系，加快粮食生产核心区建设和粮食产业、畜牧养殖及加工产业；延伸装备制造、能源、石化及食品等支柱产业的产业链条，提高产业加工度，增强产品附加值和集聚产业效应；突出发展先进装备制造、新能源、新材料、光电信息、生物医药等战略性新兴产业，把培育战略性新兴产业作为发展创新型经济的突破口，不失时机地推进产业结构调整优化，提升产业经济竞争力，加快经济转型升级。同时，引导金融机构加大对重点产业发展、产业转移和战略性新兴产业的支持力度，实现金融与产业结构调整相协调。

（2）加快人力资源培育与开发，发展创新创业型人才。东北地区应加快完善科技创新体系，推进产学研结合，建设一批高水平研发机构，加强与国际科技机构合作。紧抓人才兴区的策略，加强人力资源开发，充分发挥东北地区在对俄罗斯、日本、韩国等国家人才交流合作上的优势，加大培养和引进人才力度，建设与承接产业相配套的人才培训基地和公共培训基地，促进经济社会发展从主要依靠增加物质资源消耗逐步向依靠人力资源和科技进步的转化。加快培养电子商务相关人才，利用东北地区富余人员和去产能的同时，通过发展电子商务等新业态，开辟转岗就业的新路子。

（3）加强资源合理开放利用与环境保护，提升资源与环境承载能力。东北地区具有比较丰富的自然资源，属于典型的资源密集型地区，我国约三分之一的资源型城市位于本地区，致使在经济发展过程中资源浪费与环境污染问题仍然比较严重，因此，东北地区有效解决能源领域的问题，需要运用循环经济的发展理念提高资源的综合利用效率与改善生态环境。同时资源型地区应加快发展接替产业，推进建立衰退产业援助和资源开发补偿两大机制，尤其是有关部门应以资源、环保、能耗和技术为重点，加大对焦炭行业和小煤矿进行清理、整顿和改造，促进资源型城市顺利转型。

（4）加强与东中西部地区的联系和协作，缩小地区发展差距。在国家实施振兴东北老工业基地战略进程中，按照东北地区资源禀赋的特点和自身发展优势，积极开展与东部沿海地区、中西部地区的交流与合作。一方面，积极承接东部沿海地区的产业转移，带动相关产业的发展，鼓励发达地区参与东北老工业基地振兴，加强东北地区与京津冀、山东半岛、长三角、珠三角等区域的经济联系，吸引东部地区积极投入振兴东北老工业基地建设；另一方面，鼓励东北地区企业积极参与西部大开发和中部崛起的发展战略。国务院办公厅印发《东北地区与东部地区部分省市对口合作工作方案》，实施落实东北和东部地区建立对口合作机制。东北板块和东部板块发展互补性较强，通过特色产品优势、装备制造研发优势、转变思想理念等方面对口合作优势互补，取长补短。组织辽宁、吉林、黑龙江三省与江苏、浙江、广东三省，沈阳、大连、长春、哈尔滨四市与北京、上海、天津、深圳四市建立对口合作机制，开展互派干部挂职交流和定向培训，通过市场化合作方式积极吸引项目和投资在东北地区落地①。

（5）构建城镇化支撑体系，加快新型城镇化建设进程（吕萍，2017）。根据东北地区城镇化发展支撑体系的内涵与粮食主产区城镇化发展的实际情况，提升城镇化发展质量应构建支撑体系框架。人才支撑、产业支撑、公共服务支撑、资源环境支撑与制度支撑等五个要素支撑子系统在粮食主产区政府、中央政府与粮食主销区政府的三类政府间支撑保障下，通过内外环连接促进城镇化质量的提升。其中，人才支撑子体系是指培训农民工和农业科技人才，帮助掌握就业技能，依据自愿原则选择是否进城务工；产业支撑体系是指三次产业的融合发展，通过"要素驱动"向"创新驱动"转变促进产业结构的调整优化，实现"以产兴城，依城促产，产城融合"的目标；公共服务支撑体系是为进城的农民工提供教育、公共医疗、住房租购等方面的服务，保障其享有基本生存权和发展权；资源环境支撑体系是通过资源合理开发利用，生态环境的保护，提升城市的综合承载能力以充分容纳农村剩余劳动力；制度支撑体系主要是保障加快农民工市民化所需的土地、户籍、就业和社会保障等制度和政策，解决进城农民工后顾之忧。粮食主产区为保障国家粮食安全做出重要贡献，中央政府与主销区政府应共同为主产区提供城镇化发展所需的资金与政策，支持粮食生产，有效分担农民工市民化的成本。提升粮食主产区城镇化质量的支撑体系包括加快农村剩余劳动力"进得城"的支撑体系与保障进城的农民工"留得住"的支撑体系，如图8-8所示。

---

① 《东北地区与东部地区部分省市对口合作工作方案》，载《黑龙江日报》2017年3月19日，第2版。

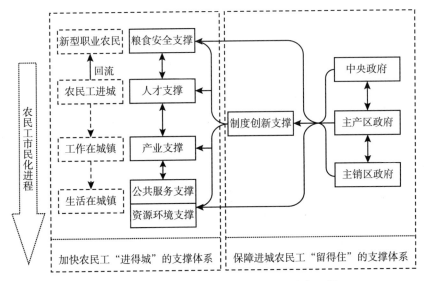

图 8-8　东北地区城镇化发展支撑体系内部逻辑

首先，在加快农民工"进得城"的支撑体系中，城镇化发展需要人才支撑解决"农村剩余劳动力往哪去"的问题，即农民工通过劳动技能培训后，选择进入城市群、大中小城市、小城镇的异地城镇化还是就地就近城镇化。同时需要培育新型职业农民，引进农业科技人才，推动农业现代化发展，保障国家粮食安全；进入城镇的农民工需要稳定的工作才能在城市生存，即产业支撑解决农民工的稳定就业问题，由于农业发展与工业化分别是城镇化的初始与核心动力（董利民，2011），支持农业转移人口创业，以创业带动就业，依靠商业、物流、旅游、房地产等多元产业吸纳就业，避免出现"有城无产"的"空城""鬼城"现象；公共服务支撑与资源环境支撑是在城市人口应在资源环境承载能力的阈限值以内，以防交通拥挤、生态环境污染等"城市病"发生的前提下，解决工作在城镇的农民工应该如城市居民一样有尊严地享受到教育、医疗卫生、文化体育等公共服务保障。公共服务支撑与资源环境保护等工作需要政府与相关企业支持，也为吸纳进城的农民工提供产业支撑，产业集聚效应促使城市功能不断完善与规模扩张，包括老城区改造、新城区规划以及农村新社区的建设。

其次，在保障进城农民工"留得住"的支撑体系中，制度支撑分别对人才支撑、产业支撑、公共服务支撑、资源环境支撑等四个子系统提供制度保障，通过降低交易成本、制约资源配置、改变环境等方式影响城镇化的进程（李文，2007），尤其是通过土地制度、户籍制度、就业制度、社会保障制度、财政制度等创新支撑农民工享受城市文明，加快农民工市民化进程。在城镇化进程中，进城农民工生产和生活方式的转变、城镇产业体系的形成、公共服务的配套、就业机会的创造，以及高素质人才的培养与引进等方面的变化，将会产生不同种类的投融资制度需求。粮食主产区政府通过推进简政放权，营造良好的市场环境，加大财税支持力度，完善农民工市民化的扶持政策，同时应支持进城务工的农民工回流，培育新型职业农民，以创业带动就业，保障粮食生产安全。中央政府主要是通过加大财政转移支付，加大农业生产与农民生活的补贴支持力度等扶持粮食主产区发展，促使农民愿意种粮、安心种粮；粮食主销区通过利益补偿或参与主产区的项目投资开发，与粮食主产区政府共同分担农民工市民化进程中的成本。

东北地区新型城镇化建设制度创新的总体架构是"三线、双环、多元"（陈玉梅、吕萍，2014），其中，"三线"，即政府、企业与民众三大主体为主线；"双环"，即内环制度创新与外环制度创新相结合；"多元"，即政府管理制度、企业运行制度、民众参与制度的多种制度协同创新。"三线、双环、多元"制度创新体系要求政府、企业与民众三大主体并行，以内环制度创新为核心，内外双轮驱动，制度创新多元化，如图8-9所示。

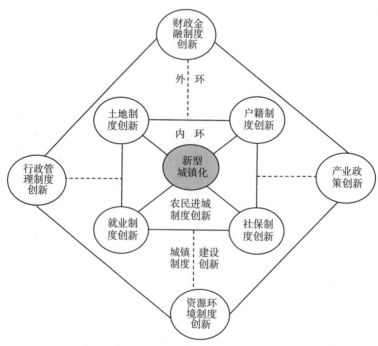

图8-9　东北地区城镇化建设的内环与外环制度创新体系架构

　　"三线、双环、多元"制度创新体系的基础是制度创新多元化。在内环制度创新中，土地制度创新的目标是促进农地合理流转，提高农地资源利用率，在保证国家粮食安全的前提下，促使农村剩余劳动力"离开土地"，加快剩余劳动力转移速度，促进城乡要素之间的畅通流动；户籍制度创新的目标是创造人口自由流动的制度环境，分阶段有步骤地实行城乡户籍一体化管理，逐步建立起以居住地划分的城镇人口与农村人口，加快"离开土地"的农民"进入城市"；就业制度创新的目标是建立对进城农民的职业技能培训制度，加快劳动用工制度创新，加快公共就业服务制度创新，建立健全覆盖城乡的公共就业服务体系，促使"进入城市"的农民"留在城市"；社会保障制度创新的目标是坚持以人为本的原则，以农村社会保障制度创新为重点，建立全面覆盖的社会保障制度，逐步消除进城农民的后顾之忧，打破城乡分割的坚冰壁垒，加快农民市民化进程。

　　2. 地区经济发展潜力开发的专用路径选择

　　（1）加快产业结构优化升级，重点发展装备制造业等六大产业带。根据东北地区自然资源禀赋特征和空间分布，结合城市和地区产业结构调整的重点，有针对性地培育发展装备制造业、石化产业、现代农业、精品钢材与高新技术产业等六大产业带[①]。其中，装备制造业产业带应在改变传统生产路径和运营方式上重点发展高档机械加工设备、重大成套装备以及农用机械设备、民用飞机和高附加值船舶等产业；石油化工应在开发利用各项新技术的同时重点发展对于经济发展急需的精细化学品和合成材料，形成石油化工系列产品生产加工体系；高新技术产业应以东北地区具有国家级示范作用的高新技术产业园区为核心，重点发展软件、光电子、电子信息、生物技术和新材料产业。

　　（2）解决国有企业巨额亏损，为企业发展提供内生动力。东北经济市场化水平低，国有企业比重高，并且集中于传统产业，黑龙江、吉林、辽宁三省共拥有7000多户地方国有企业，资产总额超过2.8万亿元，这还不包括规模庞大的央企驻地方机构。近年来随着一批国有企业效益不佳，东北经济受到拖累，深化国企改革在新一轮东北振兴中扮演"牵一发而动全身"的角色（王炳坤、王莹，2017）。李克强总理指出，东北是最晚退出计划经济体制的地区，国企改革的历史包袱重，关键是解决体制机制问题，需要在改革开放中实现东北振兴。国家发展和改革委员会宏观经济研

---

　　① 《国务院关于进一步实施东北地区等老工业基地振兴战略的若干意见》，载《中华人民共和国国务院公报》2009年第26期。

究院教授常修泽说，当前的发达经济体，服务业占经济的比重达到 70%，而制造领域的服务业又占服务业的 70%，东北国企发展生产性服务业上大有可为（王炳坤、王莹，2017）。在我国经济进入新常态的背景下，经济增长下行压力与产能过剩并存的现象亟须加快形成经济增长的内生动力，资源型企业多为国有企业，资源型城市正面临着前所未有的压力与挑战。在对龙煤集团等国有企业实地调研与召开相关部门座谈会的形式发现，龙煤集团作为国有企业脱困不仅关系到几十万职工及上百万家属的生活，更关系到四煤城的稳定发展。2015 年，龙煤集团需直接供养的人员接近 60 万人（在册职工 21.9 万人，离退休职工 19.7 万人，职工 13.8 万人，工私亡①遗属 3.9 万人）。人工成本占总成本的 48%，高出行业平均水平 14 个百分点。2014～2015 两年，龙煤集团年均亏损 45 亿元左右，在册职工工资总额近 80 亿元，其中，在岗富余人员每年需支付工资福利高达 50 亿元。通过解决国有企业巨额亏损等脱困路径的研究，有利于城市应对经济发展下行压力，为主动适应经济发展新常态奠定基础，加快实现全面建成小康社会和"十三五"规划的目标，应实施以下"五个一批工程"（吕萍，2017）。

第一，实施组织化分流"转岗一批"工程。龙煤集团应加快实施 5 万人转岗分流就业行动计划，在目前已启动组织化转岗分流 2.25 万人（煤城、林业、农垦、森工）的基础上，用 2 年内再转岗分流 2.75 万人。为此，一是借鉴扶贫攻坚的模式，把龙煤集团富余职工转岗纳入扶贫攻坚规划。二是实施产业项目带动转岗，鼓励富余职工带资转岗至龙头骨干企业。地方政府每年集中出资 5 万～10 万元/人，支持 2 万人带资（10 亿～20 亿元）分流，发展产业项目建设（设施农业投入 20 亿元可带动 2 万富余职工就业），解决人员分流安置问题。三是鼓励和引导富余职工自主创业，向一、三产业寻求新的发展空间。充分利用农业资源优势和"互联网＋"信息技术，支持农产品加工、休闲旅游、健康养老等产业发展，转岗人员自主创业应享受税收、贷款等方面的优惠政策。

第二，实施发展接替产业"转移一批"工程。龙煤集团应借鉴德国鲁尔区的职业培训经验，开展就业技能培训，通过生产和务工实现富余人员转移。顺应接续替代产业发展需求，在利用黑龙江省政府新配置的煤炭资源，新建高产高效现代化矿井，做强主业的同时，大力发展煤化工、煤电

---

① 职工发生工伤或因私（生病）死亡的简称。

等精深加工产业。龙煤集团筛选一批回报高、见效快的劳动力密集型产业，为龙煤集团转移分流人员提供就业机会。推动农业、装备制造业、物流贸易等产业发展，与优势企业合作发展新材料、新能源等新兴产业。国家和地方政府扶持将大型水利和农田改造等工程直接委托给龙煤集团建筑企业，既能培育龙煤集团的一批建筑企业和施工队伍，又能在企业规模与实力壮大的同时促使矿工转变成技术工人。充分发挥鹤岗矿业公司的东北地区最大生猪饲养和屠宰加工基地经验，大力发展畜牧业养殖及畜产品精深加工产业，加快配套物流建设，不断扩大畜牧养殖规模，打造全国畜产品供应示范基地，非煤经济比重达40%以上。

第三，实施减轻社会负担"剥离一批"工程。由于地方政府财力不支难以承受，企业办社会剥离移交难度颇大。龙煤集团不仅受困于破产矿遗留问题，还承担着独立工矿区"三供一业"、城区物业管理、医疗机构、社保退管机构等企业办社会职能，涉及从业人员约1.5万人，每年支出约16.3亿元。建议国家和地方政府按照出台的一系列有关分离企业办社会职能的政策文件，协调国家财政从支持振兴东北老工业基地和帮助原中央下放企业解决历史遗留问题的角度，采取"国家拿大头、省政府拿小头、地方拿零头"的方式，给予企业办社会移交资金支持。采用先移交再解决欠费的方式，加快企业办社会职能的剥离移交进度，力争一年内企业全部退出，集中精力于生产经营，提高企业竞争能力。

第四，实施扭亏无望企业"破产一批"工程。龙煤集团现有的42个生产煤矿（仅有3个矿维持盈利）亏损日趋严重，尤其是鸡西正阳矿、鹤岗新兴矿、双鸭山七星矿、七台河桃山矿等10个矿井亏损高达14.1亿元，占全部亏损的29.4%。实施10个矿井的政策性破产涉及职工约2.8万人，地方政府牵头向国家积极争取在龙煤集团试点建立资源枯竭煤矿退出补偿机制，由贷款转为拨款，核销无法清偿的银行债权，解决资源枯竭的国有困难企业退出后的人员安置问题，允许退出煤矿职工提前5年、特殊工种提前10年退休，不符合条件的给予经济补偿，解除劳动关系。按照国家"退一建一"的发展规划，新建矿井采用"汇永模式"，实现安全高效发展。鼓励、引导国有企业和民营企业相互合作成立混合所有制企业，支持民营经济以出资入股等方式参与龙煤集团体制改革。龙煤集团将国有股比例降至40%左右；引进外资与民间资本比例至40%左右，通过外资的介入提高企业技术水平和管理水平，放大国有资本功能；设置20%左右的内部职工股，使煤炭混合所有制企业逐步成为资本所有者与劳动者的联合体，调动劳资双方的积极性，增强企业的凝聚力，提高企业的核心竞争力。

第五，实施社保养老等"兜底一批"工程。由于企业经济陷入困境难以支付各项社会保险费用及其欠费，国家与地方政府充分考虑老国有企业特殊的历史遗留问题，对丧失劳动能力、无法通过产业扶持和就业帮助实现分流等人员，通过社会保障实施政策性兜底。一是解决离退休人员养老金缺口问题。龙煤集团承担离退休人员（19.7万人）费用约4亿元/年，按照国家和省政府相关政策规定，争取国家对离退休人员社会化管理费用给予支持。二是解决集体职工（13.8万人）的兜底。黑龙江省政府推进四煤城厂办大集体改革进展，采取先移交再解决社保欠费问题，妥善安置集体职工。三是解决私亡遗属（2.1万人）的兜底。私亡遗属需要支出超过1.1亿元/年，此项应移交给民政部门，经费由国家、省、市三级财政负担。四是解决转岗过渡期职工的最低生活保障问题。黑龙江省政府在职工实现转岗就业之前的期限内，按照城市低保标准给予每人每月相应补助，帮助其渡过难关。

（3）积极推进城市群发展体系建设，形成经济增长极。东北地区应在城市群进一步发展的同时，推动各大城市、特大城市由集聚向分散转化，依托沈阳、大连、长春和哈尔滨等核心城市的优势地位和辐射带动作用，通过体制机制创新、整合生产要素资源和培育产业基地，不断扩大现有城市群规模和发展实力，增强城市群内部协调性和互补性。黑龙江省中北部城市群、吉林省中部城市群、辽中南城市群为核心，按照国家出台的《哈长城市群发展规划》指出，应加快发展哈长城市群①，强化哈尔滨和长春的带动作用，提升辐射周边中小城市功能，增强东北地区发展后劲，推动区域协调发展。另外，应把小城镇纳入城市群的整体发展规划中，建设一批特色鲜明、职能分工明确的小城镇，使小城镇成为中等城市或大城市产业链中的一环，成为城市群的有机组成部分，推进城市群发展体系建设。

（4）以发展中蒙俄经济走廊为契机，加强与东北亚等区域的经贸合作。按照李嘉图提出的比较成本（相对优势）理论，认为任何一个国家（地区）的经济不管处于怎样的发展水平，都能确定自身的相对比较优势，这一理论说明了一个国家（地区）在对外贸易中没有任何绝对优势也能参与国际分工。东北地区地处东北亚中心的区位优势，应根据本地区的实际

---

① 包括黑龙江省哈尔滨市、大庆市、齐齐哈尔市、绥化市、牡丹江市，吉林省长春市、吉林市、四平市、辽源市、松原市、延边朝鲜族自治州。

情况提高对外开放水平。全面实施与俄罗斯、日本、韩国、蒙古国、朝鲜等国家的经贸合作，进一步深化"走出去""引进来"的对外开放政策，充分利用东北亚地区丰富的自然资源及先进技术，有效缓解东北地区在经济社会转型过程中出现的突出矛盾，同时也应不失时机地加强与欧美等区域广泛开展经济贸易与技术交流与合作。承接国内外产业转移，促进产业提质升级。依托龙头骨干企业，充分发挥产业基础和土地、能源资源综合优势，创新招商引资方式，推进与"世界500强"和"中国500强"企业合作，积极承接国内外产业转移，促进要素自由流动，有序引导京津冀等东部沿海地区产业转移；以"一带一路"倡议为契机，深化面向东北亚区域开放，加快与俄罗斯、日本、韩国、欧美发达国家在发展高端产业发展方面的合作，推动大庆培育高端装备制造（石油石化装备、农机装备制造业）、高端新兴（新能源、生物和农牧产品加工业）、高端服务（文化创意和物流业）三个超500亿元的高端产业。入驻产业项目应严把节能环保评审关，避免"洋垃圾"入城。

第四节　本 章 小 结

东北地区的辽宁具有东部发达省份发展的某些优势，吉林与黑龙江又拥有中西部省份经济社会发展的特点，因此，本章以东北地区为个案，运用系统动力学对经济潜力开发路径有效性进行实证仿真，以期为我国其他地区经济发展潜力开发路径的选择与优化提供可资借鉴的依据。首先，明确东北地区经济发展潜力和区域创新能力在全国的定位；其次，运用地区经济潜力开发路径的系统动力学模型，根据仿真结果确定东北地区经济发展潜力开发的内生与外生优化路径，即东北地区经济发展潜力开发应注重培育地区发展的内生动力和重视营造稳定发展的外部环境等内生路径与外生路径形成"双轮驱动"的相互协调发展，产生了"1＋1＞2"的良好效果；最后，提出东北地区经济发展潜力开发应选择的通用路径与专用路径，以及路径有效运行的保障措施。

第九章　总结与展望

一、主要观点与结论

改革开放40年来，我国经济的高速增长主要是依靠过度地开采利用自然资源尤其是不可再生资源，以及使用大量的廉价劳动力为基础的粗放型经济增长方式。2014年以来，我国经济发展下行压力较大，处于经济增长中高速的新常态，因此，缩小地区之间的差距，实现区域协调发展是"十三五"末期实现全面建成小康社会奋斗目标的前提。为了规避"资源诅咒"现象，我国政府高度重视技术创新促进经济发展的重要作用。随着知识经济的来临，常规的经济发展方式已经不能适应地区经济发展的需要，在这种情况下，地区就必须实施经济发展创新的战略，挖掘并释放自身的经济潜力。经济发展潜力并非现实能力，它的最大价值在于经济发展潜力最大限度地释放并转化为现实竞争力。经济发展潜力转化为现实竞争力不是必然的，具有经济发展潜力较大的地区如果忽视限制性因素的存在，认为经济发展潜力必然成为未来的竞争优势，那么经济发展潜力也会随着内部条件和外部环境的变化而弱化甚至丧失，因此，只有解决影响经济发展潜力的诸多制约因素，才能实现经济发展潜力向现实生产能力的转化。在总结前人的研究成果，并且借鉴相关理论基础上，本书主要研究区域创新促进地区经济发展潜力的开发路径，其研究结论如下：

（1）地区经济发展潜力具有时空差异性，且经济发展潜力与经济发展实力并非具有同向性。不同区域具有不同的经济发展潜力，同一地区因其自身与外界条件的变化导致经济发展潜力随着时间而改变。发达地区不一定是经济潜力较强的地区；欠发达地区也不一定是经济潜力较弱的地区，如果其拥有较高的经济潜力，可以追赶发达地区，缩小区域之间的差距。东部大部分地区（除河北与海南以外）和辽宁省均属于领先地区，表明东部地区在较高的现有经济发展水平上，具有较高的经济增长潜力，能够保持一个地区的持续快速发展，因而能够获得更高的持续竞争力，尤其是北京与上海两市的领先地位更为明显；湖北、安徽与四川等省份属于经济潜力未发挥地区；内蒙古属于经济超潜力发挥地区，其余省份均为落后地区，对于这些地区不仅要加快培育经济发展潜力，而且要将经济发展潜力不断转化为经济发展实力。

（2）内源型潜力与外源型潜力变化表明经济发展潜力具有动态性。通过 21 世纪以来地区经济发展潜力的时间变化分析表明：经济发展总潜力增加的原因，一方面是原有内源型经济潜力的累积过程；另一方面是外源型经济潜力的内化过程，换言之，外源型经济潜力一部分直接转化为经济发展总潜力，另一部分先内化为地区的内源型潜力，然后再转化为经济发展总潜力，内源型经济潜力与外源型经济潜力变化的现象验证了经济发展潜力的动态性特征。

（3）地区经济发展潜力应根据地区功能定位进行开发。开发地区经济发展潜力必须限定在资源储量及环境容纳的阈限值以内，对于经济发展潜力较强的重点地区，应通过区域创新充分释放；对于经济发展潜力较弱的生态功能区，应限制发展，使其更好地承担生态屏障功能；欠发达地区的扶持应与经济发展潜力开发结合起来，增强地区自身的"造血式"发展功能。

（4）区域创新对地区经济发展潜力开发具有推动作用。区域创新在地区经济发展潜力转化为经济发展实力过程中起到助推器的作用。区域创新系统中的创新主体，以及系统间的相互协作是促进经济发展潜力开发的核心执行者；创新客体中的人力资源、金融机构有利于促进科技成果转化；创新载体中的内外环境为促进经济发展潜力开发提供环境保障。在区域创新促进经济发展潜力开发机理的基础上，运用面板数据模型探究区域创新促进地区经济发展潜力开发的作用。研究结果表明，经济发展潜力是引起经济发展实力变化的主要原因，同时区域创新又对经济发展潜力开发具有较强的推动作用，因此，区域创新有助于地区经济发展潜力转化为经济发展实力。

（5）地区经济发展潜力开发应在通用路径基础上选择专用路径。地区若想有效开发经济发展潜力，运用耗散结构理论分析经济发展潜力开发通用路径的总体框架，明确经济潜力开发需要选择内生路径与外生路径的双轮驱动开发策略。在通用路径基础上，因地制宜地根据经济潜力的强弱，以及区域创新能力大小选择专用路径（通用路径的补充与具体化），即经济潜力弱区的"潜力极"开发路径；经济潜力中等区的"点轴"开发路径；经济潜力强区的"网络"开发路径，依据地区经济发展潜力强弱与区域创新能力的聚类分析选择地区经济潜力开发的专用路径，从而确保经济发展潜力有效开发。

二、主要特色

（1）基于内源型与外源型角度界定地区经济发展潜力的内涵。地区经济发展潜力主要是反映地区经济未来发展的潜在后劲，是指地区改善内部现有生产要素非正常利用（利用不足或过度利用），以及引进地区内部稀缺生产要素所产生的地区未来经济可持续发展的能力，包括内源型经济潜力和外源型经济潜力。经济发展潜力包括方向性、非现实性、动态性、地域性、加和性、滞后性及内源型潜力是决定经济发展潜力方向等特性。地区经济发展潜力概念界定与特性的分析为研究潜力开发的通用内生路径与外生路径提供依据。

（2）依据地区经济发展潜力的概念构建地区经济发展潜力评价指标体系。本书以内源型经济潜力与外源型经济潜力两个角度构建经济发展潜力评价指标体系，并且运用加权主成分 TOPSIS 模型对我国东部、中部、西部以及东北四个地区经济发展潜力进行了测度，明确了我国不同地区经济潜力的强弱。同时，对上述四个地区的经济发展潜力与经济发展实力之间关系进行了定性与定量的分析发现，东部地区在较高的现有经济发展水平上，具有较高的经济增长潜力，能够保持东部地区的持续快速发展；四个地区的经济发展潜力对经济发展实力均表现出显著的正向关系，特别是经济发展潜力较弱的西部地区对经济发展实力的影响最大，经济发展潜力强的东部地区对经济发展实力的影响较小，其结果也凸显出地区开发经济发展潜力的重要性。

（3）提出区域创新体系中的创新主体、创新客体与创新载体对地区经济发展潜力开发的作用机理。本书在阐述影响经济发展潜力开发的内部与外部因素基础上，基于区域创新体系中创新主体、创新客体与创新载体三个层面剖析了促进经济发展潜力开发的机理，区域创新主体为地区经济潜力的开发提供了新知识和技术源；创新客体提高劳动生产率及科技成果转化率，提升经济发展能力；创新载体为地区经济潜力的开发提供必要的创新氛围，促使经济潜力在良好的创新环境下不断开发。

（4）构建东北地区经济发展潜力开发路径优化的系统动力学仿真模

型。通过地区经济发展潜力大小的测评→区域创新促进地区经济潜力开发机理分析→地区经济发展潜力开发路径选择与优化的逻辑分析基础上，以东北地区为个案，探讨经济发展潜力开发路径的有效性。通过分析经济发展潜力的发展现状，结合区域创新能力的大小，探讨挖掘并释放东北地区经济发展潜力的核心路径，判断经济发展潜力开发路径的有效性，为我国其他地区经济发展潜力开发路径有效性的判断起到了较好的示范作用。

三、研究体会与未来展望

关于我国地区经济发展潜力的研究一直受到了政界与学界的广泛关注，随着经济发展潜力内涵的不断丰富和拓展，仍然有诸多问题值得进一步深入系统的研究。

我国地区经济发展潜力强弱程度的测度，利于明确一些地区经济发展潜力的状况，这种经济发展潜力并非现实发展能力，研究它的最大价值在于经济发展潜力最大限度地释放并转化为现实竞争力。经济发展潜力转化为现实竞争力不是必然的，倘若具有经济发展潜力的地区如果忽视限制性因素的存在，认为经济发展潜力必然成为未来的竞争优势，那么经济发展潜力也会随着内部条件和外部环境的变化而弱化甚至丧失，只有克服影响经济发展潜力的诸多制约因素，才能实现经济发展潜力向经济实力的转化。因此，我国应在生态承载力允许等前提条件下，亟须最大可能释放经济发展潜力。同时，本书通过运用加权主成分 TOPSIS 价值函数模型评价我国地区经济发展潜力排名，反映的仅是与其他地区相比较而言的排名，某一个地区经济潜力排位可能下降了，但其经济潜力仍然可能增长，只是增长的速度相对其他地区来说，速度有些缓慢。地区内部经济发展潜力分布格局形成差异的原因，一方面是由于各地区特有的区位条件、经济基础、社会进步以及科技发展条件不同所致；另一方面也有我国各地区特殊的体制和政策原因造成。

本书仅对东北地区经济发展潜力开发路径的优化问题运用系统动力学进行了仿真预测，仍然需要探索对东部、中部与西部地区，以及京津冀、长江经济带等地区选择其他的预测方法，通过进行比较分析，进一步验证地区经济发展潜力发展变化规律，增强对不同地区经济发展潜力预测的通用性与可复制性。

参 考 文 献

中文部分

[1] 艾广乾, 秦贞兰. 基于未确知测度评价的区域经济发展潜力研究——以山东省为例 [J]. 改革与开放, 2009 (4): 60 - 62.

[2] 安晓明. 中国区域经济转型的历程回顾与"十三五"展望 [J]. 区域经济评论, 2015 (2): 42 - 47.

[3] 白津夫. 释放中部崛起后发潜力 [J]. 瞭望, 2006 (14): 39.

[4] 白卫星. 从《区域经济评论》《经济地理》看 2015 年我国区域经济研究新进展 [J]. 区域经济评论, 2016 (2): 70 - 76.

[5] 本书编写组. 他山之石: 国外欠发达地区开发启示 [M]. 北京: 中国林业出版社, 2000.

[6] 常喆. 俄罗斯将重新崛起潜力巨大 20 年后超过英法 [N]. 环球时报, 2004 - 11 - 07.

[7] 陈爱平. 区域经济发展潜力预测模型仿真研究 [J]. 计算机仿真, 2013 (9): 194 - 197.

[8] 陈栋生. 区域经济学 [M]. 郑州: 河南人民出版社, 1993.

[9] 陈金祥. 经济区空间演化机理及持续发展路径研究 [M]. 北京: 科学出版社, 2010.

[10] 陈民恳, 郑如莹. 基于全局因子分析的地区经济发展潜力研究 [J]. 统计教育, 2008 (12): 34 - 37.

[11] 陈石俊, 等. 江西经济增长潜力问题研究 [J]. 金融与经济, 2003 (5): 32 - 36.

[12] 陈耀. 国家中西部发展政策研究 [M]. 北京: 经济管理出版社, 2000.

[13] 陈玉梅, 吕萍. 新型城镇化建设的制度创新: 综合动因与体系架构 [J]. 江海学刊, 2014 (6): 79 - 85.

[14] 陈钰芬. 我国地区经济发展现状及其潜力分析 [J]. 数理统计与管理, 2001 (5): 14-18.

[15] 陈宗胜. 我国沿海地区的梯度发展趋势及环渤海地区的发展潜力探讨 [J]. 管理世界, 2005 (2): 6-40.

[16] 池仁勇, 张济波. 区域创新与区域经济发展的相关性与时滞性: 基于浙江省的实证研究 [J]. 科技进步与对策, 2007 (12): 36-39.

[17] 储思琼. 李克强: 东北要痛下决心优化营商环境 [EB/OL]. (2016-10-19) [2017-04-06]. http://www.gov.cn/xinwen/2016-10/19/content_5121699.htm.

[18] 邓宏兵. 区域经济学 [M]. 北京: 科学出版社, 2008.

[19] 董辉. 河北省经济发展潜力研究 [D]. 石家庄: 河北经贸大学, 2016.

[20] 董利民. 城市经济学 [M]. 北京: 清华大学出版社, 2011.

[21] 杜平. 国外开发欠发达地区的经验教训 [J]. 北京: 国家行政学院学报, 2001 (1): 91-95.

[22] 樊杰, 刘汉初. "十三五" 时期科技创新驱动对我国区域发展格局变化的影响与适应 [J]. 经济地理, 2016 (1): 1-9.

[23] 冯之浚. 国家创新系统的理论与政策 [M]. 北京: 经济科学出版社, 1999.

[24] 冯之浚. 循环经济导论 [M]. 北京: 人民出版社, 2004.

[25] 付启敏, 刘伟, 姚娅萍. 基于技术创新的经济增长模型研究 [J]. 科技管理研究, 2008 (7): 149-151.

[26] 傅家骥. 技术创新学 [M]. 北京: 清华大学出版社, 1998.

[27] 盖文启. 论区域经济发展与区域创新环境 [J]. 学术研究, 2002 (1): 60-63.

[28] 盖文启. 创新网络: 区域经济发展新思维 [M]. 北京: 北京大学出版社, 2002.

[29] 高铁梅. 计量经济分析方法与建模: EViews 应用及实例 (第二版) [M]. 北京: 清华大学出版社, 2009.

[30] 高孝伟, 孔锐, 周晓玲. 中国省域经济发展潜力综合评价 [J]. 资源与产业, 2014, 16 (6): 93-99.

[31] 顾新. 区域创新系统论 [D]. 太原: 山西大学, 2002.

［32］顾阳. 首批 12 家老工业城市和资源型城市产业转型升级示范区
获批［EB/OL］.（2017 - 04 - 21）［2017 - 06 - 18］.

［33］国家发展和改革委员会. 以点带面引领带动新一轮东北振兴——
"先进园区东北行"活动圆满收官［EB/OL］.（2016 - 11 - 23）
［2017 - 01 - 11］. http：//news. 163. com/16/1124/15/C6L9O6FU000
187V8. html.

［34］国家信息中心课题组. 中国经济发展潜力与空间［J］. 中国金
融，2016（2）：41 - 43.

［35］国务院关于进一步实施东北地区等老工业基地振兴战略的若干
意见［J］. 中华人民共和国国务院公报，2009（26）.

［36］哈米什·麦克雷. 诺贝尔经济学奖得主：中国经济潜力十足
［N］. 中国证券报，2010 - 02.

［37］海洋，赵嘉麟. 中国经济潜力十足：访 2006 年诺贝尔经济学奖
得主埃德蒙·菲尔普斯［N］. 中国证券报，2010 - 02 - 09（5）.

［38］韩立华，吕萍，韩瑞. 黑龙江省经济发展潜力释放研究［J］.
学习与探索，2009（3）：157 - 159.

［39］韩正忠. 国外开发落后地区的经验对我国西部开发的启示［J］.
世界经济与政治论坛，2000（3）：67 - 69.

［40］汉堡世界经济研究所和德国裕宝银行. 德国地区经济发展潜力
南部占优，原东德各州依然落后［R/OL］.（2007，4）［2009，12］.
http：//tieba. baidu. com/p/681492253.

［41］何晓群. 现代多元统计分析方法与应用［M］. 北京：中国人民
大学出版社，2005.

［42］赫国胜，杨哲英，等. 新编国际经济学［M］. 北京：经济科学
出版社，2002：32 - 34.

［43］亨利·埃茨科威兹. 三螺旋：大学·产业·政府三元一体的创
新战略［M］. 周春彦，译. 北京：东方出版社，2005.

［44］洪名勇. 科技创新能力与区域经济实力差异的实证研究［J］.
经济地理，2003（5）：606 - 610.

［45］胡鞍钢，熊义志. 我国知识发展的地区差距分析：特点、成因
及对策［J］. 管理世界，2000（3）：5 - 15.

［46］胡乃武，周帅，衣丰. 中国经济增长潜力分析［J］. 经济纵横，
2010（10）：14 - 16，46.

[47] 胡艳. 欠发达省份区域创新体系及其构建思路 [J]. 宏观经济管理, 2007 (3): 23.

[48] 黄建军. 基于主成分分析方法的河南省内各地区经济发展潜力研究 [J]. 信阳师范学院学报 (哲学社会科学版), 2009 (1): 99 – 101.

[49] 黄鲁成, 王吉武, 卢文光. 基于 ANP 的新技术产业化潜力评价研究 [J]. 科学学与科学技术管理, 2007 (4): 122 – 125.

[50] 贾海涛. 印度经济发展的现状及潜力 [J]. 江苏商论, 2004 (11): 32 – 34.

[51] 贾彧. 制度创新是经济增长方式转变的关键 [J]. 企业经济, 2006 (9): 12 – 14.

[52] 金相郁. 中国区域发展差距格式实证研究 [J]. 地域研究与开发, 2005 (2): 2 – 4.

[53] 金云亮, 韦淋元. 技术创新与制度创新是经济增长的源泉: 技术变迁与制度变迁对经济增长影响的综述 [J]. 科技经济市场, 2008 (3): 45 – 46.

[54] 孔令宽. 制度变迁中的中国经济增长潜力释放研究 [D]. 兰州: 兰州大学, 2008: 114 – 158.

[55] 李稻葵. "十三五" 时期需要什么样的供给侧改革? [N]. 人民政协报, 2015 – 12 – 08 (5).

[56] 李建民, 刘颖, 荆晶. 非洲会议代表认为非经济发展潜力大 [EB/OL]. (2008 – 06 – 06) [2013 – 01 – 11]. http: //finance. ce. cn/ fe/gdxw/200806/06/t20080606_13186604. shtml.

[57] 李苒, 张涛. 我国经济增长潜力略论 [J]. 合作经济与科技, 2017 (22): 11 – 13.

[58] 李姗姗. 产业集群与县域经济发展关系研究: 以河南省为例 [J]. 农业经济, 2011 (7): 32 – 34.

[59] 李善同, 侯永志, 翟凡. 未来 50 年中国经济增长的潜力和预测 [J]. 经济研究参考, 2003 (2): 51 – 60.

[60] 李士勇. 非线性科学与复杂性科学 [M]. 哈尔滨: 哈尔滨工业大学出版社, 2006.

[61] 李贤, 徐常青, 王明月, 吴田. 基于加权主成分聚类分析探究地方经济发展潜力 [J]. 苏州科技大学学报 (自然科学版),

2017, 34 (2): 28 - 32.

[62] 李旭. 社会系统动力学政策研究的原理、方法和应用 [M]. 上海: 复旦大学出版社, 2009.

[63] 李玉龙. 我国基础设施投资绩效研究 [D]. 哈尔滨: 哈尔滨工业大学, 2010.

[64] 李子奈, 毕明强. 我国地区发展差距实证分析 [J]. 河南社会科学, 1998 (4): 67 - 72.

[65] 李子奈. 计量经济学 [M]. 北京: 高等教育出版社, 2006.

[66] 林迎星. 创新的涵义及其类型辨析 [J]. 研究与发展管理, 2002: 14.

[67] 刘锋. 俄罗斯区域经济潜力研究 [J]. 西伯利亚研究, 2011 (6): 32 - 34.

[68] 刘辉. 从国外落后地区开发看缩小我国区域差距 [J]. 开发研究, 2007 (2): 113 - 117.

[69] 刘辉煌, 余昌龙, 马添冀, 江航翔. FDI 技术外溢、技术差距与经济增长的非线性关系 [J]. 金融研究, 2009 (9): 72 - 88.

[70] 刘伟. 中国经济增长潜力有多大 [J]. 环境经济, 2004 (2): 15 - 16.

[71] 刘晓丽. 城市群地区资源环境承载力理论与实践 [M]. 北京: 中国经济出版社, 2013.

[72] 柳新华, 吕志国. 创新与区域经济发展 [J]. 城市发展研究, 1999 (3): 46 - 49.

[73] 卢正惠. 制度创新与区域经济发展 [J]. 经济问题探索, 2001 (11): 14 - 17.

[74] 吕萍, 陈欢欢. 基于生态足迹模型的煤炭资源型城市生态承载力评价 [J]. 区域经济评论, 2017 (3): 127 - 133.

[75] 吕萍. 东北地区城镇化建设的政策演变及其体系构建研究 [J]. 社会科学战线, 2014 (10): 51 - 58.

[76] 吕萍. 东北粮食主产区城镇化发展支撑体系构建 [J]. 社会科学战线, 2017 (5): 257 - 260.

[77] 吕萍. 发展接续替代产业培育煤城新的经济增长点 [N]. 黑龙江日报, 2016 - 11 - 01 (7).

[78] 吕萍. 黑龙江城市市政设施建设发展问题研究 [M]. 北京: 社

科文献出版社，2015.

[79] 吕萍. 黑龙江省煤炭资源型城市脱困路径选择：以经济新常态为背景 [J]. 知与行，2017 (4)：108 – 111.

[80] 吕萍，李忠富. 我国区域经济发展潜力时空差异分析 [J]. 数量经济技术经济研究，2010 (11)：37 – 51.

[81] 吕萍，栾美薇. 东北三省资源型城市生态承载力提升研究 [A]. 北京：社科文献出版社，2015.

[82] 吕萍. 2015 ~ 2016 年黑龙江省经济形势分析与预测 [M]. 北京：社科文献出版社，2016.

[83] 吕萍. 2013 ~ 2014 年黑龙江省经济形势分析与预测 [M]. 北京：社科文献出版社，2014.

[84] 吕萍. 区域创新促进地区经济发展潜力开发机理及实证分析：基于省域的面板数据分析 [J]. 区域经济评论，2013 (2)：85 – 91.

[85] 吕萍. 区域创新促进东北地区经济发展潜力开发路径的仿真分析 [J]. 社会科学辑刊，2013 (2).

[86] 吕萍. 释放生态红利促资源型城市绿色转型 [N]. 黑龙江日报，2016 – 07 – 06 (6).

[87] 吕萍. 以区域创新促进东北地区经济发展潜力释放研究 [J]. 调查研究，2017，3.

[88] 马骏. 中国经济增长潜力下行的六个原因和政策含义 [J]. 国际融资，2010 (10)：54 – 58.

[89] 马兰，武以敏，刘雪，褚影影. 安徽省各地级市综合发展潜力的评价 [J]. 宿州学院学报，2016，31 (11)：25 – 27.

[90] 马仁锋，张海燕，沈玉芳，王筱春. 省域尺度的区域发展潜力评价方法研究 [J]. 开发研究，2009 (3)：18 – 23.

[91] 马永红. 区域创新系统与区域经济发展协调度评价模型构建 [J]. 经济问题探索，2008 (5)：39 – 41.

[92] 潘红宇. 时间序列分析 [M]. 北京：对外经济贸易大学出版社，2006.

[93] 秦寿康. 主成分价值函数模型及评价方案择优方法 [J]. 系统科学与数学，2001，21 (4)：465 – 473.

[94] 任保平. 中国地方经济增长效率及潜力研究 [J]. 社会科学战

线，2017（7）：31 –43.

[95] 任泽平．十三五规划谋东北振兴　四大板块成重点 ［EB/OL］.
（2015 –10 –27）［2016 –02 –20］. http：//stock. hexun. com/2015 –
10 –27/180141477. html.

[96] 商建初，范方志，张耿庆．技术创新、经济增长与政府干预：
基于中国的实证研究 ［J］. 统计与决策，2005（2）：37 –39.

[97] 上海财大区域经济研究中心. 2007 中国区域经济发展报告：中
部塌陷与中部崛起 ［M］. 上海：上海人民出版社，2007.

[98] 邵景波，李柏洲，等．基于加权主成分 TOPSIS 价值函数模型的
中俄科技潜力比较 ［J］. 中国软科学，2008（9）：134 –138.

[99] 孙久文．"一带一路"：构建中国区域经济发展大格局 ［N］. 社
会科学报，2016 –11 –10（2）.

[100] 孙丽文，李国卿．区域创新能力与区域经济发展 ［J］. 经济研
究参考，2005（52）：31 –34.

[101] 覃成林．区域经济发展的轨迹 ［M］. 北京：科学出版社，
2008.

[102] 汤正仁．耗散结构论的经济发展观 ［J］. 经济评论，2002
（2）：32 –35.

[103] 唐德祥．科技创新与区域经济的非均衡增长 ［M］. 北京：中
国物资出版社，2009.

[104] 唐恢一．城市学 ［M］. 哈尔滨：哈尔滨工业大学出版社，
2004.

[105] 田国强，陈旭东．中国经济发展潜力关键在市场化改革的深化
［J］. 人民论坛，2015（26）：20 –21.

[106] 万勇．区域技术创新与经济增长研究 ［D］. 厦门：厦门大学，
2009.

[107] 王炳坤，王莹．专家把脉东北国企改革：混改、增效、合作、
减负激发潜能 ［EB/OL］.（2017 –04 –09）［2017 –06 –18］. ht-
tp：//www. gov. cn/xinwen/2017 –04/09/content. 5184433. htm.

[108] 王建廷．区域经济发展动力与动力机制 ［M］. 上海：上海人
民出版社，2007.

[109] 王洛林，魏后凯．东北地区经济振兴战略与政策 ［M］. 北京：
社会科学文献出版社，2005.

[110] 王念兹．李克强：在改革开放中实现东北振兴［EB/OL］．
(2016 - 10 -)［2016 - 12 - 12］. http：//www. gov. cn/guowuyuan/
2016 - 10/23/content_5123303. htm.

[111] 王其藩．系统动力学［M］．上海：上海财经大学出版社，
2009.

[112] 王元地，朱兆琛，于晴．试论自主创新对产业结构升级的作用
机理［J］．科技管理研究，2007（12）：13.

[113] 王宗光．中国与印度经济发展潜力的对比分析［J］．甘肃社会
科学，2007（3）：108 - 112.

[114] 魏后凯．长江经济带发展潜力与两岸合作机会［J］．江海学
刊，2016（1）：56 - 64.

[115] 魏立桥．甘肃省2001～2015年经济增长潜力分析［J］．天水
行政学院学报，2004（2）：17 - 20.

[116] 文显堂．经济增长潜力在于创新［N］．经济参考报，2011 -
12 - 16（2）.

[117] 吴贵生．区域创新体系与区域经济的互动发展［J］．重庆商学
院学报，2002（4）：3.

[118] 吴庆春，李帮义，丁立波．基于主成分分析的江苏省各市区经
济发展潜力评价［J］．价值工程，2007（9）：25 - 27.

[119] 夏永祥．区域创新要素集聚与区域经济发展［J］．区域经济评
论，2016（2）：33 - 35.

[120] 向世聪．园区经济与城市经济互动发展研究文献综述［J］．湖
南社会科学，2010（4）：123 - 128.

[121] 肖慈方．中外欠发达地区经济开发的比较研究［D］．成都：
四川大学，2003.

[122] 肖艳青．李稻葵：未来十年中国经济增长潜力非常高［N］．
证券日报，2011 - 05 - 28.

[123] 徐宪平．区域创新的问题与解决路径［J］．区域经济评论，
2017（3）：9 - 10.

[124] 杨文圣，高景龙．创新是经济发展的现实动力［J］．经济论
坛，2002（22）：13.

[125] 杨小凯，黄有光．专业化与经济组织［M］．北京：经济科学
出版社，2000.

[126] 杨秀平. 旅游业可持续发展潜力的量化测评研究 [J]. 科学技术与工程, 2008 (20): 5737 - 5740.

[127] 叶素倩, 程朋根, 张丽, 谢志鹏. 区域经济潜力评价与可视化研究——以南昌市为例 [J]. 东华理工大学学报 (社会科学版), 2014, 33 (2): 118 - 123.

[128] 尹卫兵, 王卉. 区域创新组合与区域经济发展 [J]. 科技与管理, 2004 (1): 109 - 111.

[129] 于蕾. "微笑曲线" 与中国经济增长困境 [J]. 广东财经职业学院学报, 2006, 6 (3): 82 - 85.

[130] 袁富华. 中国经济增长潜力分析 [M]. 北京: 社会科学出版社, 2007.

[131] 袁刚, 张小康. 政府制度创新对区域经济发展的作用: 以京津冀地区为例 [J]. 政府与经济, 2014 (8): 38 - 42.

[132] 袁晓龙. 四国经济增长潜力初步比较分析 [J]. 北京交通管理干部学院学报, 2003 (4): 34 - 37.

[133] 张建平. 中国区域开发问题研究 [M]. 北京: 中国经济出版社, 2009.

[134] 张可云. 论中国区域经济的新常态 [J]. 区域经济评论, 2015 (2): 5 - 9, 2.

[135] 张李节. 中国经济增长潜力研究 [D]. 北京: 中共中央党校, 2005.

[136] 张立群. 2008 ~ 2009 年中国经济形势及产业发展分析与展望 [J]. 冶金管理, 2008 (12): 12 - 13.

[137] 张立群. 新常态下经济发展的潜力何在 [J]. 人民论坛, 2016 (3): 39 - 40.

[138] 张梅. 技术进步与制度变迁: 兼论两者在经济增长中的作用 [J]. 生产力研究, 2008 (5): 14 - 16.

[139] 张舒. 日本欠发达地区开发政策初探 [J]. 日本学刊, 2002 (2): 70 - 74.

[140] 张文平. 黑龙江省城市化进程分析 [J]. 科技资讯, 2011 (23): 222 - 224.

[141] 张新杰. 中国区域经济发展与制度创新的实证研究 [J]. 经济理论与经济管理, 2009 (1): 35 - 38.

［142］张燕，徐建华，曾刚，胡青．中国区域发展潜力与资源环境承载力的空间关系分析［J］．资源科学，2009（8）：1328 – 1334.

［143］张忠．哈萨克斯坦的经济潜力优势分析［J］．中亚信息，2001（12）：4 – 8.

［144］张忠德．构建多元互动的区域创新系统促进区域经济发展［J］．软科学，2006（3）：97 – 100.

［145］赵其国．东北地区六大产业带建设研究［J］．科技进步与对策，2005（12）：30 – 32.

［146］赵树宽，孙超．东北三省创新水平与区域经济结构分析［J］．社会科学战线，2016（3）：44 – 50.

［147］赵爽．国外开发落后地区经验对辽西北地区发展的启示［J］．前沿，2015（7）：122 – 124.

［148］郑立新．我国经济快速增长的潜力较大［J］．经济研究参考，2009（10）：18 – 23.

［149］中国科技发展战略研究小组．中国区域创新能力报告 2008［M］．北京：科学出版社，2009.

［150］中国总会计师编辑部．丁学东：通过制度创新释放经济潜力等［J］．中国总会计师，2008（11）：10.

［151］钟永光，贾晓菁，李旭．社会系统动力学［M］．北京：科学出版社，2009.

［152］朱钰，刘润芳，王佐仁．关于地区经济发展潜力指标体系的思考［J］．统计与信息论坛，2007（5）：65 – 68.

［153］邹再进．欠发达地区区域创新论：以青海省为例［M］．北京：经济科学出版社，2006.

外文部分

［1］ Abramovitz M. Thinking about growth［M］. Cambridge University press, 1989.

［2］ Amano K, Fujita M, A Study about the regional economic effects by the improvements of transportation facilities［J］. Transportation and Economy, 1962, 27（11）.

［3］ Antle J M, Capalbo S M, Paustian K. Estimating the economic potential for agricultural soil carbon sequestration in the Central United

States using an aggregate econometric-process simulation model [J]. Climatic Change, 2007, 80 (2): 1 –2.

[4] Aulakh P S, Kotabe M. Institutional changes and organizational transformation in developing economies [J]. Journal of International Management, 2008, 14 (3): 209 –216.

[5] Barber T. Rebuilding Europe's economic potential [J]. European View, 2010, 9 (1): 11 –17.

[6] Bevan A, Estrin S, Meyer K. Foreign investment location and institutional development in transition economies [J]. International Business Review, 2004, 13 (1): 43 –64.

[7] Brezis S, Krugman P, Tsiddon D. Leap-frogging in internaional competition: a theory of cycle in national technological leadship [J]. American Economic Review, 1993: 83.

[8] Bussière M, Schnatz B. Evaluating China's Integration in World Trade with a Gravity Model Based Benchmark [R]. Working Paper No. 693, http://www. ecb. int, 2006.

[9] Cabrer – Borrás B, Serrano – Domingo G. Innovation and R&D spillover effects in Spanish regions: A spatial approach [J]. Research Policy, 2007, 36 (9): 1357 –1371.

[10] Смирнова Г Т, Селикова С А, Кожина. ЕН. . Развитие, Производственного. Потенциала Сельского [M] . Района. Вологда, 2010.

[11] Chousa J P, Khan H A, Melikyan D. Assessing institutional efficiency [J] . growth and integration. Emerging Markets Review, 2005, 6 (1): 69 –84.

[12] Cieślik A, Ryan M. Explaining Japanese direct investment flows into an enlarged Europe: A comparison of gravity and economic potential approaches [J]. Journal of the Japanese and International Economies, 2004, 18 (1): 12 –37.

[13] Clark C, Wilson F, Bradley J. Industrial location and economic potential in Western Europe [J]. Regional Studies, 1969, 3 (2): 197 –212.

[14] Cooke P. Regional innovation systems: competitive regulation in the

new Europe [J]. Geoforum, 1992, 23 (3): 365 - 382.

[15] Cooke P. Regional innovation systems: the Role of governances in the Globalized World [M]. London: UCL Press, 1996.

[16] Crescenzi R, Rodríguez - Pose A. Systems of Innovation and Regional Growth in the EU: Endogenous vs. External Innovative Activities and Socio - Economic Conditions [M]. Springer, 2008.

[17] Dosi G S. Procedures and microeconomic effects of innovation [J]. Journal of economic literature, 1988, 26 (3): 1120 - 1171.

[18] Fagerberg J, Srholec M. National innovation systems [J]. Capabilities and Economic Development. Research Policy, 2008, 37 (9): 1417 - 1435.

[19] Fan S G, Kanbur R, Zhang X B. China's regional disparities: Experience and policy [J]. Review of Development Finance, 2011, 1 (1): 47 - 56.

[20] Fischer M M. Innovation, knowledge creation and system of innovation [J]. Analysis of Regional science, 2001, 35: 199 - 216.

[21] Freeman C. Continental, national and sub-national innovation systems-complementarity and economic growth [J]. Research Policy, 2002, 31 (2): 191 - 211.

[22] Freeman C. Japan: a new national system of innovation? [M]//Dosi et al. echnical Change and Economic Theory, Pinter Publishers Ltd. , 1988: 330 - 348.

[23] Gerschenkron A. Economic backwardness in historical perspective [M]. Harvard University Press, 1979.

[24] Gerstlberger W. Regional innovation systems and sustainability-selected examples of international discussion [J] . Technovation, 2004, 24 (9): 749 - 758.

[25] Hanson G. Market potential, increasing returns and geographic concentration [R]. NBER working paper No. 6429, 1998.

[26] Harris C D. The market as a factor in the localization of industry in the United States [J]. Annals of the Association of American Geographers, 1954, 44 (4): 315 - 348.

[27] Head K, Mayer T. Market potential and the location of Japanese in-

vestments in the European Union [J]. The Review of Economics and Statistics, 2004, 86 (4): 959 – 972.

[28] Henning M, Enflo K, Andersson F N G. Trends and cycles in regional economic growth: How spatial differences shaped the Swedish growth experience from 1860 – 2009 [J]. Explorations in Economic History, 2011, 48 (4): 538 – 555.

[29] Holz C A. China's Economic Growth 1978 – 2025: What We Know Today About China's Economic Growth Tomorrow [J]. World Development, 2008, 36 (10): 1665 – 1691.

[30] Hou Q, Li S M. Transport infrastructure development and changing spatial accessibility in the Greater Pearl River Delta, China, 1990 – 2020 [J]. Journal of Transport Geography, 2011, 19 (6): 1350 – 1360.

[31] Howells J R L. Regional Development and Technology [J]. International Encyclopedia of Human Geography, 2009: 187 – 191.

[32] Isard W. Methods of Regional Analysis [M]. Science Studies, 1960.

[33] Jorgenson D W, Vu K M. Potential growth of the world economy [J]. Journal of Policy Modeling, 2010, 32 (5): 615 – 631.

[34] Katz B. Six Ways Cities Can Reach Their Economic Potential [R]. Brookings Institution, 2006: 8 – 12.

[35] Keeble D, Owens P L, Thompson C. Regional accessibility and economic potential in the European Community [J]. Regional studies, 1982, 16 (6): 419 – 432.

[36] Kramer J – P, Diez J R, Marinelli E. Intangible assets as drivers of innovation: Empirical evidence on multinational enterprises in German and UK regional systems of innovation [J]. Technovation, 2011, 31 (9): 447 – 458.

[37] Krugman P. A dynamic spatial model [R]. NBER working paper No. 4219, 1992.

[38] Kyriazis N C, Zouboulakis M S. Modeling institutional change in transition economies [J]. Communist and Post – Communist Studies, 2005, 38 (1): 109 – 120.

[39] LeBel P. The role of creative innovation in economic growth: Some international comparisons [J]. Journal of Asian Economics, 2008, 19 (4): 334 –347.

[40] Leontief W, Strout A. Regional Input – Output Analysis Chapter 7 [M]//Structural Interdependence and Economic Development, 1963.

[41] Leydesdorff L, Etzkowitz H. The Transformation of University – Industry – Government Relation [J/OL]. Electronic Journal of Sociology, 2001, 5 (4), http://www. sociology. org/content/vol005. 004/th. html.

[42] Mankiw N G, Romer D, Well D N, A contribution to the empirics of economic growth [J]. Quarterly Journal of Economics, 1992, 10 (7): 407 –437.

[43] Mehra K. Regional Innovations and the Economic Competitiveness in India [M]//The International Handbook on Innovation, Elsevier, 2003: 904 –914.

[44] Минаева О А. Экономический Потенциал Организации: Теоретический Аспект [J]. Известия Волгоградского Государственнооо Тенического Университета, 2006, 7.

[45] North C. Institutions and economic growth: An historical introduction [J]. World Development, 1968, 17 (9): 1319 –1332.

[46] Park S – C, Lee S – K. The innovation system and regional growth strategy in Denmark [J]. AI & Society, 2005, 19 (3): 292 –307.

[47] Раизберга ь А , доэовского л ш , СтародубцубцеВой Е Б. Современнъй Зкономический Сдоварь [J]. М. , 2006: 306.

[48] Растворвева Н. Сущность социально – экономической зффективности раэвития региона [J]. регионология, 2008 (4): 130 –135.

[49] Rich D C. Population potential, potential transportation cost and industrial location [J]. Area, 1978 (10): 222 –226.

[50] Romer P. Endogenous technical change [J]. Journal of Political Economy, 1990, 98 (5): S71 –S101.

[51] Romer P. Increasing returns and long run growth [J]. Journal of Po-

litical Economy, 1986, 94 (51): 1002 – 1037.

[52] Rutten R, Boekema F. Regional social capital: Embeddedness, inno-vation networks and regional economic development [J]. Technological Forecasting and Social Change, 2007, 74 (9): 1834 – 1846.

[53] Rutten R, Boekema F. The Learning Region: Foundations, State-of-the – Art, Future [J]. Edward Elgar, Cheltenham, 2007.

[54] Sakagami K, Kobayashi N, Kinoshita R. Economic potential and its application for a regional growth model with the investment plan of transportation facilities [J]. The Annals of Regional Science, 1969, 3 (2): 1 – 14.

[55] Schumpeter J. The Theory of Economic Development [M]. Harvard University Press, 1934.

[56] Scully G W. The institutional framework and economic development [J]. Journal of Political Economy, 1988, 96 (5): 652 – 655.

[57] Solow R. Technological change and the aggregate Production function [J]. Rev Econ Stat, 1957, 39: 312 – 320.

[58] Stewart J Q. Empirical mathematical rules concerning the distribution and equilibrium of population [J]. Geographical Review, 1947, 37 (3): 461 – 485.

[59] Takeuchi J. Japan Drops to 14th Place [R]. SA142 Short – Term Forecast for the Japanese Economy, 2010, 2: 1 – 5.

[60] Teece D J, Strategies for managing knowledge assets: the role of firm structure and industrial context [J]. Long Range Planning, 2000, 33 (1): 35 – 54.

[61] Van Elkan R. Catching up and slowing down: learning and growth patterns in an open economy [J]. Journal of international Econom-ics, 1996: 41.

[62] Villaverde J, Maza A. Foreign direct investment in Spain: Regional distribution and determinants [J]. International Business Review, 2011, 21 (4): 722 – 733.

[63] Welfe W. Growth Determinants of Poland's Economic Potential [J]. Modeling and Control of Economic Systems, 2001, 4 (20): 341 – 348.

[64] Werker C, Athreye S. Marshall's disciples: knowledge and innovation driving regional economic development and growth [J]. Journal of Evolutionary Economics, 2004, 14 (5): 505 – 522.

[65] Wood L L, Miedema A K, Cates S C. Modelling the technical and economic potential of thermal energy storage systems using pseudo-data analysis [J]. Resource and Energy Economics, 1994, 1 (2): 123 – 145.

[66] Zhang J. Technology and Regional Development [J]. International Encyclopedia of Human Geography, 2009: 171 – 176.

[67] Zhu D, Zeng D, Zhou. Q, Regional Technical Innovation Suitability and Economic Growth in China [J]. Procedia Engineering, 2011, 15: 5343 – 5349.

附录一 资源型城市生态承载力调研报告
——加快提升黑龙江省资源型城市
生态承载力的路径选择

东北地区属于典型的资源型区域，共有 37 座资源型城市，其中，辽宁 15 个、吉林与黑龙江各 11 个资源型城市，占全国 262 座的 14.1%，包含大小兴安岭和长白山区生态功能区，维系着东北、华北乃至东北亚的生态安全。因此，东北地区的经济发展潜力必须建立在资源合理开发利用与生态环境良性循环的基础上，否则，地区经济即使出现短暂的增长，但是终将会表现出发展后劲不足，甚至不可持续。资源型省（区）为国家经济建设做出了突出贡献，其中，黑龙江省资源型地区累计为国家经济建设提供占全国近 2/5 的原油、1/5 的木材、1/15 的煤炭。由于不可再生资源的过度开采，导致资源型地区生态足迹份额逐年增加，致使森林过伐严重、质量下降、生态屏障功能减弱，油田开采对草原植被造成严重破坏，矿产资源开来引发的环境问题日益凸显，尤其是 2014 年煤炭资源出现"量价齐跌"现象，导致环境保护和生态建设投入捉襟见肘。本报告主要在调研黑龙江省鸡西、鹤岗、大庆等资源型城市实际情况基础上撰写而成。

黑龙江省"一油二林四煤"7 个地市级资源型城市生态承载力呈现特点为：一是生物生产性面积大。大兴安岭和伊春森林面积、活立木蓄积、林地面积分别达 1061.9 万公顷、8.26 亿立方米、1130.5 万公顷。大庆湿地面积（120 万公顷）接近全国湿地总面积的 1/30。二是能源资源储量多。鸡西与鹤岗两市石墨储量 14.8 亿吨居亚洲首位，占全国的 60%；风能、水能等清洁新能源约占全省的 1/2。三是城市总人口规模小。城市人口占全省的 37.2%，人口密度小且增长压力小，现有人口数没有超出生态承载能力范围。由于我国经济建设对煤炭、石油、森林等不可再生资源的大量需求，资源型城市"原字号"资源输出多，省内精深加工比重不足1/5，致使较高生态承载力与经济社会发展不协调。资源型城市既要坚守"青山绿水"，又要实现"富民强市"的转型目标，加快推进生态红利释放为经济社会发展的"双重红利"刻不容缓。

一、"以源为本"——夯实生态资源基础，加强生态保护利用

由于矿产资源的粗放式开采，大庆草原"三化"面积已达80%以上；煤炭开采产生的煤矸石已达2亿多吨，每年向大气排放的甲烷量约为3亿立方米；矿产资源回收率仅为30%左右，低于世界平均水平20个百分点。黑龙江省应加强森林、草原、湿地等重点生态区的治理与保护，夯实绿色发展根基。

（1）扩大生态土地面积，保护生物多样性。贯彻落实停止木材商品性采伐的决策，加强森林资源培育，提高森林覆盖率；通过湿地保护、恢复等方面的示范工程，探索创新湿地生态系统恢复和合理利用模式；推行草地资源划区轮牧、休牧和禁牧制度，促进掠夺式开发资源的"牧童经济"向循环式利用物质的"宇宙飞船经济"转变，严守生态保护红线；搞好工矿区植被恢复和土地复垦，力争2020年矿山地质环境恢复治理率达到40%。

（2）创新资源开发技术，挖掘生态资源潜力。研究煤炭、天然气等矿产资源合理开发利用技术并推进产业化、塌陷地复垦和生态治理与恢复等技术，开展环境空气PM2.5自动监测。引入可控震源交替扫描激发技术等绿色高新勘查技术挖掘生态资源潜力；大力开发风能、太阳能、生物质能等新能源的利用技术，研究农作物秸秆等废弃物能源资源化技术，加大清洁能源供应和推广力度，力争2020年城市清洁能源使用比重达到65%以上。

（3）提高资源循环利用，优化能源消费结构。坚持开发与节约并举，实施能源多元化战略，建立"资源—产品—再生资源"新经济模式，提高资源利用效率。优化煤炭开采和精深加工结构，力争2020年煤炭资源精深加工率由2015年25%上升到40%。加强煤系高岭土（岩）、油母页岩等伴生资源的开发利用，构筑煤电、建材循环经济产业链，促进大宗固体废物的增值和有效利用，力争2020年工业固体废物综合利用率达到85%以上；提高林木加工剩余物及废旧木质材料的综合利用水平。

二、"以外补内"——推进生态补偿机制，加强生态系统修复

黑龙江省资源型城市为实现工业化付出的"成本"，带有明显"公共品"支出的特征，资源开发收益回馈给资源属地的很少，且造成环境污染等外部不经济。黑龙江省应改变资源只开发不补偿的生产方式，加大资源开发与生态环境补偿力度。

（1）遵循"谁受益，谁补偿"原则，构建受益区生态补偿机制。应按照生态资源净输出量标准，实施生态产品和服务的有效补偿，推动受益区政府采取资金补助、定项援助等形式建立生态补偿制度，将森林碳汇价值、生物多样性价值、水源涵养地价值转换成为资源型城市横向生态补偿项目，比照国外对资源调出地区由受益区增加纳税或通过财政转移给予3%～5%左右的资源补偿标准，受益区对黑龙江省应给予补偿60亿～100亿元，重点用于矿产资源开发环境治理与生态恢复，提高城市可持续发展能力。

（2）遵循"谁开发，谁付费"原则，构建央企生态补偿机制。石油开采对生态环境的破坏需要大量资金投入，国家应明确中石油、中石化等央企承担资源开发、环境治理与生态修复等生态补偿方面的责任与义务，征收企业排污费、水、空气污染，植被破坏等环境污染费用，"治污腾容"——增强水源涵养能力和环境容量。国家应督促中石油制定油田生态环境保护的可持续发展方案，地企联合妥善解决废弃油水井、管线和废弃油田等生态环境治理问题。

（3）实施资源异地开发策略，开辟境外生态补偿基地。资源型城市应充分利用对俄沿边的区位优势，实施"走出去"和"引进来"战略，在俄罗斯开辟境外生态资源补偿基地。扩大俄罗斯森林采伐规模，再造一个"兴安岭"——满足停止木材商业采伐后林产工业的原料需求；在俄罗斯规模承包土地，再造一个"北大仓"——满足城镇化加快进程中我国日益增长的粮食需求；引进界江界河与俄罗斯大江大河的水利资源，再造一个"松花江"——满足现代农业发展的水利设施需求。

三、"以产兴城"——壮大接续替代产业，加快生态城市建设

资源型城市接续替代产业总体规模不大，利用现有资源形成经济增量遇到挑战，致使黑龙江省经济在遭遇国内产能过剩的情况下举步维艰。黑龙江省应推进城市总体规划、产业发展规划、生态文明规划的有效衔接，

形成"多规合一"的一张蓝图，构建资源消耗低、环境污染少的产业体系，为建设生态城市提供产业支撑。

（1）加快发展接替产业，促进城市扩容提质。应充分发挥森林、土地和矿产资源富集优势，延长产业链条，加快资源优势向经济优势转化。大庆重点发展石化、汽车制造、新材料三个超千亿元的主导产业；煤城重点发展现代煤化工、农产品加工、新能源新材料等产业；发挥鸡西、鹤岗石墨产业基地，形成石墨精深加工产业集群，力争2020年石墨精深加工比重提高到50%以上；林城重点发展绿色食品、生态旅游和生物医药等新兴产业，通过产品的生产、加工、销售、服务一体化，有效催生网上交易、观光采摘等新兴业态，有效吸纳林区转岗人员就业。大力发展绿色建筑和低碳、便捷的交通体系，加大"三供三治"等公共服务设施建设，力争2020年城市污水处理率达到95%，垃圾无害化处理达到90%，大庆晋升为国家级生态市，2~3座煤、林资源型城市晋升为省级生态示范市。

（2）打造"四大产业基地"，培育生态主导产业。推广生态技术知识，将生态文化融入产业发展之中。一是打造绿色食品加工基地。以"两大平原"现代农业综合配套改革试验为契机，延长水稻、大豆、玉米、畜牧养殖和林产品等加工产业链，有效带动物流、饮食、民俗文化等相关产业的发展。二是打造生态旅游产业基地。依托优质空气、湖泊、冰雪等资源组合优势，创意催生休闲、观光、娱乐于一体的养生旅游度假基地，借助携程、途牛等知名网站和传统媒体，加强线上线下宣传营销，壮大旅游产业规模。三是打造绿色石化产业基地。争取国家在大庆建设俄油俄气输送中心，留下部分资源搞精深加工。四是打造云计算产业基地。依托气候冷凉优势，引进国内外著名IT产业，构建大数据产业。

（3）承接国内外产业转移，促进产业提质升级。借鉴石嘴山承接东部地区产业转移的经验，有序引导京津冀等东部沿海地区产业转移，接受高新技术辐射；以"中蒙俄经济走廊——龙江陆海丝绸之路经济带"建设为契机，深化面向东北亚区域开放，加快与俄罗斯、欧美发达国家在发展高端产业方面合作，入驻产业项目应严把节能环保评审关，避免"洋垃圾"入城。争创大庆国家级承接产业转移示范区，推动培育高端装备制造（石油石化装备、农机装备制造业）、高端新兴（新能源、生物和农牧产品加工业）、高端服务（文化创意和物流业）三个超500亿元的高端产业。

四、"以文惠民"——倡导生态文化建设，加强宜居环境优化

由中国社会科学院发布的《中国城市竞争力（2014）》指出：在生态

城市竞争力排名中，仅伊春进入 100 强排在第 90 位，七台河、鹤岗排名靠后分别为第 207 位、219 位。资源型城市在"先生产，后生活"的思想指导下，基础设施投入严重不足，居住环境较差。资源型城市应加快公共基础设施建设，改善优化人居环境。

（1）培育生态文化理念，营造高效服务环境。依托政府公共行动培育生态文化理念，增强民众的生态素养和法制观念，把绿色 GDP 纳入政府官员的考核体系，实行政府相关责任人自然资源资产离任审计；进一步清理行政审批事项，开辟重大产业项目审批"绿色通道""保姆式"服务，实行政府相关责任人自然资源资产离任审计，推动形成经济增长和生态优化协调共进的价值取向。争取国家在建立可持续发展准备金、调整矿产资源补偿费收入分成、对贫矿尾矿开发给予差异化扶持政策等方面给予倾斜。优化发展环境，抓好水利、铁路、集中连片供热等重要基础设施和重大产业项目的联合审批。建立健全生态承载力预警应急响应系统，提高灾害应急反应和防控处置能力。借鉴七台河开通政府网"民声之窗"专栏，倾听百姓呼声，有效解决企业和群众实际困难。

（2）开展生态文化教育，提高公众文化素质。积极开展生态文化传播教育，向公众传递生态、环保、健康、文明的信息与意识。建设专门的教育基地，大力倡导生态文化、弘扬不怕困难、勇于拼搏、甘于奉献的大庆精神、北大荒精神，激励民众积极投入生态文化建设的潮流中。广泛进行生态知识和生态文化专业技术培训，将生态文化融入产业发展之中，加大生态文化产业示范效应，促进城市经济绿色转型。

（3）倡导生态消费观念，强化居民环保意识。普及生态文明观念，提高全民生态保护意识，充分利用报刊、广播电视、社区板报等各种传播媒介，开展持久的生态文化宣传推广活动，引导公众采取有利于节约资源、减少污染的生活方式和消费模式，大力培养保护生态、美化家园的生态文明新风尚。资源型城市公民应改变传统的消费观念，树立可持续消费的理念。可持续消费是人类一种新的生存与发展的生活方式，是人们要长期进行的社会消费活动，是实现消费的"发展性"和"可持续性"的结合。要求消费不能超过环境的承载力，应有利于生态平衡。同时要求消费体现公平和公正，不仅要求实现当代人的公平，还要求实现代际公平。可持续消费模式的实现要求消费者的参与和实施能力，而消费者的观念和消费行为，在一定程度上影响和改变消费模式的形成基础，促进其向可持续消费模式的转变。因此，应充分发挥公民参与的积极性和主动性，趋利避害，努力扩大公民有序的政治参与，使资源型城市不断走向和谐发展。

五、"以警示安"——构建生态预警体系，加强生态安全维护

梅多斯（Meadows，1972）的《增长的极限》一书描述了人类经济发展即将超越地球的承载力，最终会在21世纪中期导致工业产出和生活质量下降。为使资源型城市生态赤字防患于未然，资源型城市应加快建立系统完备的生态承载力预警体系，通过各项指标监测，实现对转型过程中的监控，以便纠正已采取计划与行动的偏差，促使城市转型沿着科学合理的轨道进行。

（1）建立生态承载力建设领导委员会。黑龙江省应把资源消耗、环境损害、生态效益等体现生态承载力的主要指标纳入经济社会发展规划、年度计划；成立生态承载力建设领导小组，推动生态承载力提升的协调机制，城市主要领导挂帅，相关部门主要负责人任成员，负责顶层设计和统筹协调重大问题，部署和督促工作任务落实，实行严格问责制，以激励各级领导干部自觉地投身生态建设工作。

（2）构建生态承载力监测与预警系统。建立和完善法制化的监督机制，以生态保护修复、资源节约、发展循环经济为重点，严格执行国家生态建设的法律法规，强化环境监管能力建设，健全预警应急响应系统和环境执法监督体系，完善生态建设的社会监督管理体制。建设生态承载力模拟和决策支持系统，对生态环境、资源、社会、经济数据进行整合、模拟与预测，实现实时监测控制；强化工业污染源监控，严格企业排污监管，实行"黄色、橙色、红色"三级警戒标准，建立生态预警系统。建立和完善公众参与监督制度，确保公众的知情权、参与权和监督权。

（3）推进生态赤字危机应急管理机制。健全预警应急响应系统和环境执法监督体系，以生态保护修复、资源节约、发展循环经济为重点，严格执行国家生态建设的法律法规，科学编制生态承载力应急体系建设，制定生态赤字防控应急预案，提高灾害应急反应和防控处置能力，有效控制灾害的发生或把灾害造成的损失控制在最低程度。

六、"以策代投"——争取国家扶持政策，加大生态建设投入

黑龙江省资源型地区累计为国家经济建设提供占全国近2/5的原油、1/5的木材、1/15的煤炭，造成生态足迹份额逐年增加。黑龙江省应积极申报生态环境、保障民生等项目建设，在财政、金融、投资等方面申请国

家倾斜政策，并确保政策落实到位。

（1）争取国家财政政策，增加生态补偿重建费用。进一步完善中央对生态补偿的财政转移支付制度，以政府购买生态产品的方式，加大对资源型城市进行常态化的生态补偿，推行耕地、林地、湿地、水域与能源用地的生态环境补偿试点。争取中央财政用于大小兴安岭的生态补偿支出随财政收入状况每年递增。建议在中央财政预算科目中单列环境保护支出项目，下设环境基础设施建设、新建项目防治污染、老工业企业污染治理等具体项目，并立法规定其支出额度与增幅。

（2）争取国家金融政策，完善资源开发融资服务。积极推进资本市场的改革开放和稳定发展，搭建银企融资对接平台，引导银行金融机构通过优惠贷款等方式支持资源开发，建议国家安排10亿~20亿元支持接替产业的贷款贴息资金，按50%比例贴息，每年可吸引银行贷款300亿~600亿元，优先支持绿色食品、生态旅游、电子商务等"生态型"产业项目建设。采取BOT、PPP等投融资模式，吸引更多社会资本参与环境治理、生态建设等重大项目的实施。

（3）争取国家投资政策，支持生态治理项目建设。可借鉴美国超级基金的经验，设立资源型城市生态环境保护基金，资助生态治理与恢复的项目建设。科学实施《黑龙江省采煤沉陷区棚户区治理方案》，建议国家加大对棚户区改造项目的投资额度，其中四煤城尚未改造的各类棚户区23.6万户、采煤沉陷区棚户区14万户，需要投资160亿元，应比照西部地区补助标准，建议以国家专项投资50%、省政府出资30%、四煤城政府出资15%、居民出资5%的筹资方式，解决改造所需资金，力争2020年棚户区改造搬迁工作全面完成。棚改工程不仅能改善民众居住环境、塑造城市新形象，更能安置近万名煤城转岗职工的就业问题，促进煤城脱困转型。

附录二 农技推广服务体系建设调研报告
——加快黑龙江农技推广服务
体系建设的路径研究

2018年9月末，习近平总书记深入北大荒建三江国家农业科技园区考察时，听取精准农业技术研究和成果转化情况，了解水稻繁育、土壤情况测试分析、栽培和推广种植情况。习近平总书记指出，"要把发展农业科技放在更加突出的位置，大力推进农业机械化、智能化，给农业现代化插上科技的翅膀。"东北地区是我国重要的粮食主产区，为确保"中国粮食""中国饭碗"，需要农业科技保驾护航，农业科技推广与普及需构建农技推广服务体系，从而解决农技推广服务的"最后一公里"问题。本报告主要是在2019年3月调研黑龙江省明水县农村电商、秸秆综合利用等技术推广应用基础上撰写而成。

《2018年黑龙江国民经济和社会发展统计公报》显示，2018年黑龙江粮食总产量达到1501.4亿斤，实现"十五连丰"，连续八年居全国各省（区、市）首位，为实现"中国粮食""中国饭碗"提供坚实保障。在目前耕地、水等资源环境约束日益强化的前提下，实现粮食增产应靠科技助力，通过良种良法良技的推广应用，推动农业高质量发展。2019年中央一号文件强调，加快先进实用技术集成创新与推广应用。作为农业大省，黑龙江要维护国家粮食安全的压舱石与农业现代化发展的排头兵，亟待完善农技推广服务体系，即培育壮大农技传授主体，通过营建优化环境载体，带领帮助农户、种植大户、家庭农场等受训客体吸收新知识、运用新技术、生产新产品，提高农技推广服务的成果普及率，为2020年实现全面建成小康社会提供科技服务与技术支撑，促进农业增效、农村美丽、农民增收。

一、培育壮大传授主体，构建农技推广服务的技术资源池

由于新型农业经营主体不断壮大，农技推广服务的需求更加多样化和

个性化，黑龙江应构建以公益性推广服务机构为主体、经营性服务为补充、高校科研院所积极参与的农技推广服务体系，加快促进公益性农技推广机构与经营性服务组织融合发展，分工协作，形成"一主多元"融合发展的农技推广新格局。

一是发展壮大多元化的农技推广主体。首先，建立科学、高效的政府公益性农技推广机构。科学合理设置省、市、县、乡（镇）、村"五级联动"的农技推广公益性服务体系，主要从事基本农情信息监测、重大疫病防控、产品质量监管、农业生态环保等公共性、基础性问题。定期开展玉米、水稻、大豆等粮食作物、蔬菜类经济作物的高效栽培技术、秸秆综合利用、黑土地保护等公益性技术培训服务职能。其次，培育支持农业经营性服务组织开展农技推广机构。采取政府采购定向委托、奖励补助等方式，引导农业企业、农民合作组织、专业服务公司在技术引进、试验示范、农民培训、信息传播、产品营销等方面的优势，通过企业生产经营活动，让农户得到产前、产中、产后全过程的技术服务。最后，鼓励高校、科研院所积极参与农技推广服务。充分利用农业院校和科研机构的科技人才、资源优势，通过健全扶持政策，开展项目合作等多种途径，鼓励农业院校、科研院所开展农业技术创新的信息整理与传递，积极参与科研成果试验、转化与推广服务。

二是推动公益性农技推广机构与经营性服务组织融合发展。借鉴中国农业大学张福锁院士创建的"科技小院"，在农村等生产一线提供"科教专家—政府推广—校企合作"的技术创新、示范推广和人才培养于一体的科技服务平台模式。黑龙江应建设农技推广机构、相关科研院所、市场化服务组织、新型职业农民等广泛参与、分工协作的农科教产学研一体化农技推广联盟，为农户、种植大户、家庭农场等新型经营主体提供多种形式的技术指导服务，提高农业生产科技化水平。

二、增加丰富受训客体，提高农技推广服务的成果普及率

由于农村空心化问题普遍存在，在家务农的多数是老人和妇女，文化素质较低，导致农技推广的效果难以提升。农技推广涉及内容较广，关系到黑龙江农户的切身利益和农业现代化发展。为此，黑龙江应加快提升农户文化素质和技术水平，促进农技推广工作有效开展。

一是增加接受培训的农户、家庭农场等新型经营主体。鼓励农业科研人员、农技推广人员通过下乡指导、技术培训、定向帮扶等方式向小农户

集成示范推广农业适用性技术，支持农技推广人员与新型经营主体开展技术合作。借鉴河南、山东等省在农技推广中建立"专家＋农技人员＋科技示范户＋辐射带动户"的技术服务模式，在实战中培育农技人才，健全基层农业科技试验、示范网络，带动周边农户提高生产技能，提高农技推广服务的成果普及率。在实地调研发现，明水县着重培育创业带头人、网络营销领军人物，涌现出乔卫齐、姜大星等一批电商创业典型，引导乡村干部、返乡青年、贫困户开办网店、微店，线上线下融合发展，加快农村电商扶贫与发展，实现农产品从"种得好"到"买得好"的转变。

二是丰富完善多样化的农技推广服务技术培训内容。农业科技应写在大地上，写在农民的心坎里，亟待加快适用性农技成果生成、转化为现实的农业生产力。黑龙江应围绕农业发展需求，在大豆、水稻、玉米、杂粮、经济作物、农机装备、蔬菜、马铃薯8个重点领域展开技术推广与应用，为农户提供农业产前、产中、产后的农技推广服务。为适应民众消费结构升级，加快开展在农产品多样性和质量品质提升、农业生态环保等方面实用性技术推广。目前，农作物秸秆焚烧既浪费资源，又污染城乡环境。针对黑龙江秸秆利用规模不大、应用技术性不强、转化率低的问题，如何推广秸秆"五化"（肥料化、饲料化、能源化、原料化、基料化）综合利用技术，亟待农技推广人员加强秸秆还田、收集加工及综合利用新技术、机械装备的研发和推广，帮助农户转变对秸秆利用的观念，提高推广秸秆综合利用的技术普及率。

三、营建优化环境载体，提供农技推广服务的基础保障源

为有效发挥农技推广体系在农业科研机构（科研人员）与农业生产经营组织（广大农户）之间的桥梁作用，打通农技推广服务的"最后一公里"问题，龙江应积极营建良好的要素环境、政策环境与设施环境氛围，为农技成果研发、转化与普及提供基础保障。

一是建立多元化的要素环境。首先，建立稳定的投入资金。充分发挥财政性科技资金的引导效应，引导社会、民间资金投向农业科技创新、推广服务工作，形成财政拨款、企业投入、社会集资、民间参股等"多元一体"的农技推广服务投入机制，用于公益性服务机构的人员待遇和设施配置、维修、更新与平台建设，以及农技研发与推广服务等费用。其次，引进与培养农技推广技术人员。通过公开招聘懂技术、会经营、善管理的专业技术人员充实到农技推广队伍；采取定向培养、集中办班、异地研修、网络培训等形式提升农技推广人员的综合素质，将科技人员的实绩作为评定职称、职务晋升等考核的重要内容，实施农业科研杰出人才培养计划，不断增强推广队伍的内生动力，为农技推广提供技术支撑和重要保障。明水县是电商进入农村的黑龙江省首批试点县，针对农村电商专业人才短缺匮乏问题，县领导分 6 个批次，36 人次在商务部、淘宝大学电商研修班学习，邀请国内知名专家 15 人，开展电商大讲堂培训 21 次，组织开展培训班 60 期，培训人员近 3 万人次，为明水县及其他地区开展农村电商培训了大量人才。

二是建立扶持型的政策环境。进一步健全农技推广服务政策，为农技推广服务提供政策保障。首先，出台农技推广相关的重要文件。出台与农技推广相关的政策法规，对体系建设、经费保障、农技推广组织工作等作出明确规定，为农技推广工作提供有力的政策保障。例如，在加快秸秆综合利用方面，积极贯彻落实《关于印发黑龙江省开展农作物秸秆综合利用整县推进试点工作实施方案的通知》，加快出台"生物质热风炉示范项目实施方案"等文件，对利用生物质为原料、单台供暖面积达一定标准的炉具提供资金补助依据，促进秸秆循环利用。其次，制定农技推广建设的相关补贴政策。为支持农业经营性服务组织和高校、科研院所开展农技推广创新服务，激发科研人员的积极性与创造性，应制定农技推广建设的相关补贴政策。例如，制定农业技术推广体系建设相关补助，用于农技人员开展农技推广的会议费、差旅费、交通费、新型经营主体培训费等相应补助；农业科技示范基地建设补助、农业技术人员能力建设补助、农技推广创新补助等政策，加大农技推广体系建设的扶持力度。

三是建立信息化的设施环境。黑龙江已普遍建立起由省、市、县农技推广站（中心）、乡镇区域站等四级机构组成的农技推广体系，由于缺乏现代化信息设备，在推广的工作中仍然是靠技术人员的一张嘴，推广效果不佳。为扭转"网破""线断""人散"的尴尬局面，相关部门应适当拨付经费，改善办公条件和服务手段，配备化验室、培训室、图书室、陈列室、办公场所等基础设施。建立必要的信息设备，推进信息进村入户工程，加快农技推广信息网、"12316"、手机 App、农技推广微信群等现代信息技术手段开展农业技术推广服务，借鉴明水县双兴镇双利村远程服务中心的经验作法，以"互联网＋"远程会议、村民议事、法律援助等方式使农户不出村可以解决农业生产与生活问题，让农技推广服务插上信息化的翅膀，扩大农技推广工作覆盖面，并提高推广效率。

后　记

　　《我国地区经济发展潜力评价与开发研究》一书是在国家哲学社会科学后期资助项目基金的资助下，对本人博士论文不断修改与完善的基础上撰写而成。

　　首先，感谢博士导师李忠富，本人在做博士论文的整个过程中，自始至终都倾注了李老师大量无私的心血和教诲。李老师渊博的知识和敏锐的思维逻辑使我受益匪浅，他诲人不倦的崇高师德和一丝不苟、精益求精的治学态度令我终生难忘，并将在以后的科研工作中永远鞭策我去不懈地探索。

　　其次，感谢黑龙江科技大学的王海军副教授和安玉伟副教授在本书写作过程中给予的数据分析方面指导和宝贵建议。感谢黑龙江省社会科学院的领导和各位同仁在我撰写本书期间给予的关注和支持。感谢我的硕士研究生余小燕与苑文华在收集文献与数据过程中提供的帮助。最后，谨把本书献给我年迈的父亲与母亲、善解人意的丈夫和聪明可爱的女儿，他们自始至终给予我无私的关怀与支持，漫漫求学之路有他们相伴，使我多了几分鼓舞与欣慰。

　　最后，感谢经济科学出版社的编辑们，他们的专业精神和辛勤劳动，对我最终完成书稿提供了很大帮助！

　　研究我国地区经济发展潜力开发问题对于新常态践行新发展理念，促进经济高质量发展具有重要的理论意义与现实价值，由于经济发展潜力内涵及其相关理论等方面处于不断完善过程中，本书提出的一些观点难免有失偏颇，恳请广大同仁批评指正。同时，在本书撰写过程中，借鉴了许多专家与学者们的学术成果，并在书中做出了相应注释和参考文献列示，但仍恐有疏漏之处，在此表示由衷歉意。竭诚希望阅读本书的朋友们多提宝贵意见，本人将万分感激！

吕　萍

2019 年 5 月于哈尔滨

图书在版编目（CIP）数据

我国地区经济发展潜力评价与开发研究/吕萍著．
—北京：经济科学出版社，2019.10
国家社科基金后期资助项目
ISBN 978 - 7 - 5218 - 0719 - 6

Ⅰ.①我…　Ⅱ.①吕…　Ⅲ.①区域经济发展 - 研究 -
中国　Ⅳ.①F127

中国版本图书馆 CIP 数据核字（2019）第 150865 号

责任编辑：周国强
责任校对：陬立娜
责任印制：邱　天

我国地区经济发展潜力评价与开发研究
吕　萍　著
经济科学出版社出版、发行　新华书店经销
社址：北京市海淀区阜成路甲 28 号　邮编：100142
总编部电话：010 - 88191217　发行部电话：010 - 88191522
网址：www. esp. com. cn
电子邮件：esp@ esp. com. cn
天猫网店：经济科学出版社旗舰店
网址：http：//jjkxcbs. tmall. com
固安华明印业有限公司印装
710 × 1000　16 开　14.75 印张　250000 字
2019 年 10 月第 1 版　2019 年 10 月第 1 次印刷
ISBN 978 - 7 - 5218 - 0719 - 6　定价：78.00 元
（图书出现印装问题，本社负责调换。电话：010 - 88191510）
（版权所有　侵权必究　打击盗版　举报热线：010 - 88191661
QQ：2242791300　营销中心电话：010 - 88191537
电子邮箱：dbts@ esp. com. cn）